集成化汽车产品保证管理模式与关键方法研究

Study on Integration Management Mode and Critical Methods of Automotive Product Warranty

曹立思　门峰　著

南开大学出版社

天　津

图书在版编目(CIP)数据

集成化汽车产品保证管理模式与关键方法研究 / 曹
立思，门峰著. —天津 ：南开大学出版社，2017.12
（天外"求索"文库）
ISBN 978-7-310-05520-3

Ⅰ.①集… Ⅱ.①曹… ②门… Ⅲ.①汽车－产品质
量－管理模式－研究 Ⅳ.①F426.471

中国版本图书馆 CIP 数据核字(2017)第 302684 号

南开大学出版社出版发行
出版人：刘立松
地址：天津市南开区卫津路 94 号　　邮政编码：300071
营销部电话：(022)23508339　23500755
营销部传真：(022)23508542　　邮购部电话：(022)23502200
*
北京建宏印刷有限公司印刷
全国各地新华书店经销
*
2017 年 12 月第 1 版　　2017 年 12 月第 1 次印刷
230×155 毫米　16 开本　17.25 印张　2 插页　237 千字
定价：52.00 元

如遇图书印装质量问题,请与本社营销部联系调换,电话：(022)23507125

目 录

第一章 绪论

1.1 研究背景

1.1.1 汽车企业市场环境

改革开放以来,我国汽车产业高速发展,逐步形成了多品种、全系列的各类整车和零部件生产及配套体系,产业集中度不断提高,产品技术水平显著提升。截至 2014 年底,我国汽车保有量达到 2.64 亿辆。据工信部发布的 2014 年全年汽车工业经济运行情况数据显示,2014 年度我国累计生产汽车 2372.29 万辆,同比增长 7.3%,销售汽车 2349.19 万辆,同比增长 6.9%,产销量保持世界第一,蝉联全球第一大汽车生产国和新车消费市场,汽车产业已经成为我国国民经济"保增长、扩内需、调结构"不可或缺的重要产业。随着科学技术的不断进步和经济的发展、全球化市场的形成以及技术变革的加速,市场竞争日益激烈,汽车企业所处的外部宏观环境和内部微观环境都发生了根本的变化,对于中国本土的汽车企业米说,未来的发展在拥有无限机遇的同时也充满了挑战,主要表现在以下几个方面:

(1)汽车企业间竞争更加激烈

进入 21 世纪,全球化市场已经形成,企业的竞争突破了地域和国家的界限,汽车企业不仅要与国内同类型企业竞争,还要经受国外企业的冲击。同时,所有企业可以打破地域资源的限制,利用全球制造资源,积极主动地寻求市场机遇。信息技术的发展使得汽车企业优势产品的核心技术被快速模仿和获取,从而失去市场地位和优势。因此,汽车企业不可能利用地域资源限制和传统的领先产品一直占据市场优势地位，企业之间的竞争更加激烈。

（2）汽车产品生命周期日益缩短

据统计，近三十年出现的新技术、新产品远远超过了过去两千年的总和。在 19 世纪，生命周期大约在七十年的代表性产品，现在只有一年甚至几个月的时间。快速变化的市场使得经济活动节奏变快的同时，也导致了企业间竞争要素的变化。20 世纪 50 年代至 60 年代企业间的竞争要素是成本，20 世纪 70 年代竞争的要素是质量，而进入 20 世纪 90 年代以后，竞争的要素转变为时间，即新产品推向市场的速度和企业响应消费者要求的速度。对于现代汽车企业来说，市场机会稍纵即逝，留给企业思考和决策的时间极为有限，谁能快速满足市场的要求，迅速将产品推向市场，谁就能在市场中获得竞争优势。然而，随着产品结构的日益复杂和功能的不断增强，新产品开发的时间越来越长，因此，如何缩短产品开发周期，在尽可能短的时间内满足用户的需求，成为当今汽车企业生存与发展的关键问题。

（3）消费者需求多样化与产品差异化

消费者整体素质的提高使其不再满足于企业所提供的千篇一律的产品，不再把消费视为一种对商品或劳务的纯消耗活动，他们希望能够得到满足自身个性化需求的多样化产品。而在产品中融入客户的个性化和多样化需求，不可避免地会进一步导致产品结构越来越复杂，性能更加不稳定。以汽车为例，随着汽车市场的竞争日益激烈、市场细分程度越来越高，汽车产品的更新换代速度不断加快，企业通过模块化架构和产品平台为不同客户提供差异化的产品[1-3]，高效率发动机、大容量环保型电池、准确优异的导航控制系统等等新特性与日俱增，而汽车逐渐增加的复杂性从新车不断增加的零部件数量也可以看出来[4]。如何寻求更为有效的差异化经营手段，成为当前越来越多汽车制造企业需要面临的问题[5]。

（4）汽车产品售后服务的重要性

汽车产业经过快速增长之后，随着消费者素质的不断提高，消费者的自我保护意识逐渐增强，为维护自身合法利益纷纷采取各种措施，对产品性能和售后服务质量越来越关注，要求也越来越苛刻。消费者对于汽车产品的要求除了产品本身的性能和质量之外，对于厂商的售后服务也更加看重，而这恰恰是中国本土汽车制造企业相对薄弱的方面。例如，随着消费者对汽车使用标准的要求不断提高，汽车的使用寿命已经从 1982 年的 5.1 年增加到了 2002 年的 7.4 年，而对包括汽车噪音标准、安全标准在内的各种标准的要求也不断改变。因此，企业既要开发新产品，持续提高产品质量，还必须对现有产品性能和服务质量不断改进，通过影响消费者的购买决策和提高消费者的满意度来吸引和保留顾客，以适应当前的变化。

同时，随着"消费者保护运动"的开展和各国法律体系的不断完善，关于消费者保护方面的立法越来越多。以美国为例，过去 100 年中通过了一系列旨在完善企业售后服务、保护消费者权益的法律法规，这些法规包括《统一商法法典（the Uniform Commercial Code）》（1920）、《马格努森—莫斯保证法（Magnuson-Moss Warranty Act）》（1975）、《汽车安全法规（Lemon Laws）》和《柠檬法（the TREAD Act）》（2002）。而我国也相继通过了《中华人民共和国消费者权益保护法》（1993）、《中华人民共和国产品质量法》（2000），《缺陷汽车产品召回管理条例》也自 2013 年 1 月 1 日起正式施行。

中国汽车产业如果要走向世界，就必须重视汽车产品保证服务。我国在《汽车产业发展政策》与《汽车产业调整和振兴规划》中均明确提出要大力发展汽车服务业，完善售后服务管理。这就要求汽车企业制定科学的产品保证策略，提高产品保证服务水平，从而加强企业乃至全行业的竞争力。但与此同时，企业在改善产品质量、提高产品售后服务和索赔管理方面的成本也逐渐增加。因此，面对激烈的市场竞争、严格的法律法规，如何平衡提高产品质量和售后服务与降低生产成本两者之间的关系，是当前企业面临的重要问题。同汽车产业本身日新月异的发展相比，相关的产品保证研究工作却相对滞后。因此，研究符合汽车企业具体情况的保证服务策略[6, 7]，加大对产品质量和售后服务的保证承诺[8]，进而优化产品保证服务体系，是当前我国汽车产业面临的重要问题。

1.1.2 汽车企业自身发展的要求

随着汽车市场环境的变化，汽车企业之间竞争加剧，产品生命周期不断缩短，消费者个性化、多样化需求日益明显，政府对消费者的保护越来越严格，企业不得不积极主动地对其管理模式、产品开发模式、制造技术等进行变革，引入各种先进的管理思想和技术来提升企业的管理水平和管理效率，在不断改善产品质量、提高服务水平的同时，降低企业的生产成本，满足市场竞争的需求[9]。

面对科技含量越来越高、结构越来越复杂的汽车产品，消费者无法仅仅通过评估不同品牌产品的质量和可靠性来选择合适的汽车产品，此时，消费者更多的是看重企业的品牌、信誉和所提供的服务保证，市场竞争的重点已经从单纯的产品质量、价格等因素转向了产品质量与可靠性、新产品推向市场的速度、产品售后服务等内容[10]。尤其是在汽车产品质量日益接近的前提下，同类企业间的竞争已相当程度上取决于随同产品（服务）所提供的服务。因此，企业为了在市场中占有一席之地，纷纷加大对产品质量和售后服务的承诺[11]。

但是，在向消费者提供质量保证和售后服务的过程中，不可避免要发生一定的成本，这些成本无法被生产商预知，大概占销售额的 2%～15%左右，如此大的费用开支严重地影响了企业的利润。根据时事通讯网站 Warranty Week 对美国一些大中型企业近几年（2007 年～2014 年）发生的保证成本的统计显示，保证成本（Warranty Cost）在总收益（Revenues）中所占的比重大约为 2%～5%，而且保证成本正呈现逐年上升的趋势。世界知名的汽车生产商福特汽车公司近三年来，每年在这方面的花费平均高达 20 亿美元左右，而世界范围内其他国家汽车保证成本大约为 3690 亿美元，差不多是美国所有汽车生产商保证成本发生额的 3.4 倍。保证成本已经成为企业总收益的重要影响因素，因此，如何在加大对产品质量和售后服务保证承诺的同时，对产品保证成本进行系统管理和优化控制已经成为企业提高效益水平、保持并获得持续竞争力的重要课题。

1.1.3 产品保证管理理论背景

关于产品保证研究具有很长的历史，早在 16 世纪，产品保证的一般意义就被确定下来，即"用来保护顾客免受假货和有缺陷的手工品的欺骗"，也就是现代意义上的产品保证，但是很少有学者对其进行分析的。从 1950 年开始，研究人员从各个学科研究产品保证，发表了大量文章，由于此阶段没有明确的保证法律，这些研究大多数属于探索性研究。1975 年，美国颁布了 Magnuson-Moss Warranty Act，详细规定了产品及失效定义，生产者、销售者和顾客的责任、义务以及争议产生后解决问题的途径，目的在于给美国消费者提供信息，改进保证质量，提供消费者赔偿的法律依据，该法案的出台标志着产品保证的研究进入了一个新阶段，产品保证的研究与实践得到学术界和企业界的广泛关注。亨利•福特在 1915 至 1920 年间创立了汽车工业的流水生产线，而正是在这个时候，技术领域的可靠性概念首次出现。1939 年美国法院对巴克斯特与福特汽车公司的保证纠纷的裁决，宣告消费产品保证监管的开始。二战之后，随着电子和计算机技术引入到汽车制造当中，产品的复杂性大大提高，消费者与制造商之间的信息不对称程度加大，消费者对于明确的保证条款要求也日益强烈。1975 年出台的 The Magnuson-Moss Warranty Act 要求产品的制造商和销售商向消费者提供详细的有关产品保证范围的信息，并规定汽车制造商的责任和消费者的权益，这是该法案在汽车领域的具体体现。1982 年起，美国各州陆续制定并实施 Lemon Laws，即如果消费者购买了在制造商质量保证期内的有缺陷的车辆，在合理的尝试次数后制造商仍没能修好故障车辆，则消费者有资格要求更换新品、货币赔偿或其他方式补偿。近三十年来，汽车产品质量和可靠性不断改进，而二者很难被客户直接观测到，这使得产品保证成为了它们的重要标识[10, 12]。由此可见，产品保证研究与汽车产业的发展有着紧密的联系。因此，结合汽车产业具体特点，解决当前汽车企业亟待解决的保证管理问题，也是产品保证管理的重要研究方向。

1.1.4　当前我国汽车产品保证管理存在的问题

一个典型的汽车产品保证过程，包括索赔申请、部件返回、供应商赔偿、保证成本预算修订、经销商和维修中心的运作等环节，涉及供应商、制造商、批发商、经销商、维修中心、政策制订者和顾客等方方面面的因素。在企业内部，汽车产品保证涉及设计工艺、制造、营销和售后服务，如在设计时就应考虑汽车产品可靠性的要求及预期的保证成本，需要分析生产成本和保证成本之间的最佳冗余选择；在制造时要对汽车产品进行质量控制达到预期质量要求，同时权衡保证成本与质量控制所需要的附加成本等。在企业外部，供应商零部件的产品保证影响着汽车企业的产品保证政策，产品保证的有效实施与企业供应商和经销商的服务直接相关。由于产品保证涉及面广，即使在同一企业中一般也没有专门的部门对其负责，这也造成了汽车产品保证管理的混乱，财务部门、库管部门或维修中心、客户服务部门、工程技术部门或质量部都把产品保证视为自己分内的职责，但却没有任何一个部门拥有对产品保证进行总体管理的权限。

在我国，对产品保证管理的研究刚刚起步，各项法规制度尚不健全，汽车企业管理水平滞后，产品保证管理中存在着更多的问题。具体表现在：

（1）大多数汽车企业产品保证管理体系还不完善，产品保证管理水平落后，缺乏专门的产品保证管理职能部门，对于产品保证管理的工作内容认识不清。产品出现问题后不能及时解决，各部门相互推诿，扯皮现象严重，造成了顾客的不满和对企业声誉的损害。同时对于不属于企业产品保证范围内的责任问题不能有效应对。

（2）汽车企业内部普遍存在保证管理信息不对称，传递不及时，无法实现信息共享，不能有效传递和有效利用信息的问题。虽然部分企业可以通过企业内部的管理信息系统来记录、保存、处理和利用产品索赔信息，但大部分企业还缺少集成化的保证管理信息模块，供应商、计划财务、制造等部门都无法得到相关的产品保证信息。已有信息系统中仅有对数据的分类功能，缺少对数据进一步分析的工具和方法，更深入的分析大多通过人工并借助 Excel 等简单的软件工具完成。此外，相关部门从保证数据的分析得到的结论，主要以书面形式（例如整改意见、改善提案等）向供应商、产品设计和制造部门、销售公司进行反馈，而不是通过信息系统来完成。这一过程中，分析结果的准确与否、数据的合理与否等内容，供应商、产品设计和制造部门都无法判断。因此，这一过程看似有反馈和传递，实际上没有实现真正意义上的共享、传递和利用，各个部门在产品保证管理上仍然是孤立的信息岛，没有充分利用保证反映出来的质量和管理信息来改善企业流程、制造和设计的质量以及零部件产品质量。

（3）许多汽车企业在新产品战略决策中已考虑产品保证内容，但主要是为了遵循国家《产品质量法》的规定，或者仅仅把产品保证作为营销工具，没有考虑到产品保证对企业生产经营活动的影响，产品保证几乎与产品设计、制造过程相分离。很多企业基本上拿不出一个从产品投放使用到失去功能的整个过程中出现的各种质量问题的综合质量统计分析报告，从而无法判断某类产品早期失效故障的主要质量问题、需要重点解决哪些致命缺陷以及产品可靠性寿命情况分析。

（4）汽车产品保证政策的制定缺乏科学根据，往往是凭经验或历史数据来制定，忽视了保证成本因素。在竞争激烈的行业，一些汽车企业盲目延长产品保证期，提供优惠的产品保证。过于优惠的保证政策造成保证成本过于庞大，给企业造成了极大压力。

（5）质保部门在保证管理中的作用较弱，质量改进方法单一，缺乏定量化的分析工具，导致很多改善结果与期望的结果不一致。目前，在大部分汽车制造企业保证管理的过程中，针对产品故障模式的诊断与处理存在以下几个方面的问题：一是从供应商到产品设计、制造、质量保证，再到产品的销售和售后服务整个过程中，没有建立统一标准的零部件故障模式，对相同部件的相同问题，供应商、质保部门和售后服务部门都有各自的问题描述和故障诊断，没有形成统一的标准；二是故障模式的描述不详细，不能完全描述现有产品零部件的故障原因和故障模式，导致对很多故障零部件的判断比较模糊，不清楚。尤其是在售后服务部门中，服务商对问题部件的描述是通过办公网络或现有信息系统中设定的问题选项进行选择的，而系统所提供的选项仅仅按照问题的大类进行分解，没有细分到具体的原因；三是故障模式不能及时更新，虽然产品不同阶段都有很多新的故障模式出现，也有相关部门对其进行管理，但是没有专门的部门对故障模式进行更新。

故障模式诊断过程所存在的主要问题导致了以下的后果：一是容易产生误诊、误判，形成误诊误判后，无法分析问题产生的根本原因，因而服务商和维修中心只能更换零部件，无法通过简单的维修修复产品，导致企业产生了较高的保证成本；二是保证信息无法有效利用。由于对问题的描述过于简单，供应商领取问题部件后需要对问题部件进行解析或深入分析，才能采取相应的改进措施，使得诊断过程不断重复，形成资源的浪费；三是由于企业缺乏保证成本的定量分析工具，企业支付给维修商的费用主要是根据经验确定，不能判定保证成本的准确数额，在与维修商的谈判过程中处于劣势。

此外，国家的法律不够健全，对产品缺陷认定、损害赔偿问题的规定不够具体规范等情况也同时存在。

1.2　产品保证管理研究综述

产品保证管理的研究具有很长的历史，早在 16 世纪，产品保证的一般意义就被确定为"用来保护顾客免受假货和有缺陷的手工品的欺骗"，但当时很少有学者对其进行系统的分析和研究。20 世纪 50 年代以来，越来越多的学者开始从经济学、会计学、管理学、工程学、营销学和运筹学等多个学科的角度对产品保证管理进行研究。在工程技术领域，学者主要研究产品的设计和制造过程与产品保证的交互作用和影响[13, 14]；在市场营销领域，保证作为一种重要的促销工具，也得到了人们极大的关注，其研究主要集中于产品保证与顾客行为的关系，以及具有保证条款的产品定价问题[15, 16]。而后，又有学者从产品生命周期的角度，将保证视为企业一项重要的战略，研究保证管理与企业各项管理活动的联系和影响[17]。随着供应链管理的出现，产品保证管理又从企业的内部活动扩展到整个供应链，侧重研究产品保证与供应链绩效的关系[18, 19]。以下几小节将分别对产品保证管理的相关研究展开综述。

1.2.1 产品保证的定义与职能

产品保证是指产品的买方和卖方之间达成的一项协议[10, 20-24]，这份协议规定了产品性能、买方责任以及在产品性能低于用户期望的时候承保方的义务[21, 25]，是制造商按照承诺向消费者提供产品或服务的担保，以确保产品达到预期说明的功能和质量水平[26]，是产品售后服务的重要组成部分[27]。当前，绝大多数产品在销售时都会带有某种形式的质保，如果产品保证执行得适当，可以确保客户期望的质量和成本，并且保证企业的利润[28]。

从消费者的角度来说，如果一个产品存在缺陷，性能不能使其满意，那么产品保证可以确保问题产品得到维修或者更换为新产品，而价格相对合理甚至免费，消费者的权益就得到了保护[29]。除了保护功能之外，产品保证对于消费者的另外一项功能是为其提供产品关于质量和可靠性方面的信息[10, 16, 30, 31]。由于信息不对称以及缺少足够的评估时间，消费者很难在购买产品之前就对其进行评估，很多消费者都把相对较长的质量保证周期看成是产品具有更高可靠性的标志[10, 32]。在产品价格、款式等情况近似的情况下，各家制造商提供的产品保证可能就会成为消费者进行选择的决定因素[12]。文献[33]更是指出，相比质量函数评价的是制造商实际产品与自身设定目标之间的偏差，产品保证相关的函数可以直接体现客户需求是否得到了满足。

　　而对于制造商,产品保证同时扮演者保护和促销的双重角色[34, 35],可以使制造商免于受到过多的投诉,同时为其提供产品的差异化。保证条款经常定义出产品的使用及使用环境,为售后服务限定一个范围。与此同时,由于消费者总是将较长的质保期限与较高的产品可靠性正面关联,产品保证已被证明是一个有效的市场推广工具[10, 36],这在向市场投放新产品时尤其重要。另外,产品保证还被看作制造商能够做到比承诺更多的一个内在动力,是产品本身的一项附加值[37]。如上所述,因为产品的质量和可靠性很难被客户直接观测到,产品保证经常成为二者的标志。通常认为,质量和可靠性水平更高,可以带来更低的保证成本和更好的保证绩效。

　　产品保证是运营管理领域新兴的课题,笔者对主流国际期刊上发表的与产品保证相关的论文进行了简单统计。使用 warranty(保证)作为关键词,在学术检索数据库 SCI/SSCI 检索源中,截止 2015 年 5 月共有 3024 篇相关文章。而如果使用 product warranty(产品保证)作为关键词检索文章主题,截至 2015 年 5 月共有 626 篇相关文章。以后者为例,根据对文章出版时间的统计,326 篇文章中有超过百分之六十是在最近十年发表的,超过三分之一的发表时间在 2006 年之后,我们可以看出,该领域正处于一个快速、甚至加速发展的阶段。

1.2.2　产品保证成本研究

　　产品保证成本指的是产品在保证期内出现索赔申请时,企业提供保证服务所形成的额外成本[23]。企业在提高产品质量的同时,也造成了产品保证成本的不断提高。因此,对产品保证成本的管理成为产品保证研究的重要组成部分,当前对于保证成本管理的研究主要侧重于成本预测、控制及与绩效的关系这几个方面。

　　(1)产品保证成本的预测与计算

　　保证成本预测是保证成本管理的首要任务,也是企业成本管理的重要内容,保证成本信息的准确性和可靠性直接影响企业保证政策和竞争战略的选择。20 世纪 50 年代至 60 年代,就有学者从成本核算的角度对保证成本进行研究，通过制定标准的会计流程对不同保证政策下的保证成本进行定量核算[38]。但是，由于会计核算需要大量的会计数据，而且只能实现事后的成本计算，该方法对企业未来保证成本的发生无法进行准确预测，也无法对企业保证成本管理提供指导，因此，人们开始从保证成本的影响因素入手，研究保证成本的预测方法，主要包括以下三类：

①基于可靠性理论的预测方法

从 20 世纪 70 年代中期到 90 年代中期，国外很多学者结合应用概率论、可靠性理论和随机过程理论，研究保证成本与产品可靠性的关系，通过假设产品失效分布、维修费用分布，研究产品的失效分布函数，并在此基础上构建保证成本的预测模型来对保证成本进行估计和计算[39]。目前，利用该方法进行的研究取得了显著的成果，发表了大量的论文。布里斯科（Blischke）和默西（Murthy），对近二十年来利用上述研究方法建立的保证成本模型进行了分类总结与回顾[22, 40]，并在其后的著作中详细介绍了该方法的体系结构、各类保证成本模型的形式、推导过程、相关结论和应用情况[23, 24]。此外，文献[41]还应用该方法研究了生产商向消费者提供保证服务时的保证预留金预测问题，提出了预留金的预测模型。文献[42-44]针对产品在过程中随着使用时间的增加出现的老化问题进行了研究，应用该方法提出了产品多阶段老化的保证成本预测模型。

假定 $E[C(W)]$ 表示厂商出售带有保证的产品的单位总平均成本，包括产品生产销售总成本，更换新产品的成本。就一个产品而言，产品成本包括产品生产成本、销售费用、运输费用、分摊的管理费用财务费用等。

假定厂商的单位产品成本（不包含保证）为 c_s，在带有保证的情况下，厂商的单位平均成本为 $C_s(W)$，两者都是随机变量，它们的分布取决于产品的寿命分布和保证条款。定义 c_d 为保证要求的处理费用，这一般可以通过企业的历史数据得到。定义 c_c 为失效产品回收价值。

考虑随机变量 N=N(W)=更换次数(保证期内)，每次更换是独立同分布时，E[N(W)]=M(W)，M(W)是与产品寿命分布函数有关的更新次数。因此，厂商的单位产品的平均总成本是：

$$E\left[C_s\left(W\right)\right]=(c_s+c_d)\left[1+M\left(W\right)\right]-c_cM(W) \qquad 公式（1-1）$$

产品保证成本为：

$$E\left[C_w\left(W\right)\right]=(c_s+c_d)M(W)-c_cM(W) \qquad 公式（1-2）$$

其中，更新函数可由下式得到

$$M\left(t\right)=F_S\left(t\right)+\int_0^t m\left(t-x\right)dF\left(x\right)，\ t>0$$

$$\left[F_S\left(t\right)=1-R_S\left(t\right)\right] \qquad 公式（1-3）$$

将更新函数公式代入公式(1-2)中，得到保证成本的计算公式。可以看出，保证成本是产品生产成本、保证要求处理费用、产品寿命分布、产品保证期的函数。

②基于统计与参数估计的预测方法

由于基于可靠性理论的预测模型需要对产品的失效特征、维修费用的分布函数等有详细的了解，而在企业实际保证管理过程中，尤其是在产品设计阶段，产品的失效分布函数和维修费用的分布很难准确知道，因此，部分学者尝试通过建立产品保证管理的过程参数与保证成本之间的数学关系，将目标规划、多元回归分析和神经网络等方法应用到保证成本的预测中，如文献[45]研究了运用多目标规划对产品保证成本进行预测的方法；文献[46]运用直线近似算法对产品保证成本进行估计；文献[47]则应用模拟退火算法，实现了对产品保证成本的估计。文献[48]则从经济学的角度，引入折现模型，提出了带有折扣问题的保证成本预测模型等。

③基于知识推理的类比预测方法

因为保证成本的影响因素众多，而其产生过程中存在大量的不确定性因素，虽然通过参数估计和基本理论推导得到的保证成本预测模型准确度较高，但是需要与产品失效模式、概率分布和各影响因素相关的大量数据，并且构建准确的连续性随机数学模型，这显然不能满足新产品设计阶段数据信息少、参数不确定条件下保证成本预测的要求。因此，部分学者尝试应用类比预测方法，在新产品的功能、结构和性能等与某个已有产品相类似的情况下，利用类似产品现有的历史成本数据，并对新产品与类似产品的不同之处加以修正，来预测可得到新产品的保证成本。如文献[49]提出了基于失效模式分析（FMEA）方法的产品保证成本预测模型，利用相似产品的故障模式历史信息和相应的保证成本信息来估计新产品的保证成本。文献[50, 51]研究了如何通过产品可靠性管理，利用产品质量和保证成本的历史数据来预测新产品生命周期内保证成本的方法。文献[52]研究了基于特征映射技术的产品制造阶段保证成本预测方法，通过构建产品设计域、制造域与保证成本域的映射模型，实现了保证成本与设计信息和制造工艺信息的转换，以解决产品制造阶段保证成本的预测问题。文献[53]根据产品设计阶段保证成本预测的特点，将事例推理技术（CBR Case Based Reasoning）与 FMEA 知识模型相融合，提出了一种基于知识推理的保证成本预测方法，应用 FMEA 知识模型构建存储产品历史故障诊断信息的事例库，利用 CBR 方法检索与新产品最相似的历史产品，来预测计算新产品的保证成本。

（2）保证成本优化控制研究

由于保证成本管理与企业战略、产品开发、制造、销售等职能有着密切的关系，因此，早在 1954 年，多尔夫曼（Dorfman）和斯坦纳（Steiner）就研究了产品价格和质量之间的关系并首次建立了相应的成本优化模型[54]。此后，随着多学科知识（如管理科学、经济学和工程技术等）在保证管理领域的应用，不断有学者从产品生命周期的角度，在产品生产技术、经济性能等方面展开研究，应用运筹学、最优化原理、现代控制理论和博弈论等理论方法，通过构建带有保证成本参数的优化模型，确定产品的最优开发方案，来实现保证成本和生产成本的均衡，获得最佳经济效益。

①产品设计阶段的优化控制方法研究

保证成本与产品可靠性直接相关，提高产品可靠性将会减少产品缺陷，降低产品失效率，从而降低保证成本。而产品可靠性主要由产品设计阶段决定，研究表明，尽管产品设计开发成本仅占产品总成本的 5%，却决定了产品总成本的 70%～80%，在所有与产品形成有关的差错中，80%的差错可以在产品设计过程中找到它们的成因，只有 20%的差错在制造过程中找到它们的成因。设计不合理引起的产品技术和经济性方面的缺陷，是生产质量和成本控制措施所无法挽回的，而大量缺陷产品进入市场，则是企业保证成本居高不下的重要原因。因此，在该阶段如何通过产品研发技术改善产品结构、提高产品固有的质量和可靠性，对最终保证成本的发生有决定性影响。

一般来说，产品设计阶段主要采用提高产品可靠性的方法降低和控制保证成本，一种是冗余设计：即通过将单个部件的产品复制增加数量来提高产品的可靠性，如有文献[14, 29]从产品冗余设计、产品可靠性与保证成本的优化关系的角度，研究了通过产品设计实现提高产品可靠性、控制保证成本的方法。另一种是通过开发程序来提高产品可靠度，该方法通过在研发过程中反复进行测试、分析和确定故障，然后修改设计提高产品可靠度。此外，模块化设计（有利于产品维修），在产品中植入诊断特性，使其实现自我诊断和纠错等方法，也有利于控制保证成本的发生[55]。

但是，由于不同的产品设计所产生的保证成本不同，而且增加产品可靠性虽然会降低保证成本，但也会增加相应的设计和制造费用，因此，也有文献[56]从制造商的角度研究了产品生命周期内不同生产阶段保证成本和企业收益的分布，为企业在产品开发过程中更好地控制和管理保证成本提供了依据和指导。另有文献[30, 57, 58]结合最优控制理论研究了产品价格、保证政策和保证成本之间的优化关系，通过建立并求解优化模型寻找使保证成本最小的最优产品设计及其相应的保证政策。此外，有文献[52]研究了基于特征映射技术的产品制造成本与保证成本优化方法，在产品设计阶段权衡考虑制造成本与保证成本的相互影响，通过合理选择产品制造参数，实现最终总成本最小化。

②产品制造阶段的优化控制方法研究

产品制造阶段通过原材料的输入把产品设计转换为有形产品。由于制造工艺以及制造过程的不确定性（如过程设计和过程能力；投入的原料和部件；质量控制活动；劳动力的技术水平等因素），会不可避免地产生缺陷产品，而且缺陷产品比合格产品有更高的失效率，对其进行保修、维护的保证成本也相对较高，因此，对企业总体保证成本的发生会产生显著影响。

在这一过程中，往往采用两种方法控制产品质量：剔除和预防。在产品上市之前剔除不合格产品，需要对所生产的产品进行检测。然而，检测出某些类型的不合格产品需要花费很长的时间，检测成本较高，而且属于事后控制方法，不合格品已经生产，损失无法挽回。因此，通过检测剔除不合格产品，对控制保证成本来说并不理想。企业一般利用质量控制和过程管理来控制生产过程不确定性因素的发生，降低缺陷产品产生的概率，从而实现对保证成本的控制[57, 59]。

虽然采取严格的质量控制和过程管理措施可以降低产品缺陷率、提高产品质量，但是需要企业付出额外的成本，因此，在控制保证成本影响因素的同时研究制定最优的生产策略，是企业实现产品制造成本与保证成本二者均衡的重要条件，对企业实现利润最大化有重要作用。有文献[60, 61]针对此类问题，研究了特定保证政策下，通过优化企业生产周期和生产水平来实现期望保证成本的最小化。

③产品售后阶段的优化控制研究

消费者购买产品后，制造商（销售商）必须根据保证条款向消费者提供相应的保证服务。随着产品的复杂性和社会服务体系的建立，保证服务成本的研究也逐渐成为20世纪90年代以后保证管理研究的重点。由于保证成本的多少直接取决于保证服务的类型，因此，可以通过选择最优的保证服务战略来达到控制保证成本的目的[62]。例如，有的文献[63-65]研究了不同保证政策下，产品售后阶段维护策略的优化问题；有的文献[37, 66]则构建了保证产品的维修模型，研究分析不同维修策略对产品保证成本的影响，通过选择最优维修政策实现保证周期内保证成本的最小化。默西（Murthy）和阿斯哈利（Asgharizadeh）[67]则研究了通过确定最优服务机构数量实现服务成本最小化的方法。

此外，产品售出后随着保证服务的展开，开始直接产生保证成本。在这一过程中，企业一方面要在产品售后服务过程中建立一个连续信息的监视和反馈系统，收集与保证成本相关的数据，既包括消费者对产品性能、产品质量和使用情况等反馈信息，又包括企业内部与保证服务相关的物流、库存、维修和保证管理等活动信息[62]；另一方面要根据不同用途对相关信息进行整理、分析，对保证期内的返修、返工、追回或报废产品采取纠正措施。同时，利用产品保证信息更新保证成本预测模型和设计、制造阶段的优化控制模型，通过实时数据分析，向前面各阶段的不同活动反馈信息（如向设计、制造、销售与售后、保证管理、保证政策的制定和一般性的管理活动等反馈相关信息），为决策者提供管理决策信息，对前期的工作或活动进行修正[68, 69]。

（3）保证成本与保证绩效

绩效通常是包括多个量纲的变量，对于产品保证绩效来说，客户满意度是制造商关心的一个重要问题。在本书当中，满意度主要指的是在出现投诉之后，客户对于保证政策和保证服务的满意度，而不是客户对于产品质量本身的满意度。除此之外，客户投诉情况也经常被当作评价保证绩效的指标[68, 70]。这是因为，尽管投诉的数量与产品保证并不直接相关，但在保证服务中有效的处理投诉，可以促进内部设计、制造和质量控制部门的调整，进而改进质量，而这些工作也就会减少后续的投诉数量。有文献[71]针对汽车行业，将每千辆汽车的平均维修次数、每辆车的平均维修成本以及总保证成本作为衡量保证绩效的三个关键指标。与其类似，很多学者都将保证成本视为评价企业产品保证管理水平的重要因素。保证成本模型通常假设产品的失效和维修费用都是随机分布的，基于可靠性理论在保证期内确定失效分布函数并依此建立产品失效模型，是构建合理的保证成本分析模型的关键。

事实上，保证成本分析一直是产品保证相关研究的一个重点。有的文献[58]认为，产品在保证期内的保证服务次数，服从正态分布，并由此确定产品的费用和价格；有的文献[72]对长期保证情况（比如终身质保）的保证成本进行了建模；有的文献[33]的模型使用投诉几率来计算保证成本，而客户的投诉几率基于产品性能和客户期望两个变量得到。

1.2.3　产品保证策略研究

保证策略是制造商依据保证政策为顾客提供保证服务活动而制定的一系列策略[24]，保证政策的内容通常包括保证期限及赔付方式[38]。因此，保证策略的研究应以相应的保证政策为基础，对保证期限内产品的赔付实施方式制定相应策略。Blischke[21]对保证政策进行了描述，并针对产品赔付方式、保证是否可更新、保证维度等方面，提出了产品保证政策的基本分类方法。

根据维修后的保证期限是否重新计算，可以将产品保证政策分为可更新（renewing warranty, RW）与不可更新(nonrenewing warranty, NRW)两类；根据产品的赔付方式将保证政策分为全额保证（free-replacement warranty, FRW）与比例保证（pro-rate warranty, PRW）。在全额保证下，制造商对失效产品提供免费更换、维修或全额退款；而在比例保证下，制造商根据产品失效时间提供不同比例的赔付或对更换部件收取一定比例的费用。在实际情况中，许多产品的失效状况取决于使用时间、产品的使用频次、使用环境等众多因素，因此，根据影响产品保证政策的变量数量，将保证政策按维度进行划分[21]：一维保证政策是根据限定产品使用时间或使用程度这些单一变量来制定，而二维产品保证政策是综合考量产品使用时间和使用程度来制定[72]。

目前，多数保证策略研究都是以上述政策分类为基础，根据服务对象的状态，设定相应的保证服务策略。在保证期内，保证维修服务包括故障性维修和预防性维修。对于失效产品，制造商提供相应的维修、退款服务；而对于在保证期内仍正常运转的产品，制造商根据其使用过程中逐渐发生老化和衰退的情况，进行预防性的保养和维护，提高产品可靠性，降低保证成本。因此，在综合考虑制造商保证成本、顾客满意度的基础上，如何对失效产品设定合理的维修、赔付方式？何时提供何种程度的预防性维修？这些问题都成为当前保证策略研究的重点。

(1)故障产品的保证策略研究

故障产品保证是指制造商为保证期内产品失效提供处理方式，故障保证策略则是指当产品出现故障时，制造商在维修方面所采取的行动对策。在保证维修过程中，制造商采取最低限度维修可以花费较低的维修成本使产品恢复至失效前状态，而采取完备维修可以使产品较失效前状态得到改善，却带来较高的维修成本。可见，采取不同的维修策略将直接导致保证成本的差异。因此，以产品保证服务成本最小为目标，设定合理的维修方式，成为故障产品保证策略研究的重点。另外，在实际情况中，多部件构成产品、二维保证政策下产品因其维修策略的特殊性，也越来越受到学者的广泛关注。

①基础维修保证策略

产品保证服务成本的期望值取决于产品保证期和产品可靠性[73]。当前维修策略研究一般以可靠性理论为基础，结合产品使用时间建立随机模型，考察不同政策下的产品保证成本，以此为依据制定维修策略。早期的维修策略研究都是基于完备维修的，即维修后产品状态和新品一致。而最低限度维修更符合实际市场情况，即维修后产品状态与失效前状态一致[74]。

基于上述情况，有文献[75-77]提出对产品初始故障采取最低限度维修，并在达到一定的使用时间或故障次数后，采取完备维修。文献[78-80]建立几何过程的维修模型，研究综合考虑使用时间和产品故障次数的最优维修策略，对之前的策略模型进行改进。

以上研究设定初始故障采取最低限度维修，但由于产品的失效分布形态呈"浴缸形"[81]，即保证期初与期末的失效率偏高，上述的维修策略存在一定的局限性。学者们对此问题进行改进，提出了更为详细的保证策略研究（如表 1-1 所示），文献[46, 73, 82, 83]将保证期限划分为若干时间区间，设定每一区间合理的维修方式，使产品的保证成本最低；文献[66, 84-87]通过设定各种维修方式的参数限制值，如保证成本上限、剩余保证期上限、故障次数上限等，制定相应的维修保证策略；文献[88-91]按产品寿命所呈现的不同形态，将保证期限划分为若干阶段，针对每一阶段的产品特性制定相应的维修策略。通过以产品使用时间、寿命形态、策略标准为划分依据界定失效产品所处的不同状态,为产品保证策略制定提供了科学的方法。

表 1-1 保证维修策略的主要研究内容例举

	作者	保证期限		赔付方式		研究内容
		RW	NRW	FRW	PRW	
按故障时间划分	Nguyen（纽伦）[82]	√	√	√		保证期分两个时间区间，第一区间最低限度维修，第二区间实施部件替换。
	Jack（杰克）[73]		√	√		在研究[82]基础上,对第二区间内首次失效实施替换，其余均采取最低限度维修。
	Nguyen[83]	√	√	√		增加第三间隔期。在第三间隔期内，失效部件可能是替换也可能是维修。
限制维修成本	Murthy[84]	√		√	√	通过设置各种维修方式的成本限制值，选择合理的保证维修策略。
	Chen（陈）[85]	√		√		用马尔科夫判定过程建模，设定各种策略范围的最优贴现成本标准。

	作者	保证期限		赔付方式		研究内容
		RW	NRW	FRW	PRW	
限制维修成本	Jack[66]		√	√		运用动态规划模型研究制造商最优服务策略结构，通过比对部件寿命以及基于寿命的限制函数，来确定部件失效时的维修决策。
	Neuts（奈茨）[86]		√	√		求出各维修方式的剩余保证期限制值 x。若剩余保证期不大于 x，一律采用最低限度维修。
寿命状态分阶段	Zuo（左）[88]		√	√		考量产品的多阶段老化特性，厂商根据其老化的程度与剩余的保证期来决定如何进行维修。
	Vahdai（瓦哈迪）[89]	√	√	√		利用逆算符方法Adomian 分解法确定最优值，区分产品的不同失效状态水平，并根据剩余保证期限制定策略。
	Rao（拉奥）[90]		√	√		研究产品在保证周期内不同状态阶段的概率分布，编写算法为保证策略制定提供决策。

②多部件产品维修保证策略

基础维修策略研究侧重于构建单个部件产品的策略模型，主要针对大规模生产的单一产品以及专门定制的大型单体设备。而多部件构成产品的失效分布不仅取决于部件状态，还与部件的连通方式以及部件失效对产品失效的影响情况密切相关[22]。有文献[92,93]考虑在两部件产品中，单一部件的运转寿命随产品维修次数增加而降低的现象，据此建立产品失效的随机过程模型。张园林和王冠军（Zhang & Wang）[94]在此基础上，建立基于使用时间 T 和其中一个部件故障次数 N 的两部件产品几何失效过程模型，通过选取最优维修策略 $(T,N)^*$ 使产品保证成本最低。王冠军（Wang）[95]假设维修后产品连续运转寿命呈几何递减过程，建立基于各部件故障次数 (M,N) 的维修策略，求得保证成本最低情况下的最优策略 (M^*,N^*)。文献[96]也对多部件产品的维修策略展开研究。

③二维保证产品的维修策略

与限定保证期限的一维保证政策不同，二维保证产品的保证范围是由两个参数限定组成的平面区域，以横轴代表使用时间、纵轴代表使用程度，二维保证策略是针对这个平面区域内的产品状态制定相应的服务策略[21]。以汽车产品为例，分别从其使用时间和使用程度两个维度来讨论，如三年、六万公里的保证范围限定。

伊利艾伯格（Eliashberg）[41]将产品使用时间和使用率这两个因素纳入对失效率的影响，进而估计相关保证成本。鲍伊克（Baik）[97, 98]建立二维保证产品的失效模型，通过分别对最低限度维修及部件替换维修两种形式的维修模型进行推导，分析各形式下的保证成本，提出产品再到达一定寿命或使用程度时实施维修。莫斯科维茨（Moskowitz）[99]基于期望效用理论建立泊松回归模型，对二维保证产品提出两种维修策略：第一种是固定的二维维修策略，即制造商为所有顾客提供统一的保证政策；另一种是具有弹性的二维保证策略，制造商根据产品的不同使用程度，提供多种保证政策供消费者选择，并构建使买卖双方均满意的最佳保证策略。歌茨巴克（Gertsbakh）[100]运用坐标平面描述产品二维保证政策，针对具有非常低度或非常高度使用率的非典型顾客，设计出合适的保证政策。伊斯坎德尔（Iskandar）[101]讨论厂商在为其二维保证产品提供不可更新的全额保证的情况下，如何处理产品失效的问题，通过以使用时间和使用程度两个维度构成矩形的决策平面，根据两者之间的比例关系，决定各平面中应采取何种维修方式。在此基础上，文献[102]构建出另一种二维保证产品的维修策略，将二维构成的矩形决策平面扩展为三个平面,其中第二个平面的首次失效采用部件替换方式,其他平面采取最低限度维修。

④非维修类产品的失效退款策略

对于非维修类产品如轮胎、电池等,由于其不可修复性或维修成本较高等原因,制造商向顾客承诺产品在保证期内失效即退款(Rebate Warranty)。根据保证程度及失效时间不同,分为按产品售价全额退款以及按比例退款[103]。目前大多数的退款保证政策将上述两种形式相结合,即在前段保证期内提供全额退款,而在其后的保证期内按比例支付退款,很多学者对于两种不同程度赔付的间隔期进行了研究。托马斯(Thomas)[104]通过计算两种不同政策下的期望保证成本,将比例保证期限转化为等价的全额保证期限,得出最优的期间间隔,使累计保证成本最低,并将这种混合保证策略与单一全额赔付策略所形成的保证成本差异相比较。瑞肯(Ritchken)[105]基于上述研究,将制造商的风险偏好作为考量,用均值—方差组合法衡量各种保证策略风险,从而对政策间隔期模型进行修正。通过结合制造商实际情况,考虑策略制订中涉及的各种影响因素,文献[106-109]也分别对混合保证策略间隔期做出研究,为非维修类产品的退款保证提出更科学、合理的策略方案。

(2)预防性保证策略研究

为避免产品在失效后造成更大的经济损失,制造商通常采取预防性维修,即为提高系统可靠性和可得性的活动,包括监控、清洗、润滑、修正、校准以及子系统和零件的更换等[110]。预防性保证策略以改善产品状态、降低失效率、减少故障发生为目标,从维修策略的制订及对保证管理影响方面进行研究。

从维修策略制订方面来看,预防性维修策略是制定预防性维修开展的时间、次数、维修对象和维修程度等内容。王洪洲(Wang)[111]将预防性维修方式按周期型与非周期型分类。其中,周期型预防维修可以较为容易地利用成本最小化来决定最佳维修间隔时间,便于管理者统一做出规划决策。由于一些产品老化的速度会随其使用时间增加而加快,例如汽车产品每年的失效频率会比新近购置时频繁,利用周期型预防维修的方式，可能无法完全有效防止故障，一些学者据此提出了非周期型的预防维修方式。

①周期型预防性维修

许多学者从预防性维修后产品的不同恢复情形方面，探讨周期型预防维修的相关问题。金姆（Kim）[112]在每次预防性维修可使产品年龄降低的情况下，研究全额保证产品在保证期内的周期型预防维修策略。产品执行不同程度的预防维修，使得产品的恢复程度分为不同水平，预防性维修成本与产品恢复程度呈指数关系，提出三种预防性维修模型，通过设定不同的参数，找出期望总维修成本最小化的最佳预防维修策略。彭拜克（Pongpec）[113]在每次预防性维修可使产品失效率降低的情况下，假设预防性维修成本与维修程度呈线性关系，决策变量为维修的间隔时间以及各次的维修程度，以期望总维修成本为目标函数，求解维修间隔时间及各次维修程度。成春元（Cheng）[114]在每次预防维修可使产品老化速度降低情况下，考虑预防性维修成本为维修次数与产品恢复程度的线性函数，通过建立模型，求解最佳预防性维修次数、最佳维修间隔时间与产品老化程度。文献[115, 116]也从维修程度以及维修计划等方面对周期型预防维修保证策略进行研究。

②非周期型预防性维修

赵（Zhao）[117]指出过去常用的预防性维修策略都是以固定周期维修为主，而定期维修会造成产品可靠性降低，所以决策者应制订一个可靠性的限制值作为执行预防性维修的依据。利用非周期型的预防维修，可以使产品可靠性维持在某一水平上，通过使维修成本最小化与产品效率最大化，得出最佳的预防性维修次数及间隔时间。叶（Yeh）[118]研究基于产品寿命的预防性维修策略，当产品的失效率达到限制值，便执行预防性维修，直至达到产品保证期限。通过建立数学模型，使其目标函数为期望总维修成本最小，求解最佳失效率限制值与维修后最佳恢复程度。

由于无法精确估计产品失效率，非周期型的预防维修策略在实施上存在一些困难，有学者提出利用持续监控的方式解决该问题。

卡斯特尼尔（Castanier）[119]指出产品的老化程度可通过非周期性的持续监控来检查，通过协调两部件构成产品的检查成本，以长期维修成本最小化为目标建立随机模型，决定最佳的预防性维修策略。

在不同假设情况下，解决预防性维修的最佳决策问题，其目的都是制定最佳的预防性维修期间、次数、维修程度等决策。但除此之外，厂商在进行预防性维修行为时，也经常面临管理层面的问题，因此也有学者致力于此方面的研究。在管理者策略制定方面，加格（Garg）[120]对有关预防性维修的维修模式、维修技术、维修计划、维修绩效评估、维修信息系统等进行讨论，以便为管理者提供决策依据。而在管理分析工具方面，卡尔奥（Carnero）[121]指出在生产系统中预防性维修缺乏有效的管理分析工具，通过综合层次分析法、决策工具及贝叶斯方法等，来决定适当的预防性维修规划，并且做出有效的产品失效预测。卢斯（Luce）[122]研究如何借由最佳的维修管理方法，使厂商提高产品设备可利用率的问题，通过比较故障性维修、预防性维修的成本差异，提出一个决策流程框架，协助厂商判断应选择何种维修方式。斯旺森（Swanson）[123]认为为了提高产品保证绩效，越来越多厂商制订如预防性维修、全面生产维修等积极的保证维修策略。这些新提出的维修策略虽然需要更多的员工、资源的整合，但却能促进保证绩效的提升。通过分析预防性维修策略与保证绩效之间的关系，得出积极的预防维修策略与保证绩效之间存在较强的正相关关系，为改善产品保证绩效管理提供了有效的途径。

（3）产品保证战略研究

产品保证战略是企业整体战略的一部分，与产品开发战略、制造战略、营销战略相互影响。在企业整体战略中，产品保证战略的形成必须考虑产品保证策略与企业其他战略之间的相互影响，共同促进企业的发展。一个正确的产品保证战略依赖于产品保证的类型、顾客类型以及整个企业战略，与企业的技术行为和经营行为相关[124]。目前国内一些学者也开始从战略角度研究产品售后服务、产品保修和产品责任等方面的问题，并取得了一些成果[35, 125]。

1.2.4 产品保证服务网络研究

系统性的汽车保证服务网络为合理有效的保证服务提供保障。目前，关于产品保证服务网络的研究主要包括以下方面：

（1）针对服务网络设计策略研究

Blischke 和 Murthy[24]对保证服务采用集中策略（CC 模式）以及分散策略（DD 模式）进行了介绍，探讨了两种模式下最佳的产品售价、保证期、维修费等选择。Asgharizadeh[67]探讨了最优的维修层级决策，通过确定最优服务机构数量实现服务成本的最小化；巴罗斯（Barros）[126]对较为复杂的大规模服务层级设置问题进行研究，运用分支界限算法判定失效部件的维修策略以及部件的送修层级，为服务层级设置决策提供依据。以上文献均是对以保证成本最优为目标的服务策略及层级设置问题进行研究。而从面向顾客的角度出发，通过详实的客户数据，设定合理的设施分布节点以提高保证服务覆盖范围及服务水平，成为合理构建保证服务网络的基础。

（2）关于应急物流的研究

由于汽车故障发生时间及地点的随机性导致应急救援服务所占比例较大，增加了保证服务的不确定性，对保证服务网络的构建起到重要影响。因此，应急物流为保证服务网络构建提供决策支持。应急物流是指以提供突发性事件所需应急物资为目的，以追求时间效益最大化和损失最小化为目标的特殊物流活动。徐（Sheu）[127]认为应急物流的核心框架由以下几方面组成：物资发放需求的预测；应急物流网络的计划与设计；应急物资的分发问题；应急物资生产调度的快速反应问题。利内特（Linet）[128]等提出应急物流计划的制定，重点在于分析应急物流中的供应路径问题。许（Xu）[129]等以电力能源供应为例对应急物流的战略框架进行了研究。巴巴罗素格鲁（Barbarosoglu）[130]建立了应急运输的两阶段动态规划模型。代颖[131]以应急救援时间满意度之和最大和系统总成本最小为目标，建立资源需求和应急限制期范围均模糊的多目标定位-路径问题。欧迪泽马（Ozdamar）[132]综合考虑以上问题建立了确定型混合整数多品种物资网络流模型。以上文献对应急服务的调度问题进行了研究，是建立在有限范围内个体合作调度基础上的，而从企业整体角度实施服务网络的规划缺少对应急服务的统筹考虑，导致应急服务网络规划不健全。因此，从提高企业保证服务效率的角度出发，设置具有快速响应及协调能力的保证服务系统成为整合服务资源、提高资源利用效率，从而完善保证服务网络的有效方式。

（3）关于服务网络的能力配置研究

许多学者利用排队论思想及智能算法对维修中心的人员设置、工作能力、设备的配置等进行探讨，从而缩短服务响应时间、提高保证服务效率。沃瑟曼（Wasserman）[133]通过建立线性统计模型，预测保证索赔事件的发生数量，为保证服务能力的设定提供依据。阿尔弗莱德森（Alfredsson）[134]论述了备件和检测设备需求的决策问题。随着产品服务质量越来越受到重视，出现了一些基于服务响应速度等要求的服务规划研究。坎迪斯（Candas）[135]考虑到产品配送时间，提出了基于时间要求的在服务水平限定条件下的服务设施共享模型，使该问题的研究更加符合实际需求状况。以上研究是在同级服务设施无差异的基础上进行资源配置最优化，而在汽车产品保证服务中，由于技术资源、服务能力配置的约束，无法维修和不完备维修的情况时有发生，如何设置与地域性相对应的服务资源成为提高保证服务能力的关键。

（4）针对维修备件库存及运输问题的研究

该问题主要涉及备件存储规划（包括仓库层级、仓储数量和选址设计）以及备件管理（包括各库存点的备件存储数量、种类和订货方式）两个方面。

①备件需求预测方面

备件需求预测是建立库存管理与控制模型的基础，对于备件需求预测主要有经验法、时间序列法、模拟法及当前较流行的各种智能算法。从布鲁克（Sherbrook）[136]开始，泊松分布成为备件需求的经典假设。克罗斯顿（Croston）[137]提出面向间歇性需求预测的克罗斯顿（Croston）方法，该方法适用于需求量服从正态分布、需求间隔比较稳定（如服从泊松分布）的需求序列。后来又有研究提出利用泊松分布和高斯分布预测备件需求量。阿罗尼斯（Aronis）[138]等人认为用贝叶斯方法计算服务备件需求量比使用泊松分布更加有效。随着智能算法的不断扩展和应用，一些新方法被不断应用到备件的需求预测中。华（Hua）[139]针对间隔性需求用支持向量机的方式预测备件非零需求的发生。格尔纳和布莱思特（Gerner & Bryant）[140]最早对保证请求问题进行了研究。卡尔布弗莱施（Kalbfleisch）[70]运用对数线性泊松模型对保证请求进行预测。此后，研究利用动态线性模型（即卡尔曼滤波模型）对保证请求数量进行预测，较最初回归方法有了很大提升。Blischke 和 Murthy[24]利用产品销量和失效率函数得到保证请求密度函数，并对备件的需求进行了较详细的分析。随着计算技术发展，人工智能算法开始应用于保证请求预测中，拉伊（Rai）[71]运用径向基函数网络模型，对"年度车型"年终的保证请求进行预测。内德（Nader）[141]利用贝耶斯方法来估计单位部件未来一段时间内故障数量。

②备件的存储规划方面

由于产品备件库存并不区分是用于保证期内还是用于保证期外的维修，因此，现有关于备件库存管理的研究绝大部分是针对整体备件进行的。备件库存也可分为单级库存和多级库存。单级模型最初研究确定性问题，利用经济订货批量（EOQ）思想进行决策，施拉迪（Schrady）[142]、马布尼（Mabini）[143]等针对确定性需求，利用 EOQ 对备件批量订货进行研究。而实际上备件的需求是不确定的，艾伦和伊索（Allen & D'Esopo）[144]研究了可变需求的不可修备件的（Q，r）库存策略。哈克（Dhakar）[145]针对高价值、低需求的备件，探讨了（S-1，S）库存策略。由于备件物流体系通常是采用如工厂——中央备件中心（CDC）——区域物流中心（RDC）——服务终端等多级存储方式，所以备件的多级库存问题是较复杂的，也是研究的焦点。Sherbrooke[136]首先提出了可修复备件控件多级技术模型（METRIC）（Multi-Echelon Technique for Recoverable Item Control）模型，该模型是多级库存系统的首次实际应用，后来发展成为美军及其盟军的飞机可用度模型。Sherbrooke 的维修为二级结构，在该模式中基层维修站对顾客失效备件进行更换，失效备件则运输到区域维修中心进行维修,基层备件库从中心备件库购进备件，同一级备件库存间不进行备件共享。Sherbrooke 的模型成为该领域的经典模型，以后大量多级库存模型都是围绕这一模型或其变形展开的研究。木科斯塔迪（Muckstadt）[146]系统讨论了基于库存共享的配件物流的库存分配模型,讨论了多级、多设施的库存共享方法。以上备件库存模型的研究主要是从购买者、维修服务商的角度展开的研究，而很少有针对制造商为实现产品保证责任的备件库存管理研究。Kim[59]通过研究公司的战略来决定最佳的产品价格、保证期以及备件制造计划，以使制造者利润最大化。对于响应时间的要求是备件物流服务水平的主要约束条件，国外许多学者针对时间窗问题展开了系列研究。库坦格鲁（Kutanoglu）[147]针对需求随机且需求量低而相关成本高的产品备件库存问题进行研究，通过建立程式化模型考察基于服务响应时间的多点库存共享，即横向紧急转运问题。汪（Wong）[148]则对多种产品库存系统采用连续检查的 $(S-1,S)$ 策略进行研究，当系统中发生缺货时，可以采取水平调货的方式，设法在满足最大平均等待时间的限制下，使总成本达到最小。

③备件订货管理方面

兰诺度（Lonardo）[149]设计了一个考虑产品成本约束条件的随机线性规划模型，以备件需求的时间存储点作为计划区间，并将 2704 种备件分成 3 个不同组别进行了验证，证明了整个库存成本节约的有效性。科思（Cohn）[150]为了解决仓库设置模型中的多变量和多约束条件问题，提出了基于复合变量（composite-variable）的规划方法，运用 0-1 规划来研究低需求、高成本的备件存储问题，使用复合变量能有效解决大量约束条件求解的复杂性问题。尼达姆和艾夫斯（Needham & Evers）[151]主要探讨缺货成本（Stock out Cost）、储存成本（Holding Cost）、运输成本（Transportation Cost）

以及订货成本（Ordering Cost）在紧急补货下对仓库设置的影响，结果表明，缺货成本增加程度，是决定是否采用紧急补货的主要考虑因素。引入更多的成本考察，将使研究成果更加具有实际意义，如 Wong[152]讨论了引入停工成本因素下服务备件物流的优化问题。由于企业所面临的备件管理问题主要是由于顾客的分散分布以及对响应时间的要求，因此要求企业在保持最佳服务水平基础上，实现最小的库存及运输成本。钱（Chien）[153]等在退回保证政策下探讨了备件的最佳订购时间问题。杨（Young）[154]提出运用结合紧急水平补货和预防性水平补货为一体的服务水平调整方式衡量客户服务水平，这种库存策略通过提前预测缺货以减少风险，并能有效地应对缺货情况。

（5）保证服务链协调机制的研究

在汽车产品保证服务中，汽车生产商运用零配件供应商所提供的备件，由合作的维修服务商向顾客提供服务，在这一合作过程中，制造商会面对来自供应商及维修商的信息不对称、道德风险、逆向选择和代理成本等多方面问题。针对这一问题，当前的研究重点是如何制订责任限定契约以及如何实现服务利润的合理分配。

①针对保证链上各方利益协调

Ashgarizadeh 和 Murthy[67]提出汽车预防性维修外包契约中服务成本相关事项，并提出契约中服务成本随机模型。夏（Xia）[155]考虑由单个制造商和单个零售商组成的供应链，可以通过提供附加服务来促进产品销售，并探讨产品如何定价问题。王（Wang）[156]针对一个顾客和一个制造商（同时也是服务商）考虑信息不对称的影响，通过相互间的博弈确定双方对各自利益较为满意的契约。以上研究多从成本及定价角度出发进行各方博弈分析，而忽视了保证服务中双方期望差异这一利益冲突的关键原因。维修服务商希望较长保证周期而有利于获得稳定的收入，但制造商却会因此付出较高的保证成本。因此，需要充分考虑汽车保证链中存在的双向预期的委托-代理问题，对保证链上各主体利益关系进行权衡，建立基于混合双向预期的委托—代理关系，并以此为基础形成合理的利益协调机制，成为完善汽车产品保证链协调机制的重要问题。

②针对保证链上各主体责任限定

制造商不仅要通过责任分割与零部件供应商共同承担产品失效发生的成本及相关责任，还需以责任指派的形式规定服务代理商的服务范围及服务形式。由于信息不对称、道德风险等因素使得保证链各方的责任限定存在大量问题。毕博咨询公司（BearingPoint）针对全球汽车保证调研结果显示，75%的供应商确认制造商未向其提供足够的信息以支持保证服务和产品返修，66%的供应商认为制造商的保证成本逐渐降低，而供应商承担的保证成本却在逐渐增加[157]，二者的责任界定成为当前研究的重要内容；在责任指派方面，制造商要明晰代理商服务范围，并对其服务实施监督和调整，布茨克斯（Buczkowsk）[158]针对产品保证服务中一些顾客具有服务优先权而应对其失效产品优先维修的特点，探讨了在服务外包模式下制造商如何将优先服务责任指派于服务代理商。服务代理商作为独立经营个体，与制造商在产品保证管理上处于分离状态，另外由于数据不完整、信息不充分以及故障部件无法及时传递等原因，导致保证链上各主体责任目标模糊，影响保证服务链运营效率，因此应构建制造商、供应商及维修服务代理商等主体在产品保证责任上的监管、协商和处理机制。

1.2.5 研究总结及发展趋势

在国外，产品保证管理的研究成果比较丰富，不仅包括定性分析，也包括保证管理的定量模型研究等，形成了较完整的研究体系。如何使产品保证管理更符合产品的实际情况，提高产品保证的合理性和针对性，并通过与企业的其他策略相结合，提高产品保证服务的整体质量，提高企业产品保证水平，成为保证管理未来研究的内容。通过将上述研究进行总结，并与实际情况相结合，可从以下几个方面提出产品保证管理进一步的研究方向：

（1）集成化的产品保证管理模式研究

在目前的产品保证服务模式下，各企业建立的售后服务中心，都以自身作为保证服务链的核心，所有相关的企业都通过这个管理平台与该企业实现信息交互，而保证服务链中的顾客、供应商及维修服务商并不能在此系统中管理自身需要的信息，造成保证服务知识的缺失。各主体分别建立各自的数据库并存储相关的信息和知识资源，造成了保证数据及资料存储分散，形成了"信息孤岛"，影响了资源的交互、共享，难以实现保证信息的全面集成。因此，建立集成化的产品保证管理模式不仅可以实现多对多用户的集成服务，并且可以实现各主体的资源共享，为实现动态、及时的产品保证服务奠定基础。从产品保证战略管理的角度，运用系统的观点，研究基于产品生命周期的集成化保证管理模式和方法，是当前保证管理的重要研究方向。包括以下两个方面：

①保证管理功能的集成研究

保证管理除了受产品设计、制造、销售和消费者使用状况等因素的影响外，还与产品保证战略和保证政策的制定等保证管理功能密切相关，几乎所有的保证决策都以成本分析为基础制定。因此，研究产品保证的管理体系（如保证战略、保证政策的制定，产品保证管理的组织、责任体系和服务制度等）与保证成本的预算、核算、预测和优化控制等功能的作用关系及其集成模式是集成化保证管理的基础。

②保证管理的信息集成研究

一般来说，产品开发初始阶段的可用信息非常少，随着产品计划和开发过程的不断深入和成熟，可用信息越来越多。因此，产品保证管理信息系统除了及时获取产品设计、制造和售后过程中的信息并准确处理相关数据外，必须与企业的决策分析系统和知识整合模型建立关联，在产品开发阶段就能够利用产品设计阶段有限的产品数据信息，推断产品失效特点，对产品保证成本进行预测，进行初步的保证分析和经济决策；同时还应能随着产品开发计划不断发展，利用新的信息对上述结果进行更新，为企业保证成本的进一步优化管理提供决策依据。为此，产品保证管理信息系统如何实现与企业现有的 ERP、MRPII、PDM、CAD、CAPP 等信息管理系统集成，成本结构优化模型如何与企业专家知识库相结合，使得理论能够更好地反映生产实际，以及上述系统与企业具体实践的结合方式等问题，都需要做更深入的研究。

（2）产品差异化环境下的保证管理研究

近年来，企业的设计目标已经从个体产品的设计转向由不同模块以不同方式组合而成的产品族的设计，模块化产品设计是实现大规模生产定制和减少开发周期的有效方法。当前保证管理的研究对象侧重于单一模块构成产品，或由统一方式构成的多模块产品[25]。但随着顾客消费意识的提高，消费者更倾向于购买符合自身喜好的个性化产品。因此，制造商在确保大规模生产控制成本的同时，还需针对客户的不同需求进行个性化定制生产。这种生产模式下的产品结构所涉及的各模块在可靠性、生命周期、维修难度和应用广度等方面都存在差异[159]，现有的保证管理方式不适用于当前差异化产品的保证分析[160]。因此，在差异化定制环境下，根据产品类别和客户类别，研究基于模块化结构的同族产品保证管理问题，成为产品保证管理研究的重要方向。

（3）与服务能力相协调的保证管理研究

当前,关于产品保证管理的研究都是建立在失效产品即时维修、维修时间可忽略，以及替换备件库存充足的基础上。但实际情况中，由于产品的销售品种及销售量存在地域性差异，且维修技术资源、服务能力配置等存在不同，造成产品替换备件短缺、产品无法维修或不合理维修等服务能力限制，产生了多级甚至多次维修的情况，导致了维修时间延迟及保证成本的增加，也对产品保证管理的准确性产生了影响。因此，考虑相应的保证服务能力成为保证服务管理的基础。一方面，可以通过设计系统性的产品保证服务网络为合理有效的保证服务策略提供保障；另一方面，应将保证服务时间、服务水平作为限定条件,研究与服务能力相协调的保证服务管理方式，使产品保证管理的研究更贴近实际情况。

1.3 本书的研究目的和研究意义

（1）研究目的

为了有效提高产品保证服务管理水平，针对我国产品保证管理的现状以及国内外关于保证管理研究存在的不足，本书试图实现以下目标：

①通过实证研究，揭示出我国制造业企业在产品保证管理方面与国际水平之间的差距，并对其中的关键影响因素进行分析；

②通过分析产品保证管理的基本理论方法，并结合当前汽车制造企业的实际情况，构建集成化汽车产品保证服务模式的理论和实施框架；

③针对当前汽车行业产品保证管理所面临的运营问题，提出一系列符合实际需求的产品保证管理运营方法，为提高汽车产品保证管理水平提供理论支持。

（2）研究意义

当前，我国学者对产品保证管理的研究刚刚起步，同时，我国制造企业的产品保证管理还处于较低的水平，但却需要在同一市场中与国际领先企业进行竞争。产品保证管理直接影响生产企业的经济效益，迅猛发展的管理科学与信息技术从客观上为保证管理的研究提供了理论、方法和数据支持。这就要求我们既要遵循管理科学发展的客观规律，又要用现代高技术来支持企业的产品保证管理，针对现阶段我国制造企业售后服务发展现状和产品保证管理中存在的问题，以汽车行业为代表，从多学科交叉角度对产品保证管理进行研究，完善和发展产品保证管理的理论与方法，为我国制造企业的产品保证管理提供理论与方法指导。

1.4 本书研究内容和研究方法

1.4.1 研究内容

第一章为"绪论"，介绍本书的研究背景，提出所要研究的问题并明确研究的重要意义；系统性总结与综述相关研究文献，主要包括：产品保证成本研究、产品保证策略研究以及产品保证服务网络研究，并对前人的研究进行评述，进而指出本书的研究重点；对本书的主要内容进行简要介绍，给出整体结构。

第二章是"产品保证管理的实证研究"。本章分别研究我国制造业企业保证管理水平现状和影响制造业企业产品保证管理的因素。通过比较我国制造业企业产品保证成本与国际水平的差距，揭示出我国产品保证管理水平薄弱的现状；通过调查问卷的形式获得不同属性企业产品保证管理的相关数据，对构建出的产品保证管理影响因素理论结构进行实证研究，并得出产品保证管理影响机制路径；同时，将产品设计阶段引入保证管理，研究提供模块化、多样化产品的企业与提供单一产品的企业，在产品保证方面是否存在不同，进而判断在当前新的设计形式下，产品保证与模块化设计的相关性，为企业产品保证管理改进奠定基础。

第三章是"基于云制造的集成化汽车产品保证服务模式"。本章首先对现有的保证服务模式进行分析，建立基于云制造技术的汽车产品保证服务模式。通过分析现有保证服务模式在服务对象、服务技术等方面存在的不足，引入云制造技术，提出基于云制造的汽车产品保证服务模式框架，并提出其实现技术，如：保证知识云端集成、全生命周期保证成本预测及其他关键运营方法等。

第四章是"汽车产品保证服务设施规划设计"。本章首先具体分析了汽车产品保证服务的特点，并针对这些特点提出了基于随机规划的保证服务设施选址问题。在考虑保证服务需求量这一随机变量的前提下，建立满足服务覆盖最大化的服务设施选址模型，并设计求解问题的智能优化算法。最后，对这一问题进行实例分析，以确保方法的通用性及可行性。

第五章是"汽车产品保证服务流程分析"。本章首先分析汽车产品保证服务流程，并在此基础上构建保证服务流程的广义随机 Petri 网模型，利用广义随机 Petri 网与马尔可夫链的同构关系，将这一模型转化为等价的马尔可夫链，从而分析汽车产品保证服务流程的主要性能指标，识别服务流程中的瓶颈环节，为汽车产品保证服务流程的设计、规划和评价提供依据。

第六章是"同族汽车产品保证备件库存方法研究"。本章首先从产品全生命周期的角度对不同市场份额下的同族汽车产品销量进行估算，并结合零件可靠性及产品成组方式等信息估计同族汽车产品的备件需求量，再结合相应的库存管理方法，设计出汽车制造企业中同族汽车产品的备件库存方法。

第七章是"汽车产品保证服务时间优化方法研究"。本章通过设定代理奖惩机制，分析保证服务时间对汽车制造商与维修服务商利益的影响情况，提出使得保证服务契约双方利益最大化的服务时间优化问题，据此建立维修服务商服务利润最大化及汽车制造商保证服务水平最大化的多目标优化模型，并设计智能优化算法对该问题求解。最后，通过算例分析及灵敏度分析，讨论在不同参数情况下的最优服务时间及服务水平，为汽车制造商的保证服务外包提供决策支持。

第八章是"汽车产品保证成本预测方法研究"。本章针对集成化保证成本管理的关键技术问题之一——保证成本预测方法展开研究。首先提出基于知识推理的设计阶段保证成本预测方法，该方法通过应用 FMEA 知识模型存储与保证成本预测相关的历史信息和数据，利用 CBR 事例推理技术对知识经验良好的包容性和推理性，来解决产品设计初期数据少、信息不确定环境下的保证成本预测问题。然后，针对集成化保证成本管理条件下产品制造阶段保证成本预测的特点，提出基于特征映射技术的保证成本预测方法，通过构建产品设计域、制造域与保证成本域的映射模型，实现保证成本与设计信息和制造工艺信息的转换，能够较好解决产品制造阶段保证成本的预测问题。

第九章是"汽车产品保证成本优化方法研究"。本章针对集成化保证成本管理模式下的另一关键技术问题——保证成本管理的优化控制问题，分别从保证成本的两大主要影响因素：保证政策制定和产品质量控制的角度展开研究。首先从产品保证管理角度研究并提出了市场竞争环境下产品价格、质量和保证管理的动态最优控制模型，对产品保证与产品质量和价格的动态变化规律进行了分析讨论，为企业保证成本管理提供了具有指导性的管理建议。然后，针对产品制造、销售及售后阶段保证成本优化控制的特点，从企业可靠性优化管理的角度提出了资源约束条件下的可靠性优化控制方法，通过失效分析来为企业可靠性管理提供管理决策的科学依据，进而提高企业的可靠性管理效率和水平，最终实现提高产品质量和保证服务响应速度、降低保证成本的目标。

1.4.2 本书涉及的研究方法

本书在目前国内外已有的有关汽车保证管理研究的基础之上，应用系统化理论方法、工业工程以及管理科学等领域的最新成果，对汽车产品保证服务模式与运营方法进行系统分析与研究，其具体的研究方法如下：

（1）运筹学与系统科学方法

汽车保证管理问题涉及到企业内以及企业间的方方面面，情况非常复杂。汽车生产企业与其供应商、服务代理商等在管理目标、管理手段和处理方法等方面存在不同，同时企业内部在保证知识方面也存在着壁垒。显然，研究汽车保证管理问题需要综合运用多学科的知识和方法，从系统的整体结构出发，分析和研究系统各个部分或子系统之间的相互作用及其相互关系。

（2）统计与实证研究方法

实证研究将选取典型制造企业进行调研，调查其产品保证服务管理方式及保证管理水平，并通过不同行业、不同体制等多维度的比较，分析我国制造型企业产品保证管理水平与国际水平的差距。并对调研结果进行统计分析，提出我国制造型企业产品保证管理的影响因素，为汽车产品保证服务管理模式的合理构建及关键运营方法的提出提供基础和评价依据。

（3）传统可靠性方法与现代管理科学方法的结合

保证管理的研究与产品可靠性是密不可分的，以可靠性理论为依据的产品保证管理更能体现其科学性。本书将传统的可靠性理论方法与库存管理、激励机制等管理科学方法相结合，从产品生命周期的角度出发，对产品失效情况进行具体分析，为产品保证备件管理及其他服务运营方法的研究奠定基础。由于保证成本模型和保证成本计算的基础是可靠性理论，本书将产品销售之后可能出现的失效视为一个随机过程，并使用系统可靠性理论中的马尔可夫方法对这个过程进行建模。

（4）随机规划理论

由于汽车产品保证服务过程中存在大量的随机性、模糊性和不确定性。针对不确定因素，本书运用随机规划理论，揭示汽车产品保证管理的特点及其规律，确保汽车保证管理的准确性、稳定性、协调性和可预知性。

（5）人工智能优化方法

在对保证服务设施规划及服务时间优化问题的研究中，需要对其中出现的多目标优化问题进行处理。由于可能产生计算规模过大及耗时过长的问题，本书采用遗传算法等人工智能优化方法解决出现的大规模计算问题，为问题求解提供智能、合理的解决途径。

（6）模糊理论

由于保证成本的产生过程中存在大量的不确定性，在将产品保证及其他因素纳入模块化设计的时候，需要处理设计中的不确定问题。本书将采用模糊集的方法，对不确定参数进行加工和处理。

1.5 小结

　　本章在分析当前汽车制造企业所面临的市场环境以及产品保证管理存在问题的基础上,阐明了本书的研究背景以及研究的必要性,对国内外产品保证管理研究现状进行了总结、分析和评述,指出了当前产品保证管理研究存在的一些问题,提出了本书的研究目标,并对研究内容进行概括总结。

注释:

[1] van Bree, B, GPJ Verbong & GJ Kramer A multi-level perspective on the introduction of hydrogen and battery-electric vehicles [J]. Technological Forecasting and Social Change, 2010, 77(4): 529-540.

[2] Wilhelm, B. Platform and modular concepts at Volkswagen—their effects on the assembly process [C]. Transforming Automobile Assembly—Experience in Automation and Work Organization. Berlin: Springer, 1997: 146-156.

[3] Genba, K, Haruhisa Ogawa & Fumio Kodama. Quantitative analysis of modularization in the automobile and PC industries [J]. Technology Analysis & Strategic Management, 2005, 17(2): 231-245.

[4] Spiegler, I & J Herniter. Warranty Cards as a New Source of Industrial Marketing Information [J]. Computers in Industry, 1993, 22(3): 273-281.

[5] Udell, JG & EE Anderson. The Product Warranty as an Element of Competitive Strategy [J]. The Journal of Marketing, 1968, 32(4): 1-8.

[6] Chukova, S & MR Johnston. Two-dimensional warranty repair strategy based on minimal and complete repairs [J]. Mathematical and Computer Modelling, 2006, 44(11-12): 1133-1143.

[7] Messih, A & ST Enns. Planning and control for a warranty service facility [J]. Proceedings of the 2005 Winter Simulation Conference, 2005, 1-4: 2102-2106.

[8] Juergen, N. Comparing quality signals as tools of consumer protection: are warranties always better than advertisements to promote higher product quality? [J]. International Review of Law and Economics, 2004, 24(2): 227-239.

[9] Andaleeb, SS & AK Basu. Do warranties influence perceptions of service quality? A study of the automobile repair and service industry [J]. Journal of Retailing and Consumer Services, 1998, 5(2): 87-91.

[10]Murthy, DNP & I Djamaludin. New product warranty: A literature review [J]. International Journal of Production Economics, 2002, 79(3): 231-260.

[11]Lutz, NA & V Padmanabhan. Warranties, extended warranties, and product quality [J]. International Journal of Industrial Organization, 1998, 16(4): 463-493.

[12]Pecht, MG. Establishing a relationship between warranty and reliability [J]. Ieee Transactions on Electronics Packaging Manufacturing, 2006, 29(3): 184-190.

[13] Djamaludin, I, DNP Murthy & RJ Wilson. Quality control through lot sizing for items sold with warranty [J]. International Journal of Production Economics, 1994, 33(1-3): 97-107.

[14] Hussain, AZMO & DNP Murthy. Warranty and optimal reliability improvement through product development [J]. Mathematical and Computer Modelling, 2003, 38(11-13): 1211-1217.

[15] Price, LJ & N Dawar. The joint effects of brands and warranties in signaling new product quality [J]. Journal of Economic Psychology, 2002, 23(2): 165-190.

[16] Gregory, AD. Optimal warranties, reliabilities and prices for durable goods in an oligopoly [J]. European Journal of Operational

Research, 1999, 112(3): 554-569.

[17] Murthy, DNP & WR Blischke. Strategic warranty management: A life-cycle approach [J]. Ieee Transactions on Engineering Management, 2000, 47(1): 40-54.

[18] Dai, Y, SX Zhou & Y Xu. Competitive and Collaborative Quality and Warranty Management in Supply Chains [J]. Production and Operations Management, 2012, 21(1): 129-144.

[19] Kurata, H & S-H Nam. After-sales service competition in a supply chain: Optimization of customer satisfaction level or profit or both? [J]. International Journal of Production Economics, 2010, 127(1): 136-146.

[20] Priest, GL. A Theory of the Consumer Product Warranty [J]. Yale Law Journal, 1981, 90(6): 1297-1352.

[21] Blischke, WR & DNP Murthy. Product Warranty Management-I: A Taxonomy for Warranty Policies [J]. European Journal of Operational Research, 1992, 62(2): 127-148.

[22] Murthy, DNP & WR Blischke. Product warranty management- III: A review of mathematical models [J]. European Journal of Operational Research, 1992, 63(1): 1-34.

[23] Blischke, WR & DNP Murthy. Warranty cost analysis [M]. New York: Marcel Dekker, 1994.

[24] Blischke, WR & DNP Murthy. Product warranty handbook [M]. New York: Marcel Dekker, 1995.

[25] Murthy, DNP & WR Blischke. Warranty management and product manufacture [M]. Berlin: Springer, 2006.

[26] Murthy, DNP. Product warranty and reliability [J]. Annals of Operations Research, 2006, 143(1): 133-146.

[27] 门峰. 集成化保证成本管理模式与方法研究 [D]. 天津: 天津大学, 2009.

[28] Brennan, JR & SA Burton. Warranties: Concept to

implementation; Proceedings of the Reliability and Maintainability Symposium [C]. 1989 Proceedings, Annual, 24-26 Jan, 1989.

[29] Hussain, AZMO & DNP Murthy. Warranty and redundancy design with uncertain quality [J]. Iie Transactions, 1998, 30(12): 1191-1199.

[30] Huang, HZ, ZJ Liu & DNP Murthy. Optimal reliability, warranty and price for new products [J]. Iie Transactions, 2007, 39(8): 819-827.

[31] Gokpinar, B, WJ Hopp & SMR Iravani. The Impact of Misalignment of Organizational Structure and Product Architecture on Quality in Complex Product Development [J]. Management Science, 2010, 56(3): 468-484.

[32] Huang, YS & CC Fang. A Cost Sharing Warranty Policy for Products with Deterioration [J]. Ieee Transactions on Engineering Management, 2008, 55(4): 617-627.

[33] Sharma, NK, D Drain & EA Cudney, et al. Customer expectation and warranty cost—Nominal-the-best case [J]. Concurrent Engineering—Research and Applications, 2008, 16(3): 177-186.

[34] Murthy, DNP & Ravi Kumar K. Total product quality [J]. International Journal of Production Economics, 2000, 67(3): 253-267.

[35] 刘子先, 何桢, 施亮星. 产品责任预防方法与体系研究 [J]. 管理工程学报, 2004, 18(1): 31-34.

[36] Martinez-Lorente, AR, FW Dewhurst & A Gallego-Rodriguez. Relating TQM, marketing and business performance: An exploratory study [J]. International Journal of Production Research, 2000, 38(14): 3227-3246.

[37] Yeh, RH, M-Y Chen & C-Y Lin. Optimal periodic replacement policy for repairable products under free-repair warranty [J]. European Journal of Operational Research, 2007, 176(3): 1678-1686.

[38] Thomas, MU & SS Rao. Warranty economic decision models: A summary and some suggested directions for future research [J]. Operations Research, 1999, 47(6): 807.

[39] Lawless, JF. Statistical analysis of product warranty data [J]. International Statistical Review, 1998, 66(1): 41-60.

[40] Murthy, DNP & EY Rodin. A new warranty costing model [J]. Mathematical & Computer Modelling, 1990, 13(9): 59-69.

[41] Eliashberg, J, ND Singpurwalla & SP Wilson. Calculating the reserve for a time and usage indexed warranty [J]. Management Science, 1997, 43(7): 966-975.

[42] Huang, Y-S & Y-F Zhuo. Estimation of future breakdowns to determine optimal warranty policies for products with deterioration [J]. Reliability Engineering & System Safety, 2004, 84(2): 163-168.

[43] Chien, YH. A general age-replacement model with minimal repair under renewing free-replacement warranty [J]. European Journal of Operational Research, 2008, 186(3): 1046-1058.

[44] Park, DH, GM Jung & JK Yum. Cost minimization for periodic maintenance policy of a system subject to slow degradation [J]. Reliability Engineering & System Safety, 2000, 68(2): 105-112.

[45] Mitra, A & JG Patankar. Warranty Cost Estimation—a Goal Programming Approach [J]. Decision Sciences, 1988, 19(2): 409-423.

[46] Frees EW, SH Nam. Approximating Expected Warranty Costs [J]. Management Science, 1988, 34(12): 1441-1449.

[47] Liu, ZX, YL Liu & H Zhen. Study on solving warranty cost of fault tree with simulated annealing [J]. Concurrent Engineering: The Worldwide Engineering Grid, 2004 Proceedings, 2004, 711-715.

[48] Jain, M & S Maheshwari. Discounted costs for repairable units under hybrid warranty [J]. Applied Mathematics and Computation, 2006, 173(2): 887-901.

[49] Vintr, Z & M Vintr. FMEA used in assessing warranty costs [J].

Annual Reliability and Maintainability Symposium, 2005 Proceedings, 2005, 331-336.

[50] Kleyner, A, P Sandborn & J Boyle. Minimization of life cycle costs through optimization of the validation program—A test sample size and warranty cost approach [J]. Annual Reliability and Maintainability Symposium, 2004 Proceedings, 2004, 553-558.

[51] Kleyner, A & P Sandborn. Minimizing life cycle cost by managing product reliability via validation plan and warranty return cost [J]. International Journal of Production Economics, 2008, 112(2): 796-807.

[52] 刘子先, 姬升启, 郑永强. 基于特征映射的产品制造成本与保证成本的优化方法[J]. 计算机集成制造系统, 2007, 13(4): 822-827.

[53] 门峰, 刘子先. 基于CBR和FMEA知识模型的产品保证成本预测方法研究 [J]. 组合机床与自动化加工技术, 2009, 2: 8-11.

[54] Glickman, TS & PD Berger. Optimal Price and Protection Period Decisions for a Product under Warranty [J]. Management Science, 1976, 22(12): 1381-1390.

[55]Liu, ZJ, W Chen & HZ Huang, et al. A diagnostics design decision model for products under warranty [J]. International Journal of Production Economics, 2007, 109(1-2): 230-240.

[56] Polatoglu, H & I Sahin. Probability distributions of cost, revenue and profit over a warranty cycle [J]. European Journal of Operational Research, 1998, 108(1): 170-183.

[57] Lin, PC & LY Shue. Application of optimal control theory to product pricing and warranty with free replacement under the influence of basic lifetime distributions [J]. Computers & Industrial Engineering, 2005, 48(1): 69-82.

[58] Wu, C-C, P-C Lin & C-Y Chou. Determination of price and warranty length for a normal lifetime distributed product [J]. International Journal of Production Economics, 2006, 102(1): 95-107.

[59] Kim, B & S Park. Optimal pricing, EOL (end of life) warranty, and spare parts manufacturing strategy amid product transition [J]. European Journal of Operational Research, 2008, 188(3): 723-745.

[60] Chen, CK & CC Lo. Optimal production run length for products sold with warranty in an imperfect production system with allowable shortages [J]. Mathematical and Computer Modelling, 2006, 44(3-4): 319-331.

[61] Wu, C-C, C-Y Chou & C Huang. Optimal price, warranty length and production rate for free replacement policy in the static demand market [J]. Omega-International Journal of Management Science, 2009, 37(1): 29-39.

[62] Murthy, DNP, O Solem & T Roren. Product warranty logistics: Issues and challenges [J]. European Journal of Operational Research, 2004, 156(1): 110-126.

[63] Jung, GM & DH Park. Optimal maintenance policies during the post-warranty period [J]. Reliability Engineering & System Safety, 2003, 82(2): 173-185.

[64] Dhillon, BS. Chapter 11—Maintenance Models and Warranties [J]. Engineering Maintainability, 1999, 198-223.

[65] Chen, T & E Popova. Maintenance policies with two- dimensional warranty [J]. Reliability Engineering & System Safety, 2002, 77(1): 61-69.

[66] Jack, N & F van der Duyn Schouten. Optimal repair-replace strategies for a warranted product [J]. International Journal of Production Economics, 2000, 67(1): 95-100.

[67] Murthy, DNP & E Asgharizadeh. Optimal decision making in a maintenance service operation [J]. European Journal of Operational Research, 1999, 116(2): 259-273.

[68] Majeske, KD, T Lynch-Caris & G Herrin. Evaluating product and process design changes with warranty data [J]. International Journal

of Production Economics, 1997, 50(2-3): 79-89.

[69] Majeske, KD. A mixture model for automobile warranty data [J]. Reliability Engineering & System Safety, 2003, 81(1): 71-77.

[70] Kalbfleisch, JD & JF Lawless. Methods for the analysis and prediction of warranty claims [J]. Technometrics, 1991, 33(3): 273.

[71] Rai, B & N Singh. Forecasting warranty performance in the presence of the 'maturing data' phenomenon [J]. International Journal of Systems Science, 2005, 36(7): 381-394.

[72] DNP Murthy, BP Iskandar & RJ Wilson. Two Dimensional Failure Free Warranty Policies: Two-dimensional Point Process Models [J]. Operations Research, 1995, 43(2): 356-366.

[73] Jack, N & DNP Murthy. A servicing strategy for items sold under warranty [J]. Journal of the Operational Research Society, 2001, 52(11): 1284-1288.

[74] Barlow, R & Hunter L. Optimum Preventive Maintenance Policies [J]. Operations Research, 1960, 8(1): 90-100

[75] Brown, M & F Proschan. Imperfect repair [J]. Journal of Applied Probability, 1983, 20(4): 851-859.

[76] Park, KS. Optimal Number of Minimal Repairs before Replacement [J]. Reliability, IEEE Transactions, 1979, R-28(2): 137-140.

[77] Phelps, RI. Replacement Policies under Minimal Repair [J]. The Journal of the Operational Research Society, 1981, 32(7): 549-554.

[78] Yeh, L. A note on the optimal replacement problem [J]. Advances in Applied Probability, 1988, 20(2): 479-482.

[79] Zhang, YL. A bivariate optimal replacement policy for a repairable system [J]. European Journal of Operational Research, 179(1): 275-276.

[80] Lin, Y. Geometric processes and replacement problem [J]. Acta Mathematicae Applicatae Sinica (English Series), 1988, 4(4):

366-377.

[81] Yu, SL & SH Sheu. Warranty strategy accounts for products with bathtub failure rate [J]. Advanced Reliability Modeling, 2004, 585-592.

[82] Nguyen, DG & DNP Murthy. An Optimal Policy for Servicing Warranty [J]. Journal of the Operational Research Society, 1986, 37(11): 1081-1088.

[83] Nguyen, DG & DNP Murthy. Optimal Replace Repair Strategy for Servicing Products Sold with Warranty [J]. European Journal of Operational Research, 1989, 39(2): 206-212.

[84] Murthy, DNP & DG Nguyen. An optimal repair cost limit policy for servicing warranty [J]. Mathematical and Computer Modelling, 1988, 11: 595-599.

[85] Chen, M & RM Feldman. Optimal replacement policies with minimal repair and age-dependent costs [J]. European Journal of Operational Research, 1997, 98(1): 75-84.

[86] Neuts, MF, R Pérez-Ocón & I Torres-Castro. Repairable Models with Operating and Repair Times Governed by Phase Type Distributions [J]. Advances in Applied Probability, 2000, 32(2): 468-479.

[87] Chang, C-C, S-H Sheu & Y-L Chen, et al. A multi-criteria optimal replacement policy for a system subject to shocks [J]. Computers & Industrial Engineering, 2011, 61(4): 1035-1043.

[88] Zuo, MJ, B Liu & DNP Murthy. Replacement-repair policy for multi-state deteriorating products under warranty [J]. European Journal of Operational Research, 2000, 123(3): 519-530.

[89] Vahdani, H, S Chukova & H Mahlooji. On optimal replacement-repair policy for multi-state deteriorating products under renewing free replacement warranty [J]. Computers & Mathematics with Applications, 2011, 61(4): 840-850.

[90] Rao, BM. Algorithms for the free replacement warranty with phase-type lifetime distributions [J]. IIE Transactions, 1995, 27(3): 348-357.

[91] Kao, EPC & MS Smith. Computational approximations of renewal process relating to a warranty problem: The case of phase-type lifetimes [J]. European Journal of Operational Research, 1996, 90(1): 156-170.

[92] Zhang, YL & SM Wu. The reliability analysis of a two-unit series repairable system without being repaired 'as good as new' [C]. proceedings of the The Fourth Symposium on Reliability Mathematics, Guilin, China, 1992.

[93] Lam, Y & YL Zhang. Analysis of a two-component series system with a geometric process model [J]. Naval Research Logistics (NRL), 1996, 43(4): 491-502.

[94] Zhang, YL & GJ Wang. A bivariate optimal repair-replacement model using geometric processes for a cold standby repairable system [J]. Engineering Optimization, 2006, 38(5): 609-619.

[95] Wang, GJ & YL Zhang. An optimal replacement policy for a two-component series system assuming geometric process repair [J]. Computers & Mathematics with Applications, 2007, 54(2): 192-202.

[96] Cheng, ZH, YS Bai & LY Cai, et al. Research on Warranty Interval of Multi-Component System with Failure Interaction [J]. Eksploatacja I Niezawodnosc-Maintenance and Reliability, 2011, (4): 49-55.

[97] Baik, J, DNP Murthy & N Jack. Two-dimensional failure modeling with minimal repair [J]. Naval Research Logistics (NRL), 2004, 51(3): 345-362.

[98] Baik, J, DNP Murthy & N Jack. Erratum: Two-Dimensional Failure Modeling with Minimal Repair which appeared in this journal of April 2004 [J]. Naval Research Logistics 2006, 53(1): 345-362.

[99] Moskowitz, H & YH Chun. A poisson regression model for two-attribute warranty policies [J]. Naval Research Logistics (NRL), 1994, 41(3): 355-376.

[100] Gertsbakh, IB & KB Kordonsky. Parallel time scales and two-dimensional manufacturer and individual customer warranties [J]. IIE Transactions on Reliability, 1998, 30(12): 1181-1189.

[101] Iskandar, BP & DNP Murthy. Repair-replace strategies for two-dimensional warranty policies [J]. Mathematical and Computer Modelling, 2003, 38(11-13): 1233-1241.

[102] Iskandar, BP, DNP Murthy & N Jack. A new repair-replace strategy for items sold with a two-dimensional warranty [J]. Computers & Operations Research, 2005, 32(3): 669-682.

[103] Yeh, RH, C Gaung-Cheng & C Ming-Yuh. Optimal age-replacement policy for nonrepairable products under renewing free-replacement warranty [J]. IEEE Transactions on Reliability, 2005, 54(1): 92-97.

[104] Thomas, UM. Optimum Warranty Policies for Nonreparable Items [J]. IEEE Transactions on Reliability, 1983, 32(3): 282-288.

[105] Ritchken, PH. Warranty Policies For Non-Repairable Items Under Risk Aversion [J]. IEEE Transactions on Reliability, 1985, R-34(2): 147-150.

[106] Chien, YH. The Effect of a Pro-Rata Rebate Warranty on the Age Replacement Policy with Salvage Value Consideration [J]. IEEE Transactions on Reliability, 2010, 59(2): 383-392.

[107] Chien, YH. A new warranty strategy: Combining a renewing free-replacement warranty with a rebate policy [J]. Quality and Reliability Engineering International, 2008, 24(7): 807-815.

[108] Lie, CH & YH Chun. Optimum Single-Sample Inspection Plans for Products Sold under Free and Rebate Warranty [J]. IEEE Transactions on Reliability, 1987, 36(5): 634-637.

[109] Wu, SM & M Xie. Warranty cost analysis for nonrepairable services products [J]. International Journal of Systems Science, 2008, 39(3): 279-288.

[110] Moghaddam, KS & JS Usher. Sensitivity analysis and comparison of algorithms in preventive maintenance and replacement scheduling optimization models [J]. Computers & Industrial Engineering, 2011, 61(1): 64-75.

[111] Hongzhou, W. A survey of maintenance policies of deteriorating systems [J]. European Journal of Operational Research, 2002, 139(3): 469-489.

[112] Kim, CS, I Djamaludin & DNP Murthy. Warranty and discrete preventive maintenance [J]. Reliability Engineering & System Safety, 2004, 84(3): 301-309.

[113] Pongpech, J & DNP Murthy. Optimal periodic preventive maintenance policy for leased equipment [J]. Reliability Engineering & System Safety, 2006, 91(7): 772-777.

[114] Cheng, CY, TH Sun & JT Chen, et al. The Degradation- Rate-Reduction Preventive Maintenance Policies with Warranty in a Finite Time Span [J]. IEEE International Conference on Industrial Engineering and Engineering Management, 2009, 1-4: 213-217.

[115] Yeh, RH & H-C Lo. Optimal preventive-maintenance warranty policy for repairable products [J]. European Journal of Operational Research, 2001, 134(1): 59-69.

[116] Seo, JH & DS Bai. An optimal maintenance policy for a system under periodic overhaul [J]. Mathematical and Computer Modelling, 2004, 39(4-5): 373-380.

[117] Zhao, YX. On preventive maintenance policy of a critical reliability level for system subject to degradation [J]. Reliability Engineering & System Safety, 2003, 79(3): 301-308.

[118] Yeh, RH & WL Chang. Optimal threshold value of

failure-rate for leased products with preventive maintenance actions [J]. Mathematical and Computer Modelling, 2007, 46(5-6): 730-737.

[119] Castanier, B, A Grall & C Bérenguer. A condition-based maintenance policy with non-periodic inspections for a two-unit series system [J]. Reliability Engineering & System Safety, 2005, 87(1): 109-120.

[120] Garg, A & SG Deshmukh. Maintenance management: literature review and directions [J]. Journal of Quality in Maintenance Engineering, 2006, 12(3): 205-238.

[121] MaCarmen, C. An evaluation system of the setting up of predictive maintenance programmes [J]. Reliability Engineering & System Safety, 2006, 91(8): 945-963.

[122] Luce, S. Choice criteria in conditional preventive maintenance [J]. Mechanical Systems and Signal Processing, 1999, 13(1): 163-168.

[123] Swanson, L. Linking maintenance strategies to performance [J]. International Journal of Production Economics, 2001, 70(3): 237-244.

[124] Tan, SJ & WY Leong. Warranty strategy: a solution to hybrid product woes? [J]. International Marketing Review, 1999, 16(1): 40-64.

[125] 刘子先, 余瑜, 刘旭. 对我国企业产品保证管理的几点思考[J]. 科学与科学技术管理, 2004, 25(5): 115-117.

[126] Barros, L & M Riley. A combinatorial approach to level of repair analysis [J]. European Journal of Operational Research, 2001, 129(2): 242-251.

[127] Sheu, J-B. Special issue on emergency logistics management transportation research [J]. Transportation Research, Part E: Logistics and Transportation Review, 2005, 41(5): 459-460.

[128] Özdamar, L, E Ekinci & B Küçükyazici. Emergency

Logistics Planning in Natural Disasters [J]. Ann Oper Res, 2004, 129(1): 217-245.

[129] Xu, N, SD Guikema & RA Davidson, et al. Optimizing scheduling of post-earthquake electric power restoration tasks [J]. Earthquake Engineering & Structural Dynamics, 2007, 36(2): 265-284.

[130] Barbarosolu, G & Y Arda. A two-stage stochastic programming framework for transportation planning in disaster response [J]. Journal of the Operational Research Society, 2004, 55: 43-53.

[131] 代颖, 马祖军, 郑斌. 突发公共事件应急系统中的模糊多目标定位——路径问题研究 [J]. 管理评论, 2010, 1: 121-128.

[132] Yi, W & L Özdamar. A dynamic logistics coordination model for evacuation and support in disaster response activities [J]. European Journal of Operational Research, 2007, 179(3): 1177-1193.

[133] Wasserman, GS. An application of dynamic linear models for predicting warranty claims [J]. Computers & Industrial Engineering, 1992, 22(1): 37-47.

[134] Patrik, A. Optimization of multi-echelon repairable item inventory systems with simultaneous location of repair facilities [J]. European Journal of Operational Research, 1997, 99(3): 584-595.

[135] Candas, MF & E Kutanoglu. Benefits of considering inventory in service parts logistics network design problems with time-based service constraints [J]. IIE Transactions, 2007, 39(2): 159-176.

[136] Sherbrooke, CC. Metric: A Multi-Echelon Technique for Recoverable Item Control [J]. Operations Research, 1968, 16(1): 122-141

[137] Croston, JD. Forecasting and Stock Control for Intermittent Demands [J]. Oper Res Quart, 1972, 23(3): 289-303.

[138] Aronis, KP, L Magou & R Dekker, et al. Inventory control of spare parts using a Bayesian approach: A case study [J]. European

Journal of Operational Research, 2004, 154(3): 730-739.

[139] Hua, ZS & B Zhang. A hybrid support vector machines and logistic regression approach for forecasting intermittent demand of spare parts [J]. Applied Mathematics and Computation, 2006, 181(2): 1035-1048.

[140] Gerner, JL & WK Bryant. The Demand for Repair Service during Warranty [J]. Journal of Business, 1980, 53(4): 397-414.

[141] Ebrahimi, N. Bayesian framework for prediction of future number of failures from a single group of units in the field [J]. Reliability Engineering & System Safety, 2009, 94(3): 773-775.

[142] Schrady, DA. A deterministic inventory model for reparable items [J]. Naval Research Logistics Quarterly, 1967, 14(3): 391-398.

[143] Mabini, MC, LM Pintelon & LF Gelders. EOQ type formulations for controlling repairable inventories [J]. International Journal of Production Economics, 1992, 28(1): 21-33.

[144] Allen, SG & DA D'Esopo. An Ordering Policy for Repairable Stock Items [J]. Operations Research, 1968, 16(3): 669-674.

[145] Dhakar, TS, CP Schmidt & DM Miller. Base stock level determination for high cost low demand critical repairable spares [J]. Computers & Operations Research, 1994, 21(4): 411-420.

[146] Muckstadt, JA. Analysis and Algorithms for Service Parts Supply Chains [M]. New York: Springer, 2005.

[147] Erhan, K. Insights into inventory sharing in service parts logistics systems with time-based service levels [J]. Computers & Industrial Engineering, 2008, 54(3): 341-358.

[148] Wong, H, van GJ Houtum & D Cattrysse, et al. Multi-item spare parts systems with lateral transshipments and waiting time constraints [J]. European Journal of Operational Research, 2006, 171(3): 1071-1093.

[149] Lonardo, P, D Anghinolfi & M Paolucci, et al. A stochastic

linear programming approach for service parts optimization [J]. CIRP Annals—Manufacturing Technology, 2008, 57(1): 441-444.

[150] Cohn, A & C Barnhart. Composite-variable modeling for service parts logistics [J]. Ann Oper Res, 2006, 145(1): 383-383.

[151] Needham, PM & PT Evers. The influence of individual cost factors on the use of emergency transshipments [J]. Transportation Research, Part E: Logistics and Transportation Review, 1998, 34(2): 149-160.

[152] Wong, H, D Cattrysse & D van Oudheusden. Inventory pooling of repairable spare parts with non-zero lateral transshipment time and delayed lateral transshipments [J]. European Journal of Operational Research, 2005, 165(1): 207-218.

[153] Chien, YH & JA Chen. Optimal spare ordering policy under a rebate warranty [J]. European Journal of Operational Research, 2008, 186(2): 708-719.

[154] Lee, YH, JW Jung & YS Jeon. An effective lateral transshipment policy to improve service level in the supply chain [J]. International Journal of Production Economics, 2007, 106(1): 115-126.

[155] Xia, Y & Gilbert, SM. Strategic interactions between channel structure and demand enhancing services [J]. European Journal of Operational Research, 2007, 181(1): 252-265.

[156] Wenbin, W. A model for maintenance service contract design, negotiation and optimization [J]. European Journal of Operational Research, 2010, 201(1): 239-246.

[157] Buczkowski, PS, ME Hartmann & VG Kulkarni. Outsourcing prioritized warranty repairs [J]. International Journal of Quality & Reliability Management, 2005, 12(7): 699-714.

[158] Fine, CH, B Golany & H Naseraldin. Modeling tradeoffs in three-dimensional concurrent engineering: a goal programming approach [J]. Journal of Operations Management, 2005, 23: 389-403.

[159]   Liu, Y & Z Liu. An integration method for reliability analyses and product configuration [J]. The International Journal of Advanced Manufacturing Technology, 2010, 50(5): 831-841.

第二章　产品保证管理的实证研究

本章首先通过调查揭示出我国制造型企业与国外厂商在产品保证管理方面存在的差距，以此作为研究改进我国企业保证管理水平的契机。接下来，通过对国内不同类型制造企业进行调查，分析得出影响企业产品保证管理的因素有哪些、影响程度如何，并据此建立产品保证管理影响机制路径。同时，将产品设计阶段引入保证管理，研究提供模块化、多样化产品的企业与提供单一产品的企业，在产品保证方面是否存在不同，进而判断在当前新的设计形式下，产品保证与模块化设计的相关性。在以往的研究中，一些学者提出了产品保证策略、供应商协作等因素对企业产品保证管理存在影响[1,2]，但尚未有明确的实证方面的研究对构成因素予以确定。本章拟采用实证研究方法探讨产品保证管理的影响因素，从而为汽车制造企业集成化保证管理模式的构建以及一系列优化方法的提出奠定基础。

2.1　样本数据收集及样本描述

2.1.1　数据收集

为了解我国制造型企业产品保证管理的现状，并对其各方面情况进行具体分析，天津大学与中国质量协会发起合作调研，通过中国质量协会的制造行业数据库，从制造业企业的角度进行企业产品保证管理调查。受访企业主要包括汽车制造企业及零部件、设备制造商，产品保证管理是这些行业企业日常运营的重要组成部分，其回馈信息具有一定的代表性及普遍性。为了保证问卷的回馈信息质量，调查对受访者的职位要求限定于企业的质量经理、产品保证和售后服务经理以及相关的副总裁。经过三个月的调研，我们累计向受访企业发放了 682 份问卷，回收 102 份，剔除其中 9 份缺失值过高或信息不合理的问卷，最终得到有效问卷 93 份，有效问卷回收率为 13.6%。返回率较低的主要原因是大多数受访企业将产品保证数据视为公司内部机密，不愿向外透露。

2.1.2　样本描述

我们对获取的 93 份调查问卷进行整理，分别从企业所属行业、所有制类型及企业规模三个维度进行统计描述，说明各变量的均值、百分比等，以描述样本的类别、特性及其构成情况。由下列描述可以看出，本次调查涵盖了不同企业类型及企业规模，所取样本比较全面、均匀，具有一定的代表性。

（1）样本企业的行业分布

在本研究的 93 个有效样本中，有 27 家企业（占 29%）属于汽车制造行业，有 26 家企业（占 28%）属于零部件加工业，另有 40 家企业（占 43%）属于其他设备制造行业，如图 2-1 所示。

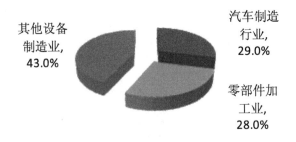

图 2-1　样本企业分属行业

（2）样本企业所有制类型分布

样本企业涵盖了国有企业、私营企业、股份制企业等多种企业所有制类型，其中有效样本中有 16 家企业（占 17.1%）属于股份制企业，13 家企业（占 14%）属于国有/集体企业，20 家企业（占 21.5%）

属于私营/民营企业，22 家企业（占 23.7%）属于外商独资企业，22
家企业（占 23.7%）属于中外合资企业，如图 2-2 所示。从总体上
看，本研究的样本虽然非随机抽样所得，但样本企业具有较广泛的
代表性。

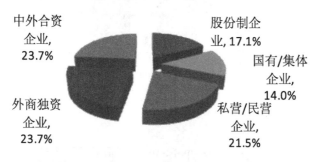

图 2-2　样本企业所有制类型分布

（3）样本企业规模分布

本研究从企业员工人数及年产值两个方面对样本企业规模进行
统计。如图 2-3 所示，有效样本中有 28 家企业（占 30.1%）的员工
人数少于 300 人，24 家企业（占 25.8%）的员工人数在 300 人～2000
人，有 25 家企业（26.9%）员工人数在 2000 人～10000 人，有 16
家企业（占 17.2%）员工人数超过 10000 人。

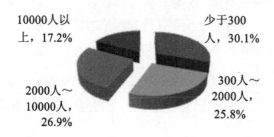

图 2-3　样本企业员工人数

如图 2-4 所示，有效样本中有 21 家企业（占 22.6%）的年产值
在 1 亿元以下，有 22 家企业（23.7%）年产值在 1 亿元～10 亿元，
有 29 家企业（占 31.2%）年产值在 10 亿元～100 亿元，有 21 家企

业（占 22.6%）年产值在 100 亿元以上。

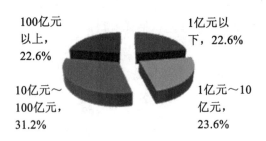

图 2-4　样本企业年产值

2.2　中外企业保证管理差距

中国制造业企业不但要在价格、质量、产品更新速度上与国际企业进行竞争，产品保证服务也是一个不可忽略的重要方面。而保证成本作为企业产品保证管理和技术水平的直接体现，一向以成本作为优势的中国制造业对其进行关注和控制显得尤为重要。

2.2.1　国内企业产品保证管理水平调查

我们首先对调查的 93 家企业保证成本占销售收入的比值进行了统计，这是一种衡量企业保证管理水平的常见方法。具体行业分布样本数量及保证成本比例均值如表 2-1 所示。

表 2-1　受访企业按照行业及所有制性质细分

行业	国有 WCR	私营 WCR	三资 WCR	股份制 WCR
汽车制造	2.20%	6.50%	5.21%	5.17%
零件加工	2.50%	4.30%	3.67%	6.25%
设备制造	7.00%	5.25%	3.33%	4.00%
总计	4.46%	5.35%	4.43%	5.56%

注：保证成本比例（Warranty Cost Ratio, WCR）

从表 2-1 我们可以看出，国有企业和三资企业保证成本所占销售收入比例略低，在一定程度上说明其产品保证管理水平更好。而对于每个行业内部不同性质的企业，以及每种性质企业所处的不同行业，由于样本数量较少，现有的证据还不足以证明显著规律的存在。

2.2.2　国内外产品保证管理水平比较

产品保证领域的国际知名市场研究机构 SEC data 发布了美国 50 家主要制造企业的产品保证报告，报告对企业保证绩效水平的评价标准采用的就是保证成本占总销售收入的比例，以及该比例每年的变化情况[3]。我们也将这 50 家企业类比国内调查的行业进行分类，表 2-2 中列出了这些企业保证成本比例的变化情况。

表 2-2　美国 50 家主要制造企业保证成本相关数据

行业分布	企业数量	WCR_1	标准差	WCR_2	标准差
汽车零件	10	1.53%	0.244%	1.56%	0.266%
零件加工	24	2.06%	0.337%	2.20%	0.383%
设备制造	16	1.73%	0.201%	2.13%	0.268%
总体	50	1.85%	0.181%	2.05%	0.210%

注：WCR_1、WCR_2 分别代表 2008 年、2009 年产品保证成本比例。

由表 2-1 与表 2-2 对比可看出，无论是从总体样本还是各个行业来看，国内企业保证成本占自身销售收入的比例都要高于美国同行，即使是管理水平较高的国有和三资企业也是如此。我们可以看出，中国制造商在保证成本管理和控制上，与国际先进水平还存在着比较大的差距。而这些保证成本会直接侵蚀掉企业本来就不多的利润。为了找到企业运营中与保证管理相关的因素，进而帮助中国制造企业降低保证成本比例，提高保证管理水平，我们对企业的保证管理影响因素做了调查及统计研究。

2.3 产品保证管理影响因素分析

2.3.1 理论构建

（1）概念界定

产品保证管理是指对与产品保证相关的一切活动进行管理，应以企业所生产产品的自身情况及企业的运营情况为基础，结合所制定的相关策略为依据[1]。因此，应从与产品保证相关的各项活动中分析对产品保证管理构成影响的因素。

（2）理论分析框架

本节在参考大量文献的基础上，从企业内部、外部及保证成本管理方面提出影响企业产品保证管理的因素，其中内部因素包括保证信息、保证组织及保证策略，外部因素包括供应商协作及服务代理商监管。我们建立如图 2-5 所示的理论框架，提出影响企业产品保证管理的因素模型，并检验各因素对产品保证管理产生的影响。

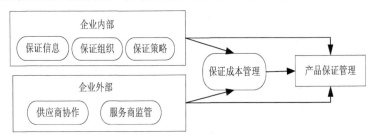

图 2-5　企业产品保证管理影响因素的理论模型

2.3.2 影响因素分析及研究假设

（1）保证信息管理

产品保证信息既包括消费者对产品性能、使用情况的反馈信息，也包括企业内部与保证服务相关的物流、库存、维修等保证管理相关活动的信息。门峰[4]指出，建立合理有效的保证成本信息模型，使其具备强有力的管理数据结构，可为保证成本的预测、分析和优化控制提供数据支持。此外，企业要根据用途对收集的相关信息进行处理、分析，向产品生命周期内各阶段的不同活动提供信息反馈，对保证期内的返修、返工、追回或报废产品采取纠正措施，通过实时数据与预测数据的比较，为决策者提供管理决策信息，对前期的工作或活动进行修正[5, 6]。可见，产品保证信息的监视、收集，以及反馈信息的处理、传递，都对产品保证管理起到重要作用。因此提出：

H1a：产品保证信息管理能力的提高对企业保证成本管理有正向影响。

H1b：产品保证信息管理能力的提高对企业保证管理有正向影响。

（2）保证组织的构建

多数企业没有建立完善的保证管理组织机构对其产品保证进行管理，已建立的一些产品保证管理机构一般隶属于售后服务部门。许多企业将产品保证等同于售后服务，但企业售后服务部门权力有限，难以开展跨部门的沟通，甚至是跨企业的沟通。设立独立的产品保证部门，并且保证各部门的之间的协调合作，有助于企业提高产品保证管理能力[7]。因此提出：

H2a：保证部门的设置及其组织机构的完善对企业保证成本管理有正向影响。

H2b：保证部门的设置及其组织机构的完善对企业保证管理有正向影响。

（3）保证策略制订

保证策略是企业通过设定产品保证期及产品使用程度范围，对失效产品采取维修或更换的策略，合理的保证策略可以降低企业的保证服务期望成本[8]。Blischke[9]提出有效的产品保证管理需要建立相适应的产品保证策略，将企业实际应用的各种保证策略及以往研究中所提出的保证策略进行分类、说明，为企业管理者进行更有效的保证管理提供依据。因此提出：

H3a：设定科学合理的保证策略对企业保证成本管理有正向影响。

H3b：设定科学合理的保证策略对企业保证管理有正向影响。

（4）供应商协作关系

在保证成本管理方面，产品设计与制造过程的质量问题决定了产品质量的 70%以上，为了减少产品质量问题，节约保证成本，应鼓励供应商参与产品设计[7]。而 BearingPoint 针对全球汽车保证调研结果显示，75%的供应商认为制造商未向其提供足够的信息以支持保证服务和产品返修，建立良好的协调运作机制成为提高企业保证管理的途径[10]。因此提出：

H4a：与供应商建立良好的协作关系对企业保证成本管理有正向影响。

H4b：与供应商建立良好的协作关系对企业保证管理有正向影响。

（5）服务代理商监管

制造业企业由合作的代理服务商向顾客提供保证服务，在这一合作过程中，制造商会面对来自代理服务商的信息不对称、道德风险、逆向选择和代理成本等多方面问题，对企业保证管理造成直接影响。另外，由于故障数据不完整、信息不充分以及失效部件无法及时传递等原因，导致各主体责任目标模糊，加大了保证成本管理的难度。因此提出：

H5a：对保证服务代理商的严格管理对企业保证成本管理有正向影响。

H5b：对保证服务代理商的严格管理对企业保证管理有正向影响。

（6）保证成本管理

产品保证成本受产品设计、制造、销售和消费者使用状况等因素的影响，几乎所有的保证管理决策都是以成本分析为基础的，将产品保证管理与保证成本的预算、核算、预测和优化控制等功能集成在一起，可以为提高产品保证管理提供保障[4]。因此提出：

H6：企业提高保证成本管理能力对产品保证管理有正向影响。

2.3.3　变量测量

对上节所述问卷中题项采用 5 点李科特量表，1 表示完全不同意，5 表示完全同意。

（1）产品保证信息管理表。由 4 个题项组成，包括保证信息反馈程度、保证信息的支持效果、保证信息的反馈速度、企业保证管理的信息化程度；

（2）保证组织机构管理表，由 4 个题项组成。根据 Murthy[1]提出实施保证管理的第一步应建立一个独立的保证部门，由高层管理人员出任该部门经理。同时，其他部门的经理应了解保证管理流程，并指导中级及初级人员配合保证管理的开展，从贯穿产品全生命周期的角度确保保证管理的顺利进行。该表设置的相关题项包括建立独立的保证管理部门、部门间保证管理的沟通方式、部门之间的关系及企业进行保证管理的组织结构合理性；

（3）保证策略制订表，由 5 个题项组成。根据 Murthy[11]所提出的合理的保证策略取决于产品及顾客类型、企业经营策略以及竞争对手的策略等，设置的相关题项包括采取保证策略的主要类型、设定的平均保证期长、保证服务涉及内容的覆盖面、针对不同市场采取差异化保证策略、保证策略制订依据的合理性；

（4）供应商协作，由 3 个题项组成，包括选取合理的供应商管理模式、为供应商的质量改进提供技术支持、向供应商反馈相关信息速度；

（5）服务代理商管理，由 5 个题项组成，包括服务代理商的规划、服务代理商的资格认定、服务代理商服务质量考核、与服务代理商的沟通能力、从服务商处获取保证服务信息的速度；

（6）保证成本管理，由 5 个题项组成，包括对保证成本管理的重视程度、保证成本分析流程、保证成本预测依据的准确性、保证成本核算体系的独立性、保证成本管理方法的先进性。

2.3.4 信度和效度分析

（1）信度检验

信度（reliability）指测度量表在测量时的稳定性与一致性，测量结果反映出系统变异的程度。信度越大，越能说明所解释的潜变量的各观察变量具有共方差的程度越高。我们使用克朗巴哈系数法（Cronbach's Alpha）系数来检验模型信度。α 值大于或等于 0.7 意味着统计结果理想、模型信度可以接受[12]。本节各变量的 Cronbach's Alpha 系数均大于 0.7 这一高信度接受水平（如表 2-3 所示），这说明本问卷信度较高，问卷设计合理。

表 2-3　变量效度分析

变量		题项数	Cronbach's α
内部管理	产品保证信息管理	4	0.72
	保证策略制订	4	0.78
	保证组织结构建立	5	0.83
外部协作	供应商协作关系	3	0.73
	服务代理商监管	5	0.77
产品保证成本管理		5	0.81
企业产品保证管理		26	0.76

（2）效度检验

效度检验的测评结果主要用于反映所测评因素反映的真实程度，即测量结果与要达到的目标之间的接近程度[13]。我们拟运用统计 SPSS（Statistical Product and Service Solutions）软件对其中 26 个指标题项进行探索性因子分析。在进行分析之前，需要对样本进行检验统计量 KMO（Kaiser-Meyer-olykin）样本充分性测度检验。一般认为，KMO 在 0.9 以上是非常适合；0.8～0.9 是很适合；0.7～0.8 是适合；0.6～0.7 是不太适合；0.5～0.6 是比较勉强；0.5 以下则是不适合。本研究 KMO 值为 0.726，满足因子分析的条件。研究采用主成分分析和方差最大法旋转，抽取出 9 个特征值大于 1 的因子，与分析模型基本对应，共解释总变异 64.322%。各题项都清晰地负载所预期的因子上，且载荷都超过 0.5 这一最低可接受标准，故认为本研究有理想的效度。

2.3.5　数据处理结果与分析

（1）相关性分析

拟通过相关性分析，验证企业内部因素（保证信息管理、保证组织构建、保证策略制订）、外部因素（供应商协作、服务商监管）、保证成本管理和企业产品保证管理所提出的各种假设。通过表 2-4 可以发现，企业产品保证管理与企业内部因素、外部因素、保证成本管理在置信度99%的情况下均显著相关。

表 2-4　相关性分析

	保证信息	保证组织	保证政策	供应商协作	服务商监管	保证成本
保证信息	1.000					
保证组织	0.329**	1.000				
保证政策	0.492**	0.435**	1.000			
供应商协作	0.612**	0.573**	0.634**	1.000		
服务商监管	0.589**	0.612**	0.657**	0.575**	1.000	
保证成本	0.653**	0.647**	0.726**	0.652**	0.634**	1.000

注：*显著性水平为 0.05，双边检验**显著性水平为 0.01，双边检验

（2）结构方程分析

各因素之间及各因素对企业保证管理的影响均正相关，为了反映出各因素对企业产品保证管理的作用机制，即每种因素对保证管理的影响机制，本研究采用结构方程分析方法进行分析。

①结构方程的验证结果

本节运用结构方程模型分析软件 AMOS 17.0 来检验上述提出的研究模型。结构方程模型是通过拟合度指数来说明模型与样本数据的拟合程度。常用的指标有：χ^2（卡方值），可以衡量假设的模型与观测数据之间的拟合度；χ^2/df（卡方自由度比值）调节模型的复杂程度，$2<\chi^2/df<5$ 时模型可以接受；另外，GFI（适配度指数），

CFI（比较适配指数）能比较敏感地反映误设模型的变化，CFI≥0.90时模型可接受；TLI（非规准适配指数），一般认为 TLI≥0.90 时模型可接受，越接近于 1，模型的拟合程度越好；RMSEA（近似误差均方根）受样本容量的影响较小，若 RMSEA 低于 0.10，表示好的拟合，若低于 0.05 表示非常好的拟合；来评价模型的拟合效果。其拟合指数评价标准如表 2-5 所示。从表 2-5 可以看到，拟合指数对应的数值均符合评价标准，说明模型与数据拟合较好。

表 2-5 拟合指数数值表

拟合指数	χ^2	χ^2/df	GFI	CFI	TLI	RMSEA
数值	4.317	2.753	0.955	0.923	0.97	0.06

②假设验证的结果

对模型的路径分析结果（如表 2-6 与图 2-6 所示）分析可以得到，假设 H1a、H1b、H2a、H2b、H3b、H4a、H4b、H5a、H5b、H6 都成立，而 H2a 不成立。即保证组织对保证成本管理有正向影响不成立以外，其余假设均得到验证。

表 2-6 模型路径系数与假设检验

假设	变量间关系	路径系数	P 值	检验结果
H1a	保证信息—保证成本管理	0.4578	***	支持
H1b	保证信息—企业保证管理	0.2926	***	支持
H2a	保证组织—保证成本管理	—		不支持
H2b	保证组织—企业保证管理	0.5425	***	支持
H3a	保证策略—保证成本管理	0.3725	***	支持
H3b	保证策略—企业保证管理	0.4558	***	支持
H4a	供应商协作—保证成本管理	0.5637	***	支持
H4b	供应商协作—企业保证管理	0.3458	***	支持
H5a	服务商监管—保证成本管理	0.273	***	支持
H5b	服务商监管—企业保证管理	0.5233	***	支持
H6	保证成本管理—企业保证管理	0.678	***	支持

注：路径系数为标准化路径系数；** 表示 P<0.01，*** 表示 P<0.001

根据上述分析结果，得出企业产品保证影响机制路径图，如图

2-6 所示。

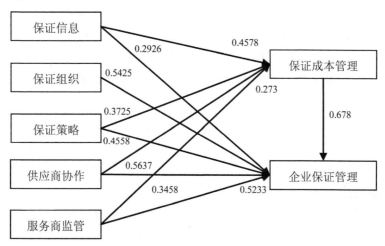

图 2-6　企业产品保证影响机制路径图

③假设检验结果的分析

根据成立的假设可以由 AMOS 17.0 计算出各因素对企业保证管理的直接效用、间接效用和总效用。在所有影响因素中，保证成本管理对企业保证管理影响最大（0.678）。企业内部影响因素中，保证策略的制订对企业保证管理的影响最大（0.4558），其次为保证策略（0.3725），再次为保证信息（0.2926）。在企业外部因素中，服务商监管的影响力最大（0.5233），供应商协作为 0.3458（见表 2-6）。

2.3.6　讨论

（1）研究结论

根据分析结果我们可以发现，对企业保证管理影响最大的是保证成本管理，保证成本管理既与产品自身的质量、可靠性相关，也与企业的技术水平、管理能力等相关，由于在实际生产过程中产品的质量和可靠性存在较大的不确定性，因此相关的分析、改进一直是产品保证管理研究的重点。而建立完善的产品保证组织机构、制订合理的保证策略，都对产品保证管理产生积极的作用。从企业外部来看，改善与供应商的协作关系、加强对服务代理商的监管，都可以提高产品保证成本管理及企业保证管理的效率与效用。

（2）改善措施分析

①严格执行保证成本管理

从企业产品保证管理的角度来说，除了努力提高产品质量和可靠性水平之外，也应该加强自身保证成本管理体系的建设，对保证成本进行严格的控制与精确的核算。企业应积极利用与保证成本管理相关的设计、制造、销售和售后等各方面的信息，结合专家和决策者的经验知识，实现保证成本管理水平的提高。由于保证成本管理受到产品管理各阶段活动的影响，企业在不同阶段所采取的管理和控制方法也不同，因此，建立基于产品生命周期的集成化保证管理模式，对企业产品保证管理具有重要作用。

②与供应商建立更亲密的合作关系

从供应商协作管理的角度来看，制造企业需要建立一套系统的供应商选择和评价体系，与供应商签署长期供货协议，监控供应商的过程能力指数和过程控制记录。当发生保证索赔时，由企业和供应商共同承担相应责任和费用。同时，还应该与供应商建立长期战略伙伴关系，与供应商数据、知识共享，才能切实推动供应商的质量改进，降低产品保证成本。

③加强保证服务代理商监管

服务代理商直接面向顾客提供保证服务，其服务形象、服务能力及服务质量都对顾客满意度构成影响，而其服务信息的反馈也为产品保证管理提供客观依据。因此，企业应在对服务代理商实施战略规划的基础上，对其进行严格的保证服务培训及资格认定；同时，对保证服务代理商进行系统的定期考核和评估，以此提高企业保证管理水平。

2.4　产品设计与保证管理相关性分析

在以往的研究中，尽管产品设计与作为产品质量标志的产品保证之间的连接已经被认可[6]，优化保证绩效也被认为是产品设计人员的一项责任[14]，然而目前还缺乏提供实证方面证据的相关研究。因此，我们通过调查，对产品设计与保证管理相关性进行分析。

2.4.1 模型与假设

很多企业都需要根据订单和客户需求定制产品，采用模块化设计，不同产品分享同一个平台。一般认为，标准的产品更加易于管理，而多样化的产品可能会需要多样的保证服务。文献[15]显示，设计的复杂程度会对产品质量和维修服务产生负面影响。另外一方面，由于在模块化产品生命周期中，企业可以通过延迟生产等方式抵消掉一些产品多样性对质量和可靠性的影响。同时，提供模块化多样化产品的企业，由于在模块化产品开发、制造上的先期投入，企业运营管理水平较高。因此，产品模块化和多样化被作为一个权变因素，以测量其与企业产品保证活动以及最终的保证绩效是否存在关联。

①保证绩效

根据本书第一章中对于保证绩效的文献回顾，客户对于保证政策和服务的满意度、客户投诉和保证成本的变化情况，被选作测量保证绩效的指标。在这里，我们选取的指标主要是绩效的变化情况，事实上，对保证成本占企业销售收入的比值进行统计，也是一种衡量保证成本管理水平的常见方法[16]。由于我们需要测量多个行业的总体情况，不能确保保证成本占销售收入的比例不会受到行业的影响，所以在这里没有采用。对于产品保证的相关活动，本书考虑了以下几个方面：保证工程实践、保证成本管理、保证服务、组织管理以及信息技术应用。

②工程实践

保证成本取决于产品的质量和可靠性，进而受到设计和制造阶段所做决策的影响。涉及的质量反映了产品与市场上客户要求的匹配程度，而制造的质量则关系到制造出来的产品是否与设计要求一致。那些与设计不一致的产品的保证成本通常要高于那些与设计要求一致的产品[1]。

除此而外，企业的质量管理工作已被证明对产品质量具有正面影响[17-19]，而与产品设计和开发相关的质量管理活动也是运营表现的重要指标[20]。由于产品保证被视作质量的标志，通过改善产品质量和可靠性，期望中的产品保证成本也可以降低，所以在设计、制造和质量管理中的工程实践作为一个评价因素。不仅如此，故障诊断也作为一项考虑因素，部分原因是因为故障诊断的改善被证明与可靠性和降低故障修复时间存在正相关[21]，另外也是因为在预调研中，受访者指出在受到投诉之后曾经出现无法确定故障原因的情况。

对于工程实践，作者做出如下假设：

假设1a：有效的保证工程实践可以提升产品保证绩效。

假设2a：提供模块化产品的企业在保证相关领域进行的工程实践水平更高。

③保证成本管理

很多学者已经研究了使用不同的保证方法[22-24]、不同的保证维度的情况下保证成本管理的情况。由于一些成本因素，比如服务费用已经包含在本研究所涉及的其他类别的活动之中，这里作者关注的是保证成本管理行为，评价的也是这些行为的影响。在与成本管理相关的研究中，成本预测、成本控制以及成本核算，通常是最常见的研究问题[25]，这三个因素对于总成本的降低都有着重要意义。以此类推，公司在保证成本预测、控制以及核算方面所进行的努力在本研究中作为衡量指标。作者提出如下两条假设：

假设1a：有效的保证成本管理可以提升产品保证绩效。

假设2a：提供模块化产品的企业保证成本管理水平更高。

④保证服务

这里所说的保证服务指的是根据客户投诉进行维护、维修、更换产品的过程。文献[15]的研究显示，服务的要素包括质保提供、维修服务、现场维护等，而服务的结果会受到多个因素的影响，比如维修设备、备件库存状况、维修技师技术水平等。

描述保证服务的第一个指标是服务费用。之前的研究认为更为慷慨的保证方法将会带来费用的显著增加[26]。维护费用通常来自于维修维护的过程、对保证服务资源的管理以及要更换的零部件。另外一项需要测量的是故障排除时间，一旦保证的服务时间被拖延，客户的满意度就会受到影响。而对于维修人员，他们的服务态度和技术能力也被作为调查的对象。作者提出下列假设：

假设 1a：有效的保证服务可以提升产品保证绩效。

假设 2a：提供模块化产品的企业保证服务水平更高。

⑤组织管理

对于一家公司来说，除了诸如质量控制或者调整制造工艺这样的工程改善之外，还存在一些行政管理手段来确保满意的产品保证绩效。文献[1]提出，制造商需要为产品保证建立独立的管理部门，该部门必须负责产品整个生命周期质保的管理。而一旦在保证服务中有某些需求，所有的相关部门都需要在保证部门的协调下进行合作。与此同时，企业还可以建立警报和报警系统，防止由于库存不足等原因导致的客户不满。

在企业的外部环境中，供应链管理被很多研究者和公司认为是获得更高质量水平的策略性手段[27]，而供应商选择以及与第三方机构签署协议，都被认为与保证服务密切相关[28]。同时，包括维护和维修在内的很多售后服务，通常会被制造商外包出去，所以培训服务商以及对服务商进行严格管理也是提供合格保证服务的必要步骤。

对于与产品保证相关的组织管理来说，笔者提出以下两个假设：

假设 1a：与产品保证相关的有效组织管理可以提升产品保证绩效。

假设 2a：提供模块化产品的企业的与保证相关的组织管理水平更高。

⑥信息技术

文献[29]显示，应用信息技术支持其全面质量管理实践的公司，会获得运营和质量表现方面的显著收益。对于产品保证来说，保证服务是产品发布后性能和质量信息的重要来源，也反映了消费者的感受，而这些信息传递给制造商来进行实时分析是非常重要的。同时，这些学者还指出，如果按照适当的时间间隔进行合理的分析，保证信息能够帮助制造商了解客户需求、更新对于未来可能出现的投诉情况的预期、识别出潜在的质量和可靠性改善的机会。对于保证管理部门来说，它应该建立一个合适的数据收集系统，以确保收集到正确的数据。除此而外，数据的合理分析和解释也是必须的，任何与保证相关的决策或者是问题都应该基于这些分析。

我们提出以下两个假设：

假设 1a：与产品保证相关的信息技术可以提升产品保证绩效。

假设 2a：提供模块化产品的企业的与产品保证相关的信息技术水平更高。

2.4.2 数据分析

通过对数据进行标准化处理，以方便计算和比较。所有的测量结果都被转化为 0 到 1 之间的数。比如量表李克特（Likert Scale）的结果，4 分被转换为 1，3 分被转换为 0.75，以此类推。而对于是非问题，回答是被指定为 1，回答否设为 0。对于变化趋势，"增加"转换之后变为 1，"保持不变"变为 0.5，而"减少"为 0。由于某些相似的答案实际上反映的是不同的趋势，比如客户满意度的答案 1 和投诉变化的答案 1 表现出来的保证绩效的变化就截然不同，我们将某些结果进行了转置，最终，使所有答案的值都满足"越小越好"的要求。

(1)信度与效度

通过使用探索性因子分析来确认建构指标的效度，其结果会确认模型的结构是否有效[30]。在所有的指标中，有两个问题的因子负载很低（如表 2-7 中的星号显示），从 26 个初始题目中被移出，剩下的 24 个问题的负载绝大多数都在 0.6 以上，这说明这些问题可以保证模型的架构良好[13]。接下来，我们使用了 Cronbach's Alpha 因子来检验模型中每一个部分的信度。根据之前的研究[12]，α 值大于或等于 0.7 意味着统计结果理想、信度可以接受。从表 2-7 中，我们可以看到所有相关指标的信度都比较理想。

表 2-7 测量指标的信度与效度

			标准化因子负载
变 量 名 称	工程实践 α =0.772	改进产品设计	0.869
		提高产品制造过程能力	0.807
		提高产品质量控制水平	0.631
		完善诊断系统	0.764
	成本管理 α =0.741	实时成本预测	0.857
		重视保证成本控制	0.760
		建立系统的保证成本核算体系	0.834
	保证服务 α =0.884*	维修费用高	0.908
		故障排除不及时	0.863
		服务态度差	删除
		技术能力不足	0.936
	组织管理 α =0.725*	建立综合保证管理部门	0.669
		加强与供应商合作	0.762
		培训服务商	0.661
		建立早期预警系统	0.782
		建立统一标准	删除
		加强部门之间的沟通和合作	0.632
	信息技术 α =0.711	加快保证信息传递	0.655
		实时收集保证数据	0.864
		有效利用保证数据	0.819
		有系统的分析工具和方法	0.599
	保证绩效 α =0.753	过去三年客户满意度的变化	0.866
		过去三年保证成本的变化	0.734
		过去三年客户投诉数量的变化	0.888

*Cronbach alpha 值是在不合格元素被移除之后计算得到的，所有的标准化回归权重都是显著的，p 值<0.01。

（2）相关分析

通过使用相关分析来测量模块化、保证实践与保证绩效之间的关系。表 2-8 显示了各因子间的相关系数。可以看出，产品的模块化和多样性会影响到保证工程实践（0.260，p=0.012）、保证成本管理（0.210， p=0.043）、保证服务（0.271， p=0.009）和信息技术应用（0.227，p=0.029）。这一结果可以解释为，提供模块化产品的公司更有动力在生产运营各个环节加大投入，应付制造和服务中的复杂性，但是没有发现产品多样化与组织管理之间的直接联系，原因可能在于提供单一产品的企业在统一内部标准、部门沟通等环节，因为自身组织结构简单，具有一定的优势。

表 2-8　模块化、保证实践与保证绩效间的相关系数

	模块化	工程实践	成本管理	保证服务	组织管理	信息技术	保证绩效
模块化	1	0.260*	0.210*	0.271**	0.045	0.227*	0.149
工程实践		1	0.082	0.283**	0.287**	0.121	0.263*
成本管理			1	0.104	0.125	0.017	0.243*
保证服务				1	0.164	0.277**	0.613**
组织管理					1	0.103	0.269**
信息技术						1	0.211*

*显著性水平为 0.05（双边检验）

**显著性水平为 0.01（双边检验）

在另外一方面，尽管显著性水平显示，涉及的几类保证实践活

动均与保证绩效相关，我们并没有发现产品模块化/多样性与保证绩效之间的明显关系。这可以理解为，正是模块化和多样化产品的复杂性抵消掉了企业在产品保证中所付出的努力。设计团队参与到决策制定，可以理顺保证信息的反馈渠道，使得设计和制造过程变得更有序和有效；同时这种参与也会加强各个相关部门之间的合作。对于提供模块化产品的企业来说，由于产品族涉及的内容更多，就更加需要设计部门与各个部门之间的沟通和信息共享，才能充分使用保证数据和信息。

2.5　小结

本章从样本数据收集与描述、中外保证管理水平对比与影响保证管理的因素分析这三个方面进行了论述。在样本数据的收集与描述中，本研究参阅大量相关研究，尽量采用科学合理的步骤和方法设计调查问卷，尽可能排出干扰因素的影响，并从受访企业的所属行业、所有制类型及企业规模三个方面对回收样本的特性和分布情况进行具体描述。在中外保证管理水平差异方面，通过统计测算样本企业保证成本占销售额比例，利用这一指标与国外水平相比较，揭示出我国制造业企业保证管理水平偏低的现状，以此作为进一步改善企业保证管理的契机。

通过从实证分析的角度确定保证管理影响因素，并揭示其影响机理，可以发现，加强保证信息的处理能力，制定合理的保证策略，都对企业的保证管理起到重要作用。另外，加强企业与供应商及保证服务代理商的协作关系，也对企业的产品保证管理产生积极影响。

在上述研究中，我们也发现公司规模、公司所处行业（汽车和电子行业没有影响，机械行业保证实践得分略低，但同时产品模块化水平也较低）对于保证活动和绩效没有明显影响。这些发现也支持我们可以对产品保证分析进行一般化的建模，而不会受到这些权变因素的干扰。对于保证方法的影响，只有按比例担保的方法

（PRW）被发现对于信息技术应用和保证绩效有正面影响。这可以理解为客户满意度和保证成本相互抵消。与此同时，由于这种方法操作起来要比简单的退款或者更换更加复杂，PRW 需要更多的保证信息，所以在信息技术应用方面投入更大也就不难理解。上面权变因素的相关分析数据，书中没有列出。

对于研究的局限，本书结果的有效性可能会受到实证调查中受访者主观评价的负面影响。调研中，几乎所有的回答都要取决于受访者的主观判断，尤其是评价企业的保证活动的时候。未来的研究应该引入更多的客观和定量的测量方式，以确保调查的可信度。另外，由于调查中包含量表、是非问题和变化趋势，要测量不同量纲的结果，我们对数据进行了标准化，将所有数据都转化成 0 和 1 之间的数值。这样的转换使得数据分析中的比较成为可能，但是也导致了测量距离相关问题的产生。比如，所有的选择"保证成本在过去 3 年增加"的回答都被转化为 1，但是实际上，成本"增加 30%"和"增加 10%"在本书中没有区分开。未来的研究应该尽量避免使用具有不同量纲的问题。并且，本研究的所有数据都来自于中国制造业，而不同国家的调查结果会有区别，所以来自其他国家的数据将会对本研究具有补充意义。

注释：

[1] Murthy, DNP, WR Blischke. Warranty management and product manufacture [M]. Springer. 2006.

[2] Blischke, WR, DNP Murthy. Warranty cost analysis [M]. New York: Marcel Dekker. 1994.

[3] Warranty Week. Sec Data. Japaness & European warranties [EB/OL]. http://www.warrantyweek.com/archive.

[4] 门峰，刘子先. 产品保证成本集成管理模式与方法 [J]. 计算机集成制造系统, 2009, 15(9): 1854-1859, 1866.

[5] Yang, GB & Z Zaghati. Reliability and robustness assessment of diagnostic systems from warranty data [J]. Annual Reliability and

Maintainability Symposium, 2004 Proceedings, 2004, 146-150.

[6] Majeske, Karl D, Terri Lynch-Caris & Gary Herrin. Evaluating product and process design changes with warranty data [J]. International Journal of Production Economics, 1997, 50(2-3): 79-89.

[7] 郝增亮, 刘子先. 我国制造业产品保证提升策略[J]. 企业管理, 2010(9): 92-94.

[8] Iskandar, BP & DNP Murthy. Repair-replace strategies for two-dimensional warranty policies [J]. Mathematical and Computer Modelling, 2003, 38(11-13): 1233-1241.

[9] Blischke, WR & DNP Murthy. Product Warranty Management: A Taxonomy for Warranty Policies [J]. European Journal of Operational Research, 1992, 62(2): 127-148.

[10] Global Automotive Warranty Survey Report [R]. Bearing Point, 2008.

[11] Murthy, DNP & WR Blischke. Strategic warranty management: A life-cycle approach [J]. Ieee Transactions on Engineering Management, 2000, 47(1): 40-54.

[12] O'leary-Kelly, Scott W & Robert J Vokurka. The empirical assessment of construct validity [J]. Journal of Operations Management, 1998, 16(4): 387-405.

[13] Ahire, Sanjay L & Paul Dreyfus. The impact of design management and process management on quality: an empirical investigation [J]. Journal of Operations Management, 2000, 18(5): 549-575.

[14] Rai, B & N Singh. Forecasting warranty performance in the presence of the 'maturing data' phenomenon [J]. International Journal of Systems Science, 2005, 36(7): 381-394.

[15] Murthy, DNP & K Ravi Kumar. Total product quality [J]. International Journal of Production Economics, 2000, 67(3): 253-267.

[16] Warranty Week. Top100 warranty providers of 2009[EB/OL].

http://www.warrantyweek.com/archive/ww20100401.html.

[17] Flynn, Barbara B, Roger G Schroeder & S Sakakibara. The Impact of Quality Management Practices on Performance and Competitive Advantage [J]. Decision Sciences, 1995, 26(5): 659-691.

[18] Dow, D, D Samson & S Ford. Exploding the myth: Do all quality management practices contribute to superior quality performance? [J]. Production and Operations Management, 1999, 8(1): 1-27.

[19] Hendricks, Kevin B & Vinod R Singhal. Firm characteristics, total quality management and financial performance [J]. Journal of Operations Management 2001, 19(3): 269-285.

[20] Cerio, J & Merino-Díaz De. Quality management practices and operational performance: Empirical evidence for Spanish industry [J]. International Journal of Production Research 2003, 41(12): 2763-2786.

[21] Chan, A & KR Mcnaught. Using Bayesian networks to improve fault diagnosis during manufacturing tests of mobile telephone infrastructure [J]. Journal of the Operational Research Society, 2008, 59(4): 423-430.

[22] Balcer, Y & I Sahin. Replacement Costs under Warranty - Cost Moments and Time Variability [J]. Operations Research, 1986, 34(4): 554-559.

[23] Bohoris, George A & Won Young Yun. Warranty costs for repairable products under hybrid warranty [J]. IMA Journal of Management Mathematics, 1995, 6(1): 13-24.

[24] Yeh, Ruey Huei & Hui-Chiung Lo. Optimal preventive- maintenance warranty policy for repairable products [J]. European Journal of Operational Research, 2001, 134(1): 59-69.

[25] Ehrlenspiel, K, A Kiewert, U Lindemann & MS Hundal. Cost-efficient design [M]. Springer. 2007.

[26] Huang, Yeu-Shiang & Yi-Feng Zhuo. Estimation of future breakdowns to determine optimal warranty policies for products with deterioration [J]. Reliability Engineering & System Safety, 2004, 84(2): 163-168.

[27] Carter Joseph, R & Ram Narasimhan. The Role of Purchasing and Materials Management in Total Quality Management and Customer Satisfaction [J]. Journal of Supply Chain Management, 1994, 30(3): 2-13.

[28] Murthy, DNP, O Solem & T Roren. Product warranty logistics: Issues and challenges [J]. European Journal of Operational Research, 2004, 156(1): 110-126.

[29] Sánchez-Rodríguez, Cristóbal & Frank W Dewhurst & Angel Rafael Martínez-Lorente. IT use in supporting TQM initiatives: an empirical investigation [J]. International Journal of Operations & Production Management, 2006, 26(5): 486-504.

[30] Lau, Antonio KW, Richard CM Yam & Esther Tang. The impacts of product modularity on competitive capabilities and performance: An empirical study [J]. International Journal of Production Economics, 2007, 105(1): 1-20.

第三章 基于云制造的集成化汽车产品保证管理模式

　　随着消费者对于产品及服务要求的提高，产品保证服务水平对于客户的满意度和忠诚度有着重要的影响[1]，使得各企业对产品保证服务越来越重视。建立合理的产品保证集成管理模式可以为产品制造商、维修商、供应商及顾客提供具有协同性、实时动态性的综合解决方案及信息化集成技术，从而提高企业产品保证管理能力，提升保证服务水平。

　　由于汽车产品具有结构复杂、技术要求高、使用环境复杂等特点，使得制造商难以独自提供保证服务，还需要了解产品使用状况的顾客，了解产品备件性能的供应商，以及掌握汽车维修、养护技术的专业维修商的共同参与。汽车保证服务因其涉及的主体协作关系复杂、信息交互量大、服务时效性强，对其保证服务模式提出了较高的要求。因此，本章通过分析现有产品保证管理模式的构成特点及不足，引入云制造技术理念，建立基于云制造技术的集成化汽车产品保证管理模式，并提出构成这一管理模式的关键技术方法，为汽车产品保证管理的顺利开展奠定基础。

3.1　现有产品保证管理模式分析

3.1.1　直线部门职能管理模式

　　在直线部门职能的产品保证服务中，保证服务主要是由企业的售后部门以及各区域内的保证服务设施组织完成。售后部门负责企业产品的所有售后服务相关事宜，如保证策略的总体策划、保证组织的建立、与产品供应商及服务代理商的协作、顾客保证索赔的协调处理等。售后部门与企业的其他部门互为合作支持，形成按功能分工的产品保证服务模式，如图 3-1 所示。

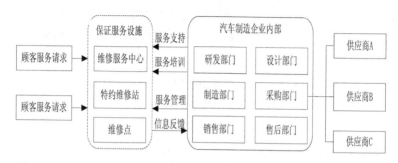

图 3-1 保证部门直线职能管理模式

3.1.2 网络化产品保证管理模式

在直线部门职能管理模式的基础上，结合互联网技术的发展，产生了一种新的网络化产品保证服务模式，即产品制造企业通过构建以自身为中心的售后服务系统，建立与供应商、维修商之间的售后服务网[2, 3]，将保证请求分解成若干子任务（如备件指令、服务指派等），通过调度机制使这些子任务分别在不同的资源节点上运行，最后汇集执行结果，如图 3-2 所示。

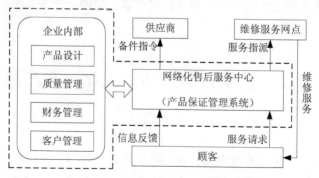

图 3-2 网络化产品保证管理模式

这一模式的提出对产品保证的组织结构、服务流程进行了改善，实现了制造商内部各子系统的功能集成以及与供应商、维修商的服务协作，但该模式仍存在一些不足：

①各汽车生产企业建立的售后服务中心，都以自身作为保证服务链的核心，所有相关企业都通过这个管理平台与该企业实现信息交互，而保证服务链中的顾客、供应商及维修服务商并不能在此系统中管理自身需要的信息，即该服务形式属于一对多模式，无法面向各主体有效集成服务数据，从而造成保证服务知识的缺失。

②缺少动态、协同的产品保证策略，制约了产品保证服务能力。一方面，现有模式下的服务策略难以实现对产品状态、制造服务能力的实时跟踪及信息更新，限制了保证服务的响应能力；另一方面，由于对各主体的制造、服务策略缺少协同管理，可能导致保证服务策略冲突，造成供应及维修能力不匹配的现象屡有发生。

③缺少对产品保证支持资源的集成管理。各主体分别建立各自的数据库并存储相关的信息和知识资源，造成了保证数据及资料存储分散，形成"信息孤岛"，影响了资源的交互、共享，难以实现保证信息的全面集成。

④难以实现产品保证成本的准确预测、核算。上述的保证服务模式在保证成本分析中存在如下问题：无法实现保证成本信息在整个企业中的共享，对保证成本预测产生不利影响；保证成本中人力和管理费用无法进行跟踪和分解的现象，使得企业难以形成准确的保证成本预测、核算体系。

3.2 基于云制造的集成化汽车产品保证管理框架

鉴于前述现有管理模式存在诸多不足，本节以汽车产品保证管理的关键影响因素为基础，引入云制造技术理念，建立基于云制造的集成化汽车产品保证管理框架，详细介绍其中组成部分，并总结提出该管理模式所具有的诸多特点。

3.2.1　云制造技术介绍

我国学者最先提出了"云制造"的概念，并给出了云制造的定义：云制造是利用网络和云制造服务平台，按用户需求组织网上制造资源（制造云），为用户提供各类按需制造服务的一种网络化制造新模式[4]。云制造采用云计算等当代前沿信息技术，把"软件即服务"的理念拓展至"制造即服务"，支持我国制造业在广泛的网络资源环境下，为产品提供高附加值、低成本和全球化制造的服务。在技术原理上，云制造技术通过任务自动分解和协同服务技术，提供柔性的服务组合，为制造云中的各终端用户提供按需、自助、敏捷的制造服务[5]。与以往的网络化制造、制造网格等服务模式相比，云制造具有可扩展性强、自组织性强、协作性强的特点，并可采用按需租用的业务模式为各使用主体提供多对多服务。

将云制造技术应用于汽车产品保证管理，一方面能够实现服务系统对客户需求的主动响应，通过产品技术和维修服务的点对点实时交互支持、监控，提高保证服务效率；另一方面，通过企业间制造资源与制造能力的共享与协同，可提高汽车制造商与协作商的合作水平，优化保证服务网络的管理，从而为汽车产品保证的集成化管理提供有力支持。

3.2.2　管理框架设计

(1)管理框架

基于云制造的汽车产品保证管理是以集成化的保证管理知识为基础，通过智能追踪设备及传感技术，远程实时监控用户的产品状态，当用户发出保证请求或通过设备监测发现产品存在保证服务需求时，根据产品状态信息，以协同化的产品保证服务策略为依据，进行保证服务任务分解及虚拟化的资源能力需求分析，动态选择匹配相适应的服务主体，组成面向保证服务的虚拟联盟。通过保证服务响应、实施、反馈及评价等，提供及时、准确、合理的汽车产品保证服务。据此，建立基于云制造的汽车产品保证管理框架，如图

3-3 所示。

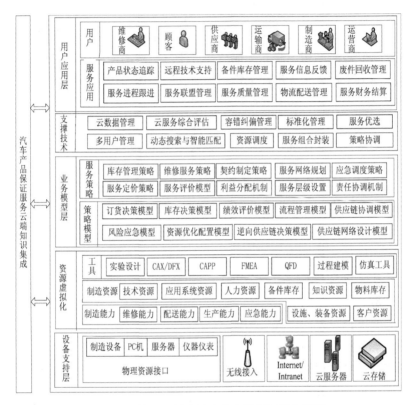

图 3-3　基于云制造的汽车产品保证服务框架

（1）组成部分

①设备支持层。该层通过设置各类物理资源接口，与保证服务涉及的各主体设备实时对接，将物理资源嵌入保证服务中；通过无线接入、互联网、无线射频识别等技术将产品状态信息、维修服务信息、产品档案等相关信息接入到产品保证云服务中，并通过云服务器与云存储设备实现保证服务资源的海量存储与调用。

②保证服务资源虚拟化。该层主要是通过云制造服务定义工具、虚拟化工具等，将接入到网络中的各类制造资源与制造能力汇聚成虚拟制造资源，发布到云服务中心[6]。汽车产品保证服务资源中既

包括各主体提供的服务设施及装置、备件库存、人力配备等硬件资源，也包括诸如产品知识、服务数据、应用软件等软资源，以及不同主体所具有的相应的制造能力，以满足各种情形下不同服务需求。利用集成化分析工具对服务资源进行处理，实现虚拟资源的有序化，为产品保证服务提供资源支持。

③保证服务业务模型层。运营策略及方法是汽车产品保证服务的关键。面向各种服务需求，根据不同的服务策略调用不同的策略方法，形成一整套的保证服务策略体系，为汽车产品保证云服务模式下的服务动态封装、组合提供方法支持，并且可以根据服务属性及服务策略的变化，修改或添加相适应的策略及方法，使保证服务的支持策略具有良好的扩展性。

④云服务支撑技术层。该层为汽车产品保证服务提供各种核心管理功能，借助云服务的共性引擎以及共性管理工具[7]，为保证服务体系中服务应用与管理提供基础逻辑和服务支撑。例如，对保证服务体系中的云数据进行管理、面向云服务运营商提供多用户管理及系统管理、提供云服务标准化管理、按照应用请求提供保证任务管理、动态搜索、智能匹配、调度管理，以及服务的优选、组合、评估等。

⑤用户应用层。该层以用户平台的形式面向汽车产品保证服务各主体。用户只需要通过网站、移动设备、个人电脑终端等，就可以加入到保证服务中，实时添加服务请求并查询相关信息。例如，顾客可借助简单的移动设备进行产品故障查询、远程诊断及服务进程跟进等；保证服务协作商可以实时提供诊断技术支持、调取产品状态及相关具体信息、组件动态的服务联盟、共享服务资源等。

3.2.3　管理模式特点

(1)多对多协作

多主体协作是基于云制造的汽车产品保证管理实施的有效手段。由于保证管理涉及的成员在地域上分散，之间大多只能通过网络业务协作平台进行交互，协作的难度较大，这就需要各主体之间充分共享信息、技术和知识，对产品状态监测、故障诊断、维修保养服务决策、备件申领调度以及维修服务实施保持高度协调，实现各主体之间保证业务和运作的协同。基于云制造的汽车产品保证管理体系实现了面向各主体的多对多协作服务（如图3-4所示）。

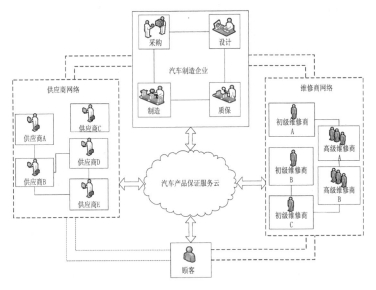

图3-4　汽车产品保证的多对多协作管理

主体协作关系具体表现在：

①部门间协作。产品保证管理涉及企业的采购、设计、制造、质保等多个部门，建立各部门集成的保证服务体系有利于提高企业的产品保证服务水平[8]，基于云制造的产品保证服务模式可以实现企业内各部门职能、信息的实时、有效集成。

②行业内协作。在为制造商提供产品及服务的同时，各供应商间、维修商间也存在着零配件供应、备件借调、高级技术支援等一系列合作关系。云制造技术可以从整个保证服务体系的角度出发，对同行业内各企业间的资源、能力进行整合，建立行业内各企业间的协作关系，实现供应商及维修商网络优化，为汽车产品保证服务网络的完善奠定基础。

③行业间协作。针对顾客提出的保证请求，制造商实施相应的保证服务策略，以供应商提供备件为支持，由维修商直接对产品进行维修、保养等服务，形成面向顾客的汽车产品保证服务链。制造商选取多家协作商的同时，各协作商也为多家制造商提供产品及服务。云制造模式将供应商与服务商网络纳入到整个保证服务中，实现跨行业的服务协作与资源整合。

(2)保证策略协同管理

汽车产品保证服务应将上游的零配件供应商、制造商，以及下游的维修服务商、顾客看作密切相连、息息相关的服务程序的整体性思考概念，从零配件供应、跨地域的制造生产到维修服务作业，都能够在最短的时间内柔性调整其生产、服务策略。合理的汽车产品保证服务以相适应的运营策略为基础[9]，针对汽车产品保证服务链中各企业营运资源、库存与行销策略等，做最佳安排与整体的完善规划，本质是在追求企业与企业间合作的效率，以相对较少的产品前置时间与营运成本的最佳考量，来获取企业营运的竞争优势，提高服务效率。

保证服务的具体策略是在各相关主体制造资源与能力限定下，在以各自利益最大化为目标的基础上建立起来的。由于主体间对于策略的目标不一致，以及各种策略之间的相互影响，使得汽车产品保证服务策略存在冲突。基于云制造的汽车产品保证服务模式在涉及多项服务策略时，以各项产品保证策略之间的动态变化规律为基础，借助博弈论、多代理理论等进行策略协商，利用云制造中动态匹配功能实现保证策略的优选整合，平衡产品的保证绩效和总成本，以确保企业利润。通过制定不同背景条件下、针对不同目标的柔性、科学的保证策略组合，解决各主体对于同一策略及各策略之间可能存在的冲突，使汽车产品保证整体策略达到最优。

(3)保证知识集成管理

一个典型的汽车产品保证过程包括收到保证请求、部件返回、供应商赔偿、保证成本预算修订、经销商和维修中心的运作等环节。在汽车产品保证服务过程中，除了基本的数据信息外，还包括了许多非数值信息（如产品制造工艺、使用情况等），它们以知识的形式动态存在，分别来源于汽车制造商、维修商、备件供应商以及产品用户等多主体，并且各自具有不同的知识结构和知识水平。以云制造技术为依托，考虑到各企业在管理目标、管理手段和处理手法等方面的不同，将不同来源、不同种类的信息、资料进行整理、重构，以汽车产品保证服务云端知识集成的形式，满足产品保证知识体系化的需求，从而消除由于传统的分工模式和责任管理模式所造成的壁垒，解决了产品保证管理中形成的"信息孤岛""功能孤岛"和"组织孤岛"等问题，形成了产品保证管理的合力。汽车产品保证知识集成为基于云制造的保证管理这一新的管理模式提供了方法及理论支撑。

（4）全生命周期的保证成本管理

成本管理的目的在于对产品设计方案进行技术经济评价，实现设计方案的早期综合优化，减少产品决策中的主观性、盲目性。而保证成本产生于产品在保证期内发生故障、企业需要提供保证服务的时期。保证成本取决于产品质量、可靠性、销售情况以及企业生产制造和备件库存等多种因素，同时也对企业的产品保证管理产生重要影响。保证成本管理的一个重要目的是为产品设计决策提供参考，产品生命周期总成本的 70%以上是由设计阶段影响的[10]，而质量问题产生的保证成本很大程度上是在开发阶段决定的。因此，企业预测进行的越早，对产品设计优化越有利。然而，由于设计早期产品信息相对较少，预测的难度较大、精度较低。

保证成本管理活动几乎涉及产品形成至消亡的全过程，即从产品策划、开发设计、制造到消费者使用、废弃处理等各领域的业务活动，因此，对企业保证成本管理功能的分析和设置以及对保证成本的优化控制，必须放在整个企业系统中进行，从企业经营战略的角度出发，在集成化思想的指导下，建立并实施集成化的保证成本管理，才能同时确保保证成本与原材料采购、产品设计开发、制造和售后服务的集成管理和协同优化，最终实现集成化保证管理目标。要灵活适应新的以云技术为依托的制造环境，成本预测要求较之过去更加快速及时。预测所依赖的数据需要根据保证服务云端信息进行及时、动态的更新，这就需要预测技术能够将生命周期的各个阶段有效地集成起来。并且，由于云制造的产品保证管理模式要求把保证管理链上各个企业作为一个不可分割的整体，这就需要将供应链上各企业的相关工作进行有效的集成，为保证成本的准确预测奠定基础。

3.3 基于云制造的集成化汽车产品保证管理关键技术

3.3.1 共性技术

在资源虚拟化方面，主要研究基于云制造的汽车产品保证管理模式如何将物理世界和虚拟世界的服务资源信息汇聚、管理的技术。主要包括支持保证服务的物联网嵌入式技术，如无线射频技术和实体描述语言等；保证服务资源提供者的信用认证体制、权限分配技术等；服务资源的虚拟化技术、资源的分类管理、发布、发现、修复以及保证服务资源和保证任务在接口、功能、流程、语义、质量等方面的智能匹配、动态组合等技术[11]。

在保证管理资源的动态搜索与智能匹配方面，主要研究已按照保证服务需求匹配好的保证服务资源和服务能力的封装、组合，服务的注册、发布、调度、注销等综合管理操作；动态、智能的保证服务的存储、发布、搜索、组合、调用和评估技术、保证服务用户的授权机制，以及保证服务策略的协调方法等[4]。

3.3.2 保证知识云端集成

保证管理云端知识集成既不是数据、资料的简单存储，也不是对各主体知识的无序堆叠，而是对保证知识进行系统整合及重构的技术。知识重构将原有的旧知识与获得的新知识加以结构化和重新构建，摒弃其中的非有效成分，实现知识的二次创新[12]。知识重构理论为保证服务云端知识管理提供了一种有效模式，以实现产品保证管理过程中不同部门和不同企业间保证信息的传递以及知识的整合，并解决两个关键问题：第一，通过知识集成过程，尽可能消除各种方法在调用、输出结果上存在的差异；第二，消除不同来源的知识存在的标准和使用方法不一致的问题。例如，将维修商记录的修理次数与企业所需要付出的成本关联起来，实现无缝对接。

保证管理云端知识集成技术将不同主体处所获得的与产品保证相关的知识进行汇总并进行需求分析，挖掘不同形式知识的内涵、层次和特点，对产品保证知识进行概念化、层次化、整体化的重构处理，并通过推理机制实现具有针对性的保证知识智能输出，由此形成汽车产品保证服务云端知识集成，实现保证知识的获取、整理、加工、推理等（如图 3-5 所示），为汽车产品保证服务涉及的不同决策主体提供直接面向服务的、可供决策的知识。其中，建立保证知识概念、层次及重构模型，并将其组合构建为产品保证知识模型体系，是云端知识集成技术实现的关键。

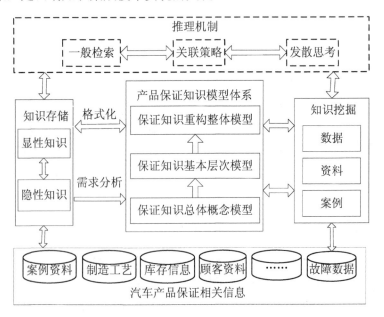

图 3-5　汽车产品保证管理云端知识集成技术框架

3.4　面向产品全生命周期的保证成本管理模式

从企业整体战略角度考虑，产品保证战略是企业整体战略的一部分，和产品开发战略、制造战略、营销战略同等重要，并且和其他企业战略相互影响。产品保证战略的形成必须考虑产品保证战略与企业其他战略之间的相互影响，共同促进企业的发展。正确的保证战略依赖于产品保证的类型、顾客类型以及整个企业战略，与企业的技术行为和商业行为相关。企业在不同阶段实行不同的产品保证管理。此外，在产品早期阶段，企业还需要在自身技术目标和商业目标基础上，结合零部件供应商与外部设计者的相关信息，进行产品制造成本和保证成本的估计，制定相应的产品保证政策，确定产品价格；在产品投放市场阶段，需要与服务商密切合作，执行产品保证战略，提供产品保证服务；在产品投放市场后，又必须通过对消费者和服务商的调查反馈，得到产品失效、索赔数据，根据这些数据的分析结果，对产品的研发和制造进行改进，并根据保证政策的实施效果，调整市场营销策略，达到企业经营目标。

综上分析，虽然保证成本是在售后服务阶段，即在企业为消费者提供保证服务的过程中发生的，但最终保证成本的多少则受产品形成过程中一系列相关因素的影响，这些因素包括企业内部的企业战略、产品开发、生产、销售和售后服务等活动，以及企业外部供应商、服务商和消费者的相关活动。因此，保证成本管理就是以保证成本为约束，通过对企业相关生产经营过程的管理、优化和控制，最终实现成本约束，并将其转化为按照一定成本目标进行的具体可操作的业务活动。

产品生命周期成本管理是当前成本管理最流行的方法，可以在产品设计阶段开始并且贯穿整个生命周期，对产品进行精确而又可行的保证成本管理。实现这一管理技术需要以可靠性为基础的保证成本计算模型来进行。在预算过程中，存在大量的成本预测及元件可靠性计算方法，现有保证成本管理的研究方法和理论对集成化保证成本管理这一新的管理模式的支持还不够，而保证知识的云端集成为这一方法的实现提供了保障。为此，建立面向产品生命周期的集成化保证成本管理模式，对集成化保证成本管理体系中保证成本管理与企业相关业务领域的关系进行分析，实现面向产品生命周期成本理论的保证成本预测技术，这对于云制造环境下的产品保证管理模式显得十分必要。

3.4.1　集成化保证成本管理的体系结构

从前面对产品保证成本的形成机理和企业保证成本管理影响因素的分析可以看出，保证成本管理活动几乎涉及产品形成至消亡的全过程，即从产品策划、开发设计、制造到消费者使用、废弃处理等各领域的业务活动，因此，对企业保证成本管理功能的分析和设置以及对保证成本的优化控制，必须放在整个企业系统中进行，从企业经营战略的角度出发，在集成化思想的指导下，建立并实施集成化的保证成本管理，才能同时确保保证成本与原材料采购、产品设计开发、制造和售后服务的集成管理和协同优化，最终实现保证成本的管理目标。但是，从第一章对保证成本的研究评述来看，现有保证成本管理的研究方法和理论对集成化保证成本管理这一新的管理模式的支持还不够，为此，建立面向产品生命周期的集成化保证成本管理的体系结构，对集成化保证成本管理体系中保证成本管理与企业相关业务领域的关系进行分析是非常必要的。首先，我们建立了集成化保证成本管理的体系结构，见图3-6。

①职能视图

职能视图反映了保证成本管理的程序。体现在产品生命周期的不同阶段，各个组织层次在开展保证成本管理活动中的实施方法与程序。产品保证成本管理的职能方法包括保证成本的计算、预测，保证成本分析、保证成本优化控制等。

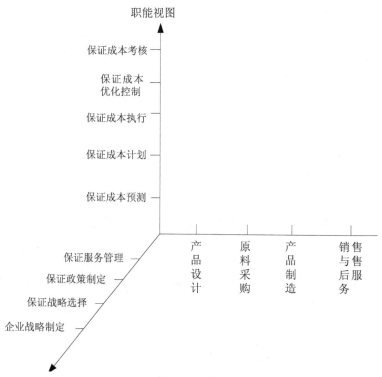

图3-6 集成化保证成本管理的体系结构

②过程视图

过程视图反映了产品开发、设计、制造以及销售与售后服务过程中的保证成本管理功能的分布和集成。在过程视图中，产品保证成本管理沿着单个产品的生命周期展开。在产品设计与开发阶段就要考虑到保证成本的影响，对保证成本进行估计，并以保证成本为约束，对产品设计进行最优化选择（例如可靠性和功能的优化）。在产品制造过程中，可以根据对保证成本及其相关故障模式的分析，寻找产品失效的原因，改进生产工艺。在产品销售过程中，要综合考虑市场特点、产品特点、竞争对手的策略，制定正确的产品保证政策。在售后服务过程里，主要是产品保证成本相关数据的收集、分析和及时反馈，为企业其他业务活动提供有用的信息。

③管理层次视图

管理层次视图分为企业战略制定、保证战略选择、保证政策制定和保证服务管理（包括保证管理的组织机构、责任体系和服务制度的设计等），体现了产品保证成本管理过程中产品保证管理及其相应的信息、人与组织、企业战略与保证成本管理各阶段职能的耦合。通过该层次反映了保证成本管理与企业保证管理的高、中、低三个管理层次的关系，意味着保证成本管理职能应该分布在企业管理及组织的各个层次中，该模型的层次划分主要依据一般企业现有的保证管理的组织机构和管理层次。

3.4.2 集成化保证成本管理的技术框架

基于企业过程模型、产品生命周期模型和成本计划体系等，本书给出了在云制造环境下，面向产品全生命周期的保证成本管理技术框架，如图 3-7 所示。

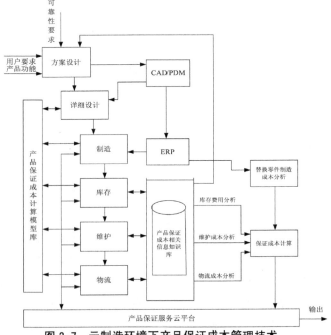

图 3-7 云制造环境下产品保证成本管理技术

保证成本管理技术在云制造平台上运行，即虽然企业的设计、制造、销售、售后等部门在地理上很可能是分散的，但是均可以以各自的用户权限登录，查看与本部门相关的成本信息。

3.4.3 保证成本管理集成平台实现方式

根据集成化保证成本管理的过程模型，针对当前保证成本的研究现状，本书提出了集成保证成本管理模式的框架结构图，如图 3-8 所示。该框架将集成保证成本管理分为信息集成、控制方法集成和管理功能集成等三个相互关联的部分，每一部分又由若干模块组成。

（1）保证成本的信息集成

综合目前保证成本的管理控制方法，与保证成本相关的信息主要包括外部环境信息（企业保证战略、保证政策、法律法规和消费者需求等）、产品技术信息（产品特征信息、质量信息、工艺信息和各类技术规范等）、运营管理信息（产品设计、工艺规划、制造装配、销售与维修信息等）和经济信息（产品生命周期中发生的所有成本信息、客户满意度和企业收益等）等方面。由于这些信息产生于产品的整个生命周期过程，分散存储在企业各部门，跨越的时间和空间很大、涉及的面很广，企业内部的集中式数据库和知识库很难满足数据采集、信息共享和交换的要求，因此，该系统将利用分布式数据库技术，把分布在企业内部各部门的数据信息按照一定的数据结构组织起来，建立集成化的产品保证数据库和信息库，以便实现信息在企业内部的收集、汇总、加工、处理、存储、传递和共享。同时，结合产品生命周期各阶段保证成本控制的特点，建立合理有效的保证成本信息模型，使其具备强有力的管理数据结构，为保证成本的预测、分析和优化控制提供数据支持。

此外，随着产品从研发设计、装配制造到销售、使用和维护等各阶段的演化，其所包含的与产品保证相关的信息也在发生演化，因此，建立的保证成本信息模型应该具有动态性、开放性和层次性，能够适时自动添加、删除和修改信息，及时反映产品的动态变化过程。

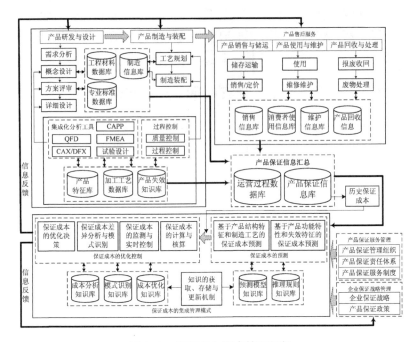

图 3-8   保证成本集成管理框架

（2）保证成本的控制方法集成

保证成本的控制主要包括保证成本的预测和优化控制两种功能，每一功能都包含有不同的控制方法、工具及相应的知识体系，因此，保证成本控制方法的集成就是将保证成本的预测、优化控制方法、工具及其相应的知识体系利用现代计算机网络技术集成在一起，实现对保证成本的及时有效控制。下面对其进行简单介绍。

①保证成本的预测

保证成本的预测为保证政策的制定和产品设计决策提供重要参考，其进行的越早、预测的精度越高对企业决策越有力。但是，由于产品设计初期信息不完整，成本预测的难度较大、精度较低。该系统把保证成本估算看作是循序渐进的过程，将成本预测分为基于产品功能特性和失效特性的早期成本预测、基于产品结构特性和制造工艺的详细成本预测两个过程，每一过程都有独立的系统模块，分别满足产品设计和制造阶段对保证成本预测信息的要求，并在产品售后服务阶段通过与实际保证成本的比较分析对上述两个模型进行修正，提高预测的准确性。最终的预测结果将转向优化控制模块，经领域专家的分析及时反馈给产品保证管理部门和生命周期各阶段。

②保证成本的优化控制

保证成本的优化控制是指以保证成本为目标和约束，通过构建保证成本的优化控制模型，在满足产品技术性要求的前提下，从产品保证优化管理和产品性能优化设计的角度，寻找最优的成本控制策略，实现降低保证成本和产品总成本的目的。该系统把保证成本的优化控制阶段分为保证成本的计算、监测与实时控制、成本差异分析与模式识别和优化决策四个过程，首先利用产品售后阶段收集到的与保证服务相关的成本信息，计算出实际发生的保证成本，然后结合预测阶段继承转入的成本预测值，以及在生命周期不同阶段的产品技术、运营管理和保证管理等信息，在实际成本与预测结果比较分析的基础上，通过价值分析寻找最值得改进的部分，进而根据知识经验制定相应的优化策略。与此同时，该系统通过保证成本的监测与实时控制模块，对优化控制方案的实施进行实时的数据监测，在经过成本差异分析的基础上，对保证成本的未来发生趋势进行分析，确保成本控制的及时性和有效性。

③保证成本控制的方法知识库

保证成本的管理控制过程中，除了基本的数据信息外，还包括用非数值表达的信息（如产品的材料、加工工艺流程等）和用来进行成本预测、优化控制的方法、模型、推理规则等以知识形式存在动态信息，这些信息和知识不是系统的输出也不是系统的输入，如何确保其在保证成本控制过程中有效流畅地利用和传递，是保证成本控制的关键。因此，该系统通过应用数据库技术构建保证成本的预测和优化控制知识库模型（包括知识的发现方法、知识的表达和存储、知识的推理规则等），对产品保证成本控制方法和知识进行有效、合理的表达、存储，实现知识的及时获取、准确表达、动态更新和智能利用。例如，在保证成本的优化控制中建立非数值信息的表达规则和结构，在成本估算过程中建立相应的预测模型知识库、推理规则知识库，以及在优化过程中从数值和非数值的优化控制模型中提取相关信息，建立相关优化分析方法知识库和案例知识库等。

（3）保证成本的管理功能集成

保证成本管理除了受产品设计、制造、销售和消费者使用状况等因素的影响外，还与产品保证战略和保证政策的制定等保证管理功能密切相关，几乎所有的保证决策都以成本分析为基础制定的。因此，该系统将产品保证的管理体系（如保证战略、保证政策的制定，产品保证管理的组织、责任体系和服务制度等）与保证成本的预测和优化控制等功能集成在一起，为实现产品保证成本的控制目的提供保障。

①企业保证战略管理

企业保证战略的制定除了考虑企业整体发展战略的因素外，还必须考虑产品生命周期内的技术因素、商业因素和运作因素，在信息集成的基础上，根据执行的效果，对相关过程和资源进行集成，并不断调整过程与资源的集成方式，实现用较低的产品保证成本提高企业竞争优势的目的。实现企业保证战略的关键是制定产品保证政策，好的保证政策意味着良好的产品质量和企业良好的实力，但是同时也意味着产品必须有较高的可靠性，企业负担较高的保证成本。因此，保证政策的制定必须在产品开发设计阶段开始，根据产品生命周期内保证成本的管理控制情况，结合外部市场顾客需求和竞争对手的产品保证策略，不断对产品保证政策进行调整优化。

②产品保证服务管理

成功实施保证成本的管理，需要企业组织结构的支持。由于保证成本管理涉及设计、生产和销售等各方面，因此，企业应当成立由产品保证管理、产品设计、制造、销售、检验等各个部门人员参与的专门机构负责保证成本的管理工作。此外，由于保证成本管理是产品保证管理的核心内容，其目的在于通过成本分析来确定相关因素，改进产品，吸引客户，提高企业竞争力，因此，企业必须完善相应的产品保证服务体系和责任制度，规定和明确各部门的责任规范、业绩考核、奖惩制度等职能，通过建立保证成本控制责任体系，正确地解决好保证成本管理过程中"谁来管""管什么""怎样管"、"管到何种程度"等基本问题，从而保障产品保证成本集成化管理的顺利开展[15]。

3.4.4　系统框架的特征

上述集成化保证成本管理的系统框架具有以下几个主要特征：

①在方法上，为企业提供快速通用的保证成本建模工具。采用产品特征的优点来改变传统的回归分析的方法，研究了产品技术特征与保证成本之间的关联关系，快速地建立保证成本模型，并在优化中采用了人工智能优化和计算机数值优化组合技术，具有建模速度快、工作量少和通用性强的特点。

②研究了复合知识的表达和处理、数值与非数值组合建模和优化技术（如产品的材料信息、可制造性信息、工艺过程、资源信息等）。传统成本建模过程主要是通过产品的成本信息和技术参数计算保证成本，所研究的信息都是数值信息。

③建立了面向产品生命周期全过程的成本模型，以及具有开放性、代表性和通用性的成本特征模型库，把当前集中于售后服务和制造阶段的研究扩展到产品研发，设计、制造，售后三个阶段；使产品在早期阶段也能进行成本优化、控制和分析，使保证成本研究具有较大的适应能力。

④把保证成本建模、优化控制和分析等子系统集成起来，使各个子系统之间建立密切的关联关系；同时，协调处理各个子系统之间的信息，使其各个功能模块之间具有高度的集成性。

3.5　集成化汽车产品保证服务关键运营方法

①云资源限定下的维修服务策略

　　维修服务策略是依据保证政策为顾客提供保证服务活动而制定的一系列策略，如大修、小修、翻新等[13]。以往汽车产品维修服务策略的制定都是建立在即时维修、维修时间可忽略，以及替换备件库存充足的基础上。但实际情况中，汽车的销售品种及销售量的地域性差异，维修技术资源、服务能力配置等存在不同，造成产品替换备件短缺、产品无法维修或不合理维修等服务能力限制，产生了多级甚至多次维修的情况，导致了维修时间延迟及保证成本的增加，也对维修策略设定产生了影响。因此，考虑服务资源及能力成为维修服务策略合理化的基础。基于云制造的汽车产品保证服务模式通过即时、动态地掌握失效汽车的产品状态信息，将维修时间要求、服务水平等作为限定条件，与具有地域、层级属性的维修商及供应商服务资源、能力相匹配，制定出与服务能力相协调的维修服务策略，这是实现汽车产品保证云服务模式的重要技术组成。

　　②保证备件库存优化方法

　　汽车零部件的及时、准确供应对保证服务的高效完成起到重要影响作用。因此，保证备件库存策略制定成为汽车产品保证服务管理技术的重要组成部分。由于产品保证服务具有义务性，这使得汽车制造商对保证备件库存实施分类控制，并按其类别设定最低库存量，以此对各维修商制订供货计划。而这种限定储有量的备件管理方式缺少备件储备的针对性，降低了备件供货效率的同时也增加了维修商库存成本。因此，以云制造服务模式为契机，建立包含供应商、备件中心库及维修服务商多方的备件协调库存策略，有助于提升备件管理效率。

　　另外，由于生产备件与供维修更换的保证备件在目标用途上存在不同，这使得保证备件库存与传统备件库存在适用范围、控制方法等方面存在着显著差异。由于保证备件库存订货并不完全由服务需求数量决定，而是需结合车辆的质量测试、顾客的使用情况等多因素制订策略，因此，以云服务技术为依托，综合考虑多主体影响下的动态备件库存订货计划也成为备件库存策略完善的重要途径。

③保证服务契约协调机制

保证服务契约是保证服务各协作方达成合作的共识性约定，合理的服务契约通过明晰各方权责，为保证服务动态联盟的设定提供制度保障。保证服务链各主体协调多从成本及定价角度出发进行各方博弈分析，而忽视了保证服务中双方期望差异这一利益冲突的关键原因。一方面，维修服务时间优化是汽车制造厂商改善产品保证服务水平的重要内容，而承担保证服务的维修代理商的目标是使得自身服务利润最大化，仅限定服务内容的契约难以对维修服务时间优化构成激励；另一方面，维修商希望保证周期较长而有利于获得稳定的收入，但制造商却会因此付出较高的保证成本。因此，需要充分考虑保证服务链中存在的双向预期的委托-代理问题，对保证链上各主体利益关系进行权衡，建立基于混合双向预期的委托-代理关系是保证服务契约制定的基础。另外，供应商、制造商及维修代理商对产品失效模式、服务内容等缺乏统一标准，显现出保证服务责任限定机制的缺失。因此，建立合理的责任限定机制，也成为保证服务契约合理制定的关键。

④保证服务设施规划策略

以往关于汽车产品保证服务设施规划的研究是以制造商保证成本最优为目标进行服务网络设置，而保证服务作为面向顾客的一种服务方式，顾客满意度成为设定、衡量其服务标准的重要影响因素。从顾客角度出发，通过详实的客户数据，以服务协作商资源、能力属性为网络节点，设立动态的虚拟保证服务网络，成为合理构建保证云服务网络的基础。

汽车产品保证管理不仅是针对失效产品提供维修服务，也包括了顾客提出的道路救援等时效性较强的服务请求，以及在产品出现大规模技术性故障及设计缺陷时由制造商发起的产品召回等突发事件，这使得应急服务能力成为保证服务网络构建的必要属性。通过构建具有应急响应能力的保证服务网络，以有效管理、调配可扩展的应急资源为目的，可为应急需求者提供应急服务资源的动态匹配，具有敏捷化、智能化以及灵活、高效、随需应变的特征[14]，从而提高汽车产品保证服务能力。

⑤汽车产品保证服务流程优化

消费者的保证服务需求和保证服务流程是保证服务成本产生的原因和途径。汽车产品保证管理流程应以顾客为中心,在保证服务资源输入的基础上,通过一系列的服务活动转化为输出结果的过程。在云制造管理模式下,应将保证服务中涉及的客户等主体加入到保证服务流程建设中,从客户的角度出发,实现保证服务流程优化。因此,汽车产品保证管理流程优化成为云制造模式下汽车产品保证管理的关键运营策略,通过整合保证服务资源,确保保证服务效率,进而提高保证服务水平。

⑥汽车产品保证成本管理方法集成

本书针对集成化保证成本管理条件下产品制造阶段保证成本预测的特点,提出了基于特征映射技术的保证成本预测方法,通过构建产品设计域、制造域与保证成本域的映射模型,实现了保证成本与设计信息和制造工艺信息的转换,能够较好地解决产品制造阶段保证成本的预测问题。

另外,针对集成化保证成本管理模式下的另一关键技术问题——保证成本管理的优化控制问题,本书分别从保证成本的两大主要影响因素保证政策制定和产品质量控制的角度展开研究。首先从产品保证管理角度研究并提出了市场竞争环境下产品价格、质量和保证管理的动态最优控制模型,对产品保证与产品质量和价格的动态变化规律进行了分析讨论,为企业保证成本管理提供了具有指导性的管理建议。针对产品制造、销售及售后阶段保证成本优化控制的特点,从企业可靠性优化管理的角度提出了资源约束条件下的可靠性优化控制方法,通过失效分析来为企业可靠性管理提供管理决策的科学依据,进而提高企业的可靠性管理效率和水平,最终实现提高产品质量和保证服务响应速度,降低保证成本的目标。

3.6　小结

本章分析了汽车产品保证服务的特点，在总结以往研究的基础上，提出了基于云制造的汽车产品保证服务模式，并对其中关键技术方法进行具体分析。在该服务模式下，利用跟踪技术，实时掌握汽车产品的技术生命周期和用户的产品使用状况，以保证服务云端知识集成为支撑，评价产品运行状况，确定合理的维修服务策略。在汽车出现故障时，实时获取其产品信息及状态，通过各主体协作支持的故障诊断，以协同服务策略为基础，制定路径最短、服务能力相匹配的维修服务方式，实现面向保证服务的多主体协同服务。其中涉及的保证服务策略及运营方法作为实现该模式的关键技术，在接下来的几章中做进一步的详细研究。

注释：

[1] Murthy, DNP, O Solem & T Roren. Product warranty logistics: Issues and challenges [J]. European Journal of Operational Research, 2004, 156(1): 110-126.

[2] 刘胜, 王诚, 刘飞, 张岩. 一种面向现代集成制造的网络化售后服务模式研究 [J]. 中国机械工程, 2005, 16(11): 960-964.

[3] 王诚, 刘胜, 黄巧莉, 刘飞. 客户驱动的网络化售后服务系统研究 [J]. 工业工程, 2006, 9(2): 67-71.

[4] 李伯虎, 张霖, 王时龙, 陶飞, 曹军威, 姜晓丹, 宋晓, 柴旭东. 云制造——面向服务的网络化制造新模式 [J]. 计算机集成制造系统, 2010, 16(1): 1-7, 16.

[5] 陶飞, 张霖, 郭华, 罗永亮, 任磊. 云制造特征及云服务组合关键问题研究 [J]. 计算机集成制造系统, 2011, 17(3): 477-486.

[6] Zhao, Guopeng & Sheen Zhiqi. Supply Chain Platform as a Service: a Cloud Perspective on Business Collaboration [J]. International Journal of Information Technology & Decision Making,

2010, 16(3): 1-7.

[7] 尹超, 黄必清, 刘飞, 闻立杰, 王朝坤, 黎晓东, 杨书评, 叶丹, 柳先辉. 中小企业云制造服务平台共性关键技术体系 [J]. 计算机集成制造系统, 2011, 17(3): 495-503.

[8] 门峰, 刘子先. 产品保证成本集成管理模式与方法 [J]. 计算机集成制造系统, 2009, 15(9): 1854-1859, 1866.

[9] Murthy, DNP & WR Blischke. Product warranty management—II: An integrated framework for study [J]. European Journal of Operational Research, 1992, 62(3): 261-281.

[10] Kiritsis, D, KP Neuendorf & P Xirouchakis. Petri net techniques for process planning cost estimation [J]. Advances in Software Engineering, 1999, 30(6): 375-387.

[11] 李伟平, 林慧苹, 莫同, 褚伟杰. 云制造中的关键技术分析[J]. 制造业自动化, 2011, 33(1): 7-10.

[12] 杜红, 李从东. 多主体知识转移研究[J]. 西安电子科技大学学报（社会科学版）, 2004, 14(4): 98-102.

[13] Blischke, WR & DNP Murthy. Product warranty handbook [M]. Marcel Dekker. 1995.

[14] 李从东, 谢天, 刘艺. 云应急——智慧型应急管理新模式 [J]. 中国应急管理, 2011(5): 27-32.

[15] Phelps, RI. Replacement Policies under Minimal Repair [J]. The Journal of the Operational Research Society, 1981, 32(7): 549-554.

第四章　汽车产品保证服务设施规划设计

4.1　问题背景

汽车保证服务设施规划是汽车生产厂商为了在既定区域内实现经济、高效的保证服务，而对该区域内保证服务设施进行的统一、协调管理。保证服务设施规划与企业的保证服务战略、组织结构和管理模式等密切相关，是保证服务有效实施的关键之一[1]。鉴于此，本章拟在充分分析汽车产品保证服务特点的基础上，从保证服务设施规划的全面性出发，对既定区域内保证服务设施的布局选址问题进行研究，为集成化汽车产品保证服务提供方法支持。

汽车产品在销售型号及保有量方面具有明显的地域性差异，据此建立的保证服务设施在网点设置数量、分布方式等方面也不尽相同。对于汽车产品保证服务设施整体构建这一复杂的系统问题，应以其服务特点为基础进行规划研究。汽车产品保证服务设施特点如下：

（1）服务水平重要性。汽车产品市场竞争激烈，在产品价格、质量都无法从竞争对手中脱颖而出的情况下，保证服务作为企业差异化经营的有效手段得到了广泛的重视[2]，保证服务水平对于客户的满意度和忠诚度也有着越来越重要的影响[1]。因此，汽车企业更加关注保证策略的制定和保证服务设施的构建[3, 4]。确保服务设施能够在一定的时间或距离内为需求点提供服务，是企业保证服务水平的重要体现。因此，以服务响应时间或服务可达距离为标准，设置具有快速响应能力的服务网络成为完善汽车保证服务的有效方式。

（2）服务规划统一性。汽车产品保证服务网络是从汽车生产企业的角度出发，对区域内保证服务设施进行的统一规划。与传统连锁网点的设置相比，保证服务网络更注重服务品质及服务效率，而各网点之间的竞合关系及网点的设施建设成本等因素不作为主要考虑。这就要求服务网络的建设从区域内服务设施的整体协调能力出发，整合服务资源，确保服务覆盖范围，从而提高保证服务水平。

（3）服务需求随机性。汽车产品由于其自身特点致使其保证服务的需求时间和需求地点都具有随机性。一方面，从保证服务需求时间来说，由于车辆存在一系列的季节性多发故障，难以对特定时间点上的保证服务需求量进行准确预测。另一方面，从保证服务需求地点来说，汽车保证服务需求量与地理位置因素密切相关。相关的地理位置特征包括：①交通设施情况。一些区域由于地处偏远或自然环境限制而导致交通设施不健全，这样的路段可能车辆事故多发，增加汽车保证服务需求量；②车流量。高速公路出口、交通枢纽路段等位置，可能由于车流量大而出现事故多发现象，也会形成较高的保证服务需求量；③车辆保有量。根据服务就近原则，在汽车保有量较大的区域内，保证服务的需求量偏高。保证服务需求量与地理位置关系呈现出的复杂性，导致了保证服务需求地点具有随机性，从而增加了保证服务的不确定性，对保证服务网络的构建产生重要影响。

因此，本章将需求量不确定情况下的汽车保证服务设施规划设定为基于随机规划的保证服务设施选址问题，在传统选址方法基础上，考虑到服务设施到达服务需求点的距离限制，以最大化保证服务覆盖范围为目的，建立随机规划模型。将各需求点的车辆保证服务请求数量设定为随机参数，利用蒙特卡罗模拟方法对其进行处理求解，使问题的设定更符合实际情况。

4.2 相关理论概述

4.2.1 选址问题概述

选址问题研究内容十分广泛，城市、产业带、经济技术开发区、跨国经济集团分公司、机场、水利设施、人类居住区、销售网点及仓库、配送中心等的区位决策都是选址问题研究的范畴，涉及经济、政治、社会、管理、心理及工程地质等多门学科。设施选址是众多选址问题的一个重要研究领域，所研究的设施是指与生产、商业流通及人类生活有关的用地规模相对较小的具体网点、场所，如工厂、仓库、消防站、变电站、污水处理中心，加油（气）站等。研究方法主要依靠运筹学、拓扑学、管理学等计量方法，这是设施选址与其他选址问题的重要区别。

1909 年，韦伯（Weber）[5]研究了在平面上确定一个仓库的位置使得仓库与多个顾客之间的总距离最小的问题（称为韦伯问题），正式开始了选址理论的研究。1964 年，哈卡米（Hakimi）[6]提出了网络上的 p-中值问题与 p-中心问题，这篇具有里程碑意义的论文激发了选址问题的理论研究，从此，选址理论开始成为热门的研究内容，文献数量也开始剧增。

选址研究中的典型问题，如 Weber 问题、中值问题、覆盖问题、中心问题、多目标选址、竞争选址、不受欢迎的设施选址、选址-分配、选址-路线等，都是引起广泛关注和深入研究的热点课题，研究也较为成熟。目前，设施选址问题主要分为 P-中位问题（P-median problem）、P-中心问题（P-center problem）及覆盖区域最大化问题（Maximal Covering Location Problem, MCLP）这三类问题[7]。其他的问题及分析模式大多是在这三类问题的基础之上演变出的，或是根据问题的特性而另外提出的特殊模式。

（1）常规选址问题

①P-中位问题（p-median problems）

P-中位问题（也叫 P-中值问题）是研究如何选择 P 个服务站使得需求点和服务站之间的距离与需求量的乘积之和最小。Hakimi 提出该问题之后给出了 P-中位问题的 Hakimi 特性，他证明了 P-中位问题的服务站候选点限制在网络节点上时，至少有一个最优解是与不对选址点限制时的最优解是一致的，所以将网络连续选址的 P-中位问题简化到离散选址问题不会影响到目标函数的最优值[6]。高曼

（Goldma）[8]提出了一种算法，解决了在树和只有一个环的网络上为单个服务站选址的中位问题。米列吉（Miehle）[9]于 1958 年也研究过平面 1-中位问题，也就是 Weber 问题，是他发现了维斯菲尔德（Weiszfeld）的研究成果，被誉为 Weiszfeld 研究的发现者。加里（Garey）和约翰逊（Johnson[10]）证明了 P-中位问题是 NP-困难问题。

②P-中心问题（p-center problems）

P-中心问题，是探讨如何在网络中选择 P 个服务站，使得任意一需求点到距离该需求点最近的服务站的最大距离最小问题。Hakimi[6]首先提出网络中 P-中心问题，卡里瓦（Kariv）和 Hakimi[11]证明了 P-中心问题为 NP-困难问题。雷德兹内和维斯洛夫（Drezner & Wesolowsky）[12]提出了 Drezner-Wesolowsky 法解决多服务站的 P-中心问题。Francis[13]在平面上的 P-中心问题研究中取得一些进展，Wesolowsky 研究基于直线距离 P-中心问题；马苏亚马（Masuyayma）[14]、美吉多（Megiddo）和苏坡维特（Supowit）[15]证明了基于直线距离和欧氏距离的 P-中心问题都是 NP-完全问题。卡鲁索（Caruso）[16]等通过求解一系列集覆盖的问题的办法求解 P-中心问题。侯赛因、莱文和马拉德（Hassin、Levin & Morad）[17]提出了运用词典区域局部搜索法来求解 P-中心问题。尤里和阿迪（Yuri & Adi）[18]对大规模 P-中心问题给出了启发式算法，对一些著名的问题进行了计算分析。

③覆盖问题（covering problems）

覆盖问题分为最大覆盖问题和集覆盖问题两类。集覆盖问题研究满足覆盖所有需求点顾客的前提下，服务站总的建站个数或建设费用最小的问题。集覆盖问题最早是由罗斯和特莱盖斯（Roth & Toregas）等提出的[19, 20]，用于解决消防中心和救护车等应急服务设施的选址问题，他们分别建立了服务站建站成本不同和相同情况下集覆盖问题的整数规划模型。随后摩尔和雷维尔（Moore & ReVelle）[21]等都继续研究集覆盖问题。普拉内和享德里克（Plane & Hendrick）[22]、达斯金和斯特恩（Daskin & Stern）[23]建立了服务站个数最小和备用覆盖的顾客最大的双目标集覆盖问题。黄（Huang）[24]研究了产品会随时间变坏或变好时的动态集覆盖问题。自 2000 年以来许多基于启发式的算法被用于解决集覆盖问题，费舍尔和科迪亚（Fisher & Kedia）[25]提出了基于对偶的启发算法并用来解决最多有 200 个候选点、2000 个需求点的集覆盖问题；比斯利和约翰斯腾（Beasley & Jornsten）[26]将次梯度优化法和拉格朗日松弛算法结合起来求解这类问题；马科斯和帕斯托尔（Marcos & Pastor）[27]应用代理启发式算法求解集覆盖问题。比斯利和朱（Beasley & Chu）[28]给出了求解服务站建站成本不同时集覆盖问题的遗传算法。格罗斯曼和伍尔（Grossman & Wool）[29]用大量的实验对比了九种用于求解集覆盖问题（SCLP）的启发式算法，随机贪婪算法（R-Gr）、简单贪婪算法（S-Gr）和转换贪婪算法（Alt-Gr）几乎在求解所有问题时都可以排进最好算法之一，其中随机贪婪算法表现最好，在 60 个随机问题中有 56 次获得最好的解。

最大覆盖问题或 P-覆盖问题是研究在服务站的数目和服务半径已知的条件下，如何设立 P 个服务站使得可接受服务的需求量最大的问题。同其他基本问题一样，最大网络覆盖问题也是 NP-困难问题[30]。最初的最大覆盖问题是由丘奇（Church）和 ReVelle[31]提出的，他们将服务站最优选址点限制在网络节点上；丘奇（Church）和梅多斯（Meadows）[32]在确定的关键候选节点集合中给出了一般情况下的最优算法，他们通过线性规划的方法求解，如果最优解不是整数就用分枝定界法求解；Church 和 Meadows 提出了最大覆盖问题的伪哈克米（Hakimi）特性，即在任何一个网络中，存在一个有限节点的扩展集，在这个集合中至少包含一个最大覆盖问题的最优解。本尼迪克特（Benedict）[33]、奥甘（Hogan）和 ReVelle[34]、Daskin[35]考虑服务系统拥挤情况下的最大覆盖问题，他们把任意一个服务站繁忙的概率当作外生变量，以服务站覆盖需求量的期望最大为目标函数。哈顿和赛德姆（Haldun & Cem Saydam）[36]用遗传算法来求解大规模最大期望覆盖问题，并进行了比较。费尔南多（Fernando）[37]等对最大期望覆盖问题中排队与非排队的情况进行了对比。伯曼（Berman）[38]研究了最大覆盖问题和部分覆盖问题之间的关系。Oded Berman 和德米特里（Dmitry）[39]，Oded Berman、Dmitry Krass 和 Zvi Drezner[40]

讨论比传统最大覆盖问题更一般的最大覆盖问题，并给出了拉格朗日松弛算法。奥尔汗（Orhan）和埃斯拉（Esra）[41]讨论了部分覆盖问题，对覆盖程度进行了定义。哈拉米约（Jaramillo）、哈德瑞（Bhadury）和拉詹（Rajan）[42]在选址问题的遗传算法应用研究时，介绍了最大覆盖问题遗传算法的操作策略。

（2）扩展选址问题

在前面三个基本选址问题的基础上考虑其他因素，就形成了扩展选址问题。由于扩展选址问题是由不同的分类方法根据实际应用需要组合而成，所以各类型之间存在较大的交叉，这里仅以最具代表特征的部分，对不同的类型命名并进行综述。

①带固定费用和容量限制的选址问题

服务站建站的固定费用和服务站的容量（服务能力）限制是最容易被想到也最有实际意义的因素，所以，早期对基本选址问题的扩展研究较多地集中在将这两个因素引入基本选址问题。无容量限制固定费用下的选址问题（UFLP）就是将固定建站费用加到 P-中位问题的目标函数上，并且去掉对服务站建站个数的约束。卡纽杰尔斯（Cornuejols）、费舍尔（Fisher）和奈姆豪瑟尔（Nemhauser）[43]对该问题进行了细致的分类和具体的分析，斯温（Swain）[44]运用 Bender 分解法求解 UFLP，巴罗斯（Barros）和拉维（Labbe）[45]、霍姆伯德（Holmberg）[46]对 UFLP 进行了更深入的研究。若弗里翁（Geoffrion）和麦克布莱德（McBride）[47]研究用拉格朗日算法解决带容量限制的服务站选址问题。穆坤坦（Mukundan）和达斯金（Daskin）[48]将固定费用有容量限制的选址问题模型（CFLP）用于解决利润最大化的类似问题，Bender 分解法也被 Daskin 用来求解 CFLP。伊诺霍萨（Hinojosa）、普埃尔托（Puerto）和费尔南德斯（Fernandez）[49]研究了多产品带容量限制的服务站选址问题，麦尔考特（Melkote）和 Daskin[50]总结了网络上带容量限制的服务站选址问题的各种模型。达西（Baldacci）[51]等提出了一种基于集剖分的方法来求解容量限制的选址问题。

②截流问题

截流问题研究顾客需求产生在路线上的问题，根据服务站工作性质可以分为服务型和对抗型两大类。服务型截流问题广泛应用于交通规划、交通服务、交通监测等方面，比如如何在交通路网中设立交通量观测点使监测到的交通流量最大的问题就是服务型截流问题。对抗型截流问题用于解决收费、检查、缉私等站点的选址问题。霍奇森（Hodgson）[52]，Berman、夫斯卡（Fouska）和拉尔森（Larson）[53]最早提出截流问题，研究了需求路线确定的条件下给定设施的数目，如何在网络中选址使通过服务站的需求量总和达到最大的截流问题，并建立了此类问题的基本模型，提出了启发式的贪婪算法来求解截流问题模型。莫汗丹尼（Mirchandani）、里贝罗（Rebello）和阿涅迪斯（Agnetis）[54]通过基本截流问题向集覆盖问题的转换，证明了基本的截流问题是 NP-困难问题。Hodgson 等[55]研究了服务站的顾客流量是由两部分组成的截流问题，一部分是产生于日常路线上的过路需求，另一部分是产生于节点的固定需求。阿维尔巴赫（Averbakh）、Berman[56]研究了顾客流量细分和接受多次服务的一般模型和扩展模型。Berman 和卡洛斯（Krass）[57]首先给出了竞争环境下的服务站截流选址问题，并给出了启发式算法和最坏情况分析。Mirchandani、Rebello 和 Agnetis[54]最早提出了对抗型服务站的截流问题。杨海（H. Yang）和杨超（C. Yang）[58]研究了用户路线不确定条件下，检查站设在网络的边上的截流问题，建立了线性规划模型，并用列生成法求得精确解。

③枢纽（Hub）选址问题

Hub 选址问题是和截流问题有些类似的选址问题，需求也是产生在 OD 对上，在顾客从 O 点出发到 D 的过程中要接受 Hub 的服务。同截流问题不同的是，OD 流并不是走最短路从 O 点到 D 点，经过 Hub 中转服务后要比直接从 O 点到 D 点要快，比如交通系统中的中转站、通信系统的交换机或服务器等。欧凯利（O'Kelly）[59]开创了 Hub 选址问题的研究工作，马利诺夫（Marianov）[60]研究了竞争环境下的 Hub 选址问题，卡拉（Kara）和坦赛尔（Tansel）研究了单分配 P-Hub 选址问题，伊百丽（Ebery）和莫汗（Mohan）[61]研究了带容量限制多分配的 Hub 选址问题。

④选址－分配问题

选址－分配问题的一般形式类似于 P-中位问题，最初由库里（Curry）和史肯斯（Skeith）[62]提出这一问题。Geoffrion 和格雷福斯（Graves）[63]开始研究多级服务站选址－分配问题。维斯洛夫斯基（Wesolowsky）和特拉斯科特（Truscott）[64]研究了多阶段的选址分配问题，并用 Bender 分解法求解配送中心选址问题。Goodchild、Hodgson[65]也参与了这个问题的研究，并对选址－分配问题进行了理论回顾。Marianov 和塞拉（Serra）[66]研究了受等待时间或排队约束的多服务中心选址－分配问题。卢斯（Luce）、吉尔伯特（Gilbert）和弗雷德里克（Frederic）[67]对以救护车为背景的选址－分配问题研究现状进行了总结。

⑤随机选址问题

随机选址问题中考虑到现实世界的复杂性，把服务站的运行时间、建设成本、需求点位置、需求数量等部分或全部输入参数看作是不确定的。随机选址问题分为随机概率问题和随机情景问题。随机概率问题是指输入参数是服从某种分布时的随机选址问题。卡尔博内（Carbone）[68]在解决需求不确定下公共设施的网络选址问题时，研究了需求量服从多变量正态分布、带机会约束的 P-中位问题，建立了非线性模型。韦弗（Weaver）和 Church[69]研究在任意弧长服从离散随机分布的随机网络上的中位问题，建立了整数规划模型并用拉格朗日松弛算法和替代启发式算法求解。Berman 和奥多尼（Odoni）[70]、Berman 和勒布朗（LeBlanc）[71]研究了行程时间状态随马尔可夫状态转移矩阵变化的多设施选址问题。Mirchandani[72]研究了行程时间、供应与需求模式都是随机变化的条件下的 P-中位问题和无容量限制固定费用的仓库选址问题。Daskin[73]在研究 EMS 车辆选址问题时，研究考虑运输车辆繁忙概率的最大覆盖期望问题。ReVelle 和 Hogan[74]在集覆盖的背景下考虑车辆可用性的问题，并在最大覆盖的基础上研究可靠度的 P-中心问题。高希（Ghosh）和雷格（Craig）[75]研究了只有两个卖主的垄断市场、固定的市场需求量、多零售点的随机选址问题。随机情景问题是将不确定性分解成多个可能在将来发生的状态，同随机概率选址问题相区别的是，它是离散的随机问题，模型的目标是在所有可能的情况下达到最佳。范斯滕（Vanston）[76]等研究了情景建模的方法，给出了 12 种生成合适情景的步骤，阿马拉（Amara）和利平斯基（Lipinski）[77]作了更进一步的研究。随机情景模型的目标最少有三种方式：所有情景下的期望值最好、最坏情景下的目标值最优、所有情景下的期望遗憾度或最坏情景下遗憾度最小。阿维尔巴赫（Averbakh）和 Berman[78]研究了间隔需求不确定条件下最小遗憾度的网络 P-中心问题。Serra、络提克（Ratick）和 ReVelle[79]和 Serra、Marianov[80]通过建立多种需求情景，建立了目标函数为服务的最小需求最大和最大遗憾度最小的两个随机情景问题模型，在他们用此办法解决巴塞罗那的消防站选址决策的问题中，网络节点需求和行程时间都是不确定的。Ghosh 和麦克拉弗蒂（McLafferty）[81]应用这种方法解决了环境不确定时零售连锁店选址问题，目标是使市场份额最大化。

⑥动态选址问题

现实世界中不仅存在着不确定性，也存在着动态性，因此动态模型能更准确地反映实际问题，当然，考虑动态因素不可避免地会增加模型的复杂性和求解的难度。动态选址问题研究的是在未来若干时间段内服务站的最优选址问题，在不同的时间段内动态选址模型的参数值是不同的，但在某一具体的时间段内模型参数是确定的。巴洛（Ballou）[82]在有限个计划的时间段内为单个仓库选址的问题中，建立了以利润最大化为目标的动态模型，并运用一系列的静态确定型最优选址策略来解决这个多阶段的动态选址问题。斯维尼（Sweeney）和泰瑟姆（Tatham）[83]通过增加备选服务站集改善了 Ballou 的算法。泰皮尔络（Tapiero）[84]研究了有运输成本和服务站有容量限制的动态选址—分配模型。范洛伊（VanRoy）和艾伦曼特（Erlenkotter）[85]研究了不带容量限制的动态选址问题，允许早期建立的服务站在一定时间后关闭。Drezner[12]提出了渐进式 P-中位问题，研究需求随时间分阶段变化，不考虑分配问题，目标是在整个时间范围内总的运输费用最低。加米尼（Gamini）[86]在研究公用设施的选址问题中建立了动态的集覆盖问题和最大覆盖问题模型，考虑了未来若干时间段的覆盖情况。

⑦竞争选址问题

竞争选址问题考虑市场上存在两个以上的同类产品或服务的提供者，或服务站提供多个产品或服务。目前的竞争选址研究集中在静态问题上，考虑确定和随机两种情况，研究背景多以连锁零售业为主。静态确定型的竞争选址问题是在现存的竞争者已知而且确定，顾客只到最有吸引力的服务站的"全有全无"假设条件下研究的，静态随机竞争选址问题是在赫夫（Huff）[87]的引力模型的基础上研究的。霍特林（Hotelling）在 1929 年首先提出了两家卖主寡头垄断的市场竞争模型。那卡尼施（Nakanishi）和库伯（Cooper）[88]在竞争选址研究中提出了一个影响市场份额分配的效用函数。Hakimi 研究了竞争环境下的 P-中位问题。Drezner[89]在向现有服务站集增建一个服务站的问题中引入了考虑服务站品质引力和平衡距离的效用函数，建立了确定竞争选址模型。Drezner 和 Drezner[90]研究了效用函数决定顾客选择服务站的概率，新建服务站的市场份额期望最大的选址问题。Marianov、Serra 和 ReVelle[66]研究了竞争条件下无容量限制的 Hub 选址模型。Drezner 和 Z. Drezner[91]提出了应用模拟退火和上升（Ascent）相结合的算法，求解新建服务站市场份额期望最大的竞争选址问题。

4.2.2　随机规划概述

汽车产品因其存在季节性故障等原因导致了保证服务需求的不确定性。在对不确定现象制定决策时，通常将这一现象分为两类：一类是随机现象，另一类是模糊现象[92]。对描述、刻画随机现象的量称为随机变量或随机参数，对含有随机参数的数学规划问题称为随机规划[93, 94]。

根据对随机参数的处理方法不同，随机规划问题主要分为三种：第一种是随机规划使用期望值模型（Expected Value Model），即在期望限制条件下,使得期望收益达到最大或期望损失达到最小的最优化方法;第二种是由 Charnes 和 Cooper 于 1959 年提出的机率限制规划(Chance-Constrained Programming),是在一定的机率意义下达到最佳化的理论。第三种是刘宝碇[95]提出的相关机率规划(Dependent-Chance Programming),是一种使事件的机率在随机环境下达到最佳化的理论。

在本章研究中,拟采用第一种期望值模型方法对随机参数进行处理。由于随机参数(需求点的保证服务需求量 H_i)的概率分布函数未知,无法用概率期望值替代,因此用这一参数的历史平均值将随机模型转化为确定性模型。

4.3 基于随机规划的设施选址模型

4.3.1 问题分析

目前,设施选址问题主要分为 P-中位问题(P-median problem)、P-中心问题(P-center problem)及覆盖区域最大化问题(Maximal Covering Location Problem, MCLP)这三类问题[7]。其他的问题及分析模式大多是在这三类问题的基础之上演变出的,或是根据问题的特性而另外提出的特殊模式。

(1) P-中位问题

P-中位问题是在区域内设置 P 个服务设施,使每一个需求点到达设施地点的时间或距离之和最小或平均性能最优,常用于仓库选址、物流中心选址等。这类问题的目标函数通常为成本最小,因此又称为最小和问题。按照这一方法选定设施位置,可以降低建设成本,但可能导致某些需求点距离最近的设施很远。如果不考虑需求点的可达性,以 P-中位作为选址方法,从成本角度分析设施选址是可行的。而对于汽车产品保证服务具有的快速响应特点来说,由于这一选址方式提供的服务缺少时效性,可能直接影响保证服务水平,因此,这一方法不适用于本章对于汽车保证服务设施规划问题的研究。

（2）P-中心选址问题

P-中心选址问题的目标在于寻找设施与需求点之间最大距离的最小化，以此求出拟建立的设施数量及分布位置。即，其目的是使最差的情况最佳化，相对重视设施是否能够及时提供所有需求点的必要服务，通过将最难以提供服务的需求点纳入考虑范围内，使设施提供服务的困难性降低。这一方法常被应用于具有公共性质的应急服务设施选址，如消防队、急救中心、紧急避难所等。这一问题的研究以服务的时效性为必需条件，原则上不允许存在服务延时的情况。而对于汽车产品保证服务来说，时效性是服务需满足的主要目标之一，但仍需考虑其他经济性因素。由此可见，P-中心选址问题并不完全适用于汽车保证服务设施规划问题的研究。

（3）覆盖区域最大化问题

覆盖区域最大化问题的目标是使设施建立后提供服务的时间或到达服务地点的距离满足一定的要求，即需求点在设施的服务范围内。Church[96]在此基础上又提出了重复覆盖的概念，它不要求所有的需求点都可以覆盖到，而是使服务设施尽可能覆盖最多的需求点。区域覆盖方法既考虑到服务的时效性，又尽可能地扩大设施的服务范围，对设施选址的服务可达性与建设经济性目标进行权衡，据此提出符合要求的设施选址方法。因此，本章采用 MCLP 方法对既定区域内的汽车保证服务设施规划进行研究。

4.3.2 问题描述及基本假设

（1）问题描述

考虑到区域内各服务需求点的保证服务需求量为随机参数，并在一定范围内服从分布。由于保证服务需求存在众多的人为因素，难以用历史数值直接进行预测[97]，因此，本节在运用蒙特卡罗模拟方法模拟服务需求随机性的基础上，以拟建服务设施与需求点之间距离为衡量水平，提出覆盖需求量最大化及超出规定距离最小化的多目标函数，建立基于随机规划的离散型多目标选址模型，从保证服务网络统一规划的角度出发，尽可能提高保证服务水平。

（2）基本假设

①考虑到所处区域的实际情况，研究采用离散型选址模型；最优选址地点从既定的备选点方案中产生；

②模型中对区域内各需求点的模拟采用离散型变量，用既定的需求分布点表示；

③讨论的保证服务设施的服务能力和各需求点的服务需求量针对顾客到店次数，包括车辆故障性维修及预防性维修，而不包括其他的电话咨询、信息查询等服务；

④假设所研究区域内的保证服务设施可以满足该区域内的所有保证服务需求，即所有的服务需求皆可在该区域内得到满足。

4.3.3 随机规划模型

（1）模型涉及的符号说明

将模型中的变量设定如下：

j 表示维修站的备选地点；

i 表示维修服务需求点；

H_i 表示需求点 i 处具有维修需求的汽车数量；

C 表示该区域内拟设立的保证服务设施数量；

d_{ij} 表示需求点 i 处与保证服务维修点 j 处之间的距离；

S 表示维修站到达服务需求点的距离标准；

k_j 表示维修站 j 的服务能力；

X_j 表示是否在 j 处设置设施。即

$$X_j = \begin{cases} 1, & \text{在}j\text{点设立服务设施} \\ 0, & \text{其他} \end{cases}, \forall j \in J ;$$

$$p_{ij} = \begin{cases} 1, & \text{如果需求点}i\text{被服务设施}j\text{覆盖} \\ 0, & \text{否则} \end{cases} ;$$

$$a_{ij} = \begin{cases} 1, & \text{如果} d_{ij} \leq S \\ 0, & \text{其他} \end{cases};$$

$$e_{ij} = \begin{cases} 1, & \text{如果} d_{ij} > S \\ 0, & \text{其他} \end{cases}$$

（2）建立模型

$$Max \quad Z_1 = \sum_{i=1}^{I} \sum_{j=1}^{J} a_{ij} H_i p_{ij} \tag{4-1}$$

$$Min \quad Z_2 = \sum_{i=1}^{I} \sum_{j=1}^{J} e_{ij} H_i d_{ij} p_{ij} \tag{4-2}$$

当：

$$\sum_{j=1}^{J} X_j \leq C \tag{4-3}$$

$$\sum_{j=1}^{J} p_{ij} = 1, \forall i \in I \tag{4-4}$$

$$p_{ij} \leq x_j, \forall i \in I, j \in J \tag{4-5}$$

$$\sum_{i=1}^{I} H_i p_{ij} \leq k_j, \forall j \in J \tag{4-6}$$

$$x_j = [0,1], \ \forall j \in J \tag{4-7}$$

$$p_{ij} = [0,1], \ \forall i \in I, j \in J \tag{4-8}$$

在以上建立的模型中，目标函数（2-1）表示在服务设施覆盖范围内的保证服务需求数量最大化；目标函数（2-2）表示当服务设施与保证服务需求点之间距离超过限制时，尽可能使两者之间的距离最小化，从而提高服务水平，同时在这一目标函数中也将需求点的服务需求量作为权重予以考虑。

约束函数（2-3）限定了建立服务设施的数量，即设置服务设施

的数量不能超过预期的选址数量；根据假设，区域内所有的保证服务
需求都在该区域内得到满足，约束（2-4）表示需求点的所有服务需
求都可以被服务设施满足；约束（2-5）表示只有在某点设置服务设
施的情况下，该处才有可能向需求点提供保证服务；约束（2-6）表
示设置的任一设施所满足的服务需求应在其服务能力范围之内；约束
（2-7）和约束（2-8）为变量的整数限制。

4.3.4　随机参数模拟

上节模型中涉及的一定时间内的车辆保证服务需求量 H_i 为随机
参数，在一定的区间内服从某种未知的概率分布。因此，本节运用蒙
特卡罗方法研究参数的随机性，以使模型更接近问题的实际情况。

(1)蒙特卡罗方法的一般原理

首先构造一个概率空间，然后在这一概率空间中确定一个随机变
量 x 的统计量 $h(x)$ ，其数学期望为：

$$E(h) = \int h(x) dF(x) \tag{4-9}$$

使这一数学期望正好等于所要求得的值 H ， $F(x)$ 是随机变量 x
的概率分布函数。然后产生随机变量样本 $x_1, x_2, \cdots, x_N$ ，用其相应的统
计量 $h(x_1), h(x_2), \cdots, h(x_N)$ 的算术平均数作为 H 的近似估计值：

$$H_N = \frac{1}{N} \sum_{i=1}^{N} h(x_i) \tag{4-10}$$

蒙特卡罗模拟最关键的一点是，如何确定一个统计量，使得它的
数学期望正好等于所要求得的值。这个统计量一般被称为无偏统计
量。而由于很多原因（如确定统计量 $H(x)$ 比较困难等），蒙特卡罗
模拟有时也用 H 的渐进无偏估计替代一般过程中的无偏估计 H_N ，并
用渐进无偏估计作为 H 的近似估计。蒙特卡罗方法的最低要求是能

确定一个与计算步数 N 有关的统计估计量 H_N，当 $N \to \infty$ 时，H_N 即依照概率收敛于所要求得的值 H。

（2）参数模拟步骤

在本节中，对于个需求点的服务需求量的模拟，可依照以下步骤完成：

①对每个需求点 i，任意生成 N 个服务需求量的数据样本：$H_{i1}, H_{i2}, \cdots H_{iN}$；

②计算每个需求点 i 的样本均值：$\overline{H}_{iN} = \dfrac{\sum\limits_{n=1}^{N} H_{iN}}{N}, \forall i = 1, 2, \cdots I$；

③计算上一节中的规划模型，将模型中的随机参数 H_i 用确定值 $\overline{H}_{iN}$ 代替。根据大数定律，随着 N 值增大，$\overline{H}_{iN}$ 以 1 为概率向 H_i 收敛。因此，在加入蒙特卡罗模拟随机分布参量后，上节中的随机规划模型转变为确定的多目标规划模型：

$$Max \quad Z_1 = \sum_{i=1}^{I} \sum_{j=1}^{J} a_{ij} \overline{H}_{iN} p_{ij} \qquad (4\text{-}11)$$

$$Min \quad Z_2 = \sum_{i=1}^{I} \sum_{j=1}^{J} e_{ij} d_{ij} \overline{H}_{iN} p_{ij} \qquad (4\text{-}12)$$

当：

$$\sum_{j=1}^{J} X_j \leq C \qquad (4\text{-}13)$$

$$\sum_{j=1}^{J} p_{ij} = 1, \forall i \in I \qquad (4\text{-}14)$$

$$p_{ij} \leq x_j, \forall j \in J \qquad (4\text{-}15)$$

$$\sum_{i=1}^{I} \overline{H}_{iN} p_{ij} \leq k_j, \forall j \in J \qquad (4\text{-}16)$$

$$x_j = [0,1], \forall j \in J \qquad (4\text{-}17)$$

$$p_{ij} = [0,1], \ \forall i \in I, j \in J \qquad (4\text{-}18)$$

模型的参数设置和约束条件的意义与上一节中的模型一致。N 为随机参数的样本下标 $n=1,2,\cdots,N$；约束表示各需求点在一定时间段内的保证服务需求次数的上下限，即在区间 $[MinH_i, MaxH_i]$ 中服从一定的分布，蒙特卡罗模拟样本也从这一区间内随机生成。其中，随机参数 H_i 的上下限 $MinH_i$ 和 $MaxH_i$ 通过统计数据得出。

（3）随机参数取值

随机参数 H_i 的取值：对随机整数规划用 H_i 的期望值代入模型

$$E(H_i) = \int_0^\infty z f_{H_i}(z) dz$$

由于 H_i 的概率密度函数 $f_{H_i}(z)$ 未知，因此在实际的运算中拟采取某区域内 A 品牌汽车销售服务 4S 店对过去 5 年内 7 个服务需求点的服务需求数量取均值。对于以上所列出的确定性多目标规划模型，经过数据分析可以发现每个服务需求点的服务需求量（$MaxH_i=993, MinH_i=175$）集中在 $\{175,993\}$ 之间，在进行随机变量的取值时即采用在这一区间内生成的随机生成数。

4.4　禁忌搜索算法求解

禁忌搜索算法作为一种具有全局优化能力且搜索效率较强的智能优化算法，其在处理决策变量为离散变量的问题上具有较好的效果。本书针对问题特点，设计了一种多目标禁忌搜索算法，以对问题进行求解。

（1）编码结构及生成初始解集

本书采用基于 0-1 编码的矩阵编码结构，以 3 个维修服务需求点 2 个维修站备选地点的问题为例，其编码结构如图 4-1 所示。

p_{11}	p_{21}	p_{31}	x_1
p_{12}	p_{22}	p_{32}	x_2

图 4-1　3 个维修服务需求点 2 个维修站备选地点的编码结构

本书采用随机的方法生成 PN 个初始解，并使初始解满足约束条件（2-14）和（2-15），生成初始解集中每个初始解的具体步骤为：

①对于每个维修服务需求点 i，$i \in I$，在集合 J 中随机选取一个整数 k，设置 $p_{ik} = x_k = 1$，$p_{ij} = 0, j \in J$ 且 $j \neq k$；

②计算 $\sum_{j \in J} x_j$：

a. 若 $\sum_{j \in J} x_j > C$，则初始解生成；

b. 若 $\sum_{j \in J} x_j \leq C$，则需要执行③；

③在 $\left[0, C - \sum_{j \in J} x_j \right]$ 中随机选取一个整数 r，在 $\{x_1, ..., x_j\}$ 中随机选取 r 个值为 0 的元素，并将这些元素的值设置为 1，初始解生成。

（2）解的适应值函数

由于约束式（2-13）和（2-16）的限制，在迭代的过程中可能会出现不可行解，因此在设计适应值函数时需要考虑不可行解的情况。解的适应值函数为：

$$f_1 = Z_1 - r_0 Q - \sum_{j \in J} r_j R$$

$$f_2 = Z_2 - r_0 Q - \sum_{j \in J} r_j R$$

$$r_j = \begin{cases} \max\left\{0, \sum_{j' \in J} X_{j'} - C\right\}, j = 0 \\ \max\left\{0, \sum_{i \in M} H_i p_{ij} - k_j\right\}, \forall j \in J \end{cases}$$

其中，Q，R 为非常大的正数。

（3）邻域操作

针对问题特点，本书设计了一种交换操作以实现邻域的搜索。交换操作的具体步骤为：

①在集合 I 中任选一个元素 i；

② 在当前矩阵的第 i 行中，通过二分查找法搜索第 i 行前 j 元素中元素值为 1 的元素的位置，记该位置为 a；

③在矩阵第 a 列中随机选取一个元素值为 0 的元素，记该元素所在的行为 b；

④设置 $p_{ia} = x_i = 0$， $p_{ba} = x_b = 1$；

⑤计算 $\sum_{j \in J} x_j$，

a. 若 $\sum_{j \in J} x_j > C$，则交换操作完成；

b. 若 $\sum_{j \in J} x_j \leq C$，则需要执行⑥；

⑥在 $\left[0, C - \sum_{j \in J} x_j\right]$ 中随机选取一个整数 r，在 $\{x_1, ..., x_j\}$ 中随机选取 r 个值为 0 的元素，并将这些元素的值设置为 1，交换操作完成。

（4）禁忌规则及终止条件

算法的禁忌规则为：如果矩阵中的某个元素 p_{ij} 的值经过邻域操作由 0 变为 1，或由 1 变为 0，则在接下来的 λ 代（ λ 为禁忌表长度）中元素 p_{ij} 的值再进行变更。如果经过邻域操作得到比当前解更好的解，则不管该邻域操作是否被禁忌，都采用该邻域操作得到的候选解作为当前解。

算法的终止条件为：达到预先设定的迭代次数 η ，则算法终止。

（5）总体流程

多目标禁忌搜索算法的目标是得到一个帕累托图（Pareto）解集，并且该解集逼近全局帕累托前沿。本书采用一个候选解池记录 PN 个候选解，最优解集在候选解池中获取。本书采用并行的禁忌搜索过程，将候选解池中的每个候选解作为初始解，以寻找邻域的局部 Pareto 解，并将并行搜索后得到的解集放置到候选解池中进行比较，以替代 Pareto 劣解，直至算法达到终止条件。

4.5 实例分析

本书以某区域的汽车产品保证服务设施规划为例，进行保证设施选址研究。图 4-2 所示为人口总数较多及密度较大的社区，如随着经济增长及流动人口的增加，汽车保有量及车流量明显提高。合理的保证服务设施网络规划，有利于改善这一区域的汽车产品保证服务水平。因此，本研究拟在这一区域内的备选方案中选取其中几个建立保证服务设施。

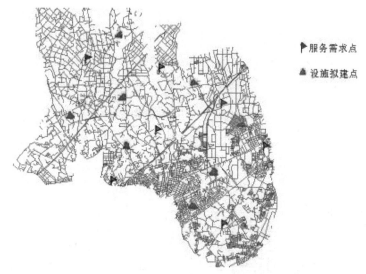

图 4-2 某区域服务需求点及拟建设施方案示意图

全区分为 7 个服务需求点（$I=7$），备选方案有 8 个（$J=8$），拟从中优先选取 5 个建立服务设施（$C=5$）。第 j 个拟建服务设施的服务能力为 k_j。各服务需求点与拟建设施距离及设施服务能力数值如表 4-1 所示。我们对这一区域内的 7 个需求点的每月服务数量进行处理，计算出最终的选址方案。

表 4-1 服务需求点与拟建设施距离及设施服务能力情况

距离 （km）		保证服务需求点							服务能力（辆）
		1	2	3	4	5	6	7	
拟建服务设施点	1	10	8	46	45	82	85	80	600
	2	13	15	10	25	60	70	45	1200
	3	46	45	12	33	54	74	8	630
	4	50	33	25	10	40	55	9	800
	5	75	58	40	18	8	40	10	640
	6	18	6	38	8	50	45	50	800
	7	52	32	57	10	48	30	48	700
	8	77	55	60	12	22	6	46	400

针对以上实例进行运算，算法通过编程软件 Visual C++ 2005 实现。算法的参数设置如下：种群数量为 100，迭代次数为 1000。分别给出当模拟样本 N 取不同值时所求得的目标函数的结果，同时可以得出帕累托最优情况下的不同选址方案，部分结果如表 4-2 所示。

表 4-2　不同模拟样本情况下的帕累托选址方案例举

样本	方案	目标函数 Z_1	目标函数 Z_2	候选设施点 j							
				1	2	3	4	5	6	7	8
50	1	2240	13728		√		√	√		√	√
	2	2146	11520		√	√		√	√		√
	3	2467	7770	√	√			√			
	4	2388	4635		√	√	√	√		√	
100	1	2376	7622		√		√		√		
	2	2366	4500		√		√	√			
	3	2387	7860		√		√	√			√
	4	2375	4815	√				√			
500	1	2372	12015		√		√	√			
	2	2230	7280	√		√	√		√	√	
	3	2326	11020								
	4	2317	8460				√	√		√	
1000	1	2239	8349			√			√	√	
	2	2382	7280								
	3	2395	7622			√	√		√	√	√
	4	2301	11020	√			√				√

根据各区域对目标函数的权重不同，可据此选择适宜的服务设施规划方案。另外，不同的区域可能对服务设施具有不同偏好，例如需在区域内建立具有高水平服务象征的金牌 4S 店、区域中某需求点新增住宅区等，这就要求在设施选址中充分考虑各拟建服务设施所具有的不同属性，从而设计符合区域特性的服务设施选址方案。

4.6　小结

本章具体分析了汽车产品保证服务的特点,并针对这些特点提出了基于随机规划的保证服务设施选址问题。研究在考虑保证服务需求量这一随机变量的前提下,建立满足服务覆盖最大化的服务设施选址模型,并设计求解问题的智能优化算法。最后,我们对这一问题进行实例分析,以确保方法的通用性及可行性。保证服务需求量随机情况下的服务设施规划问题研究,为保证服务网络优化提供了理论支持。

注释:

[1] Murthy, DNP, O Solem & T Roren. Product warranty logistics: Issues and challenges [J]. European Journal of Operational Research, 2004, 156(1): 110-126.

[2] Wang, Ling, Jian Chu & Jun Wu. Selection of optimum maintenance strategies based on a fuzzy analytic hierarchy process [J]. International Journal of Production Economics, 2007, 107(1): 151-163.

[3] Chukova, S & MR Johnston. Two-dimensional warranty repair strategy based on minimal and complete repairs [J]. Mathematical and Computer Modelling, 2006, 44(11-12): 1133-1143.

[4] Messih, A & ST Enns. Planning and control for a warranty service facility [J]. Proceedings of the 2005 Winter Simulation Conference, 1-4, 2005: 2102-2106.

[5] Weber, A. Theory of the Location of Industries[C]. Chicago: University of Chicago Press. 1909.

[6] Hakimi, SL. Optimum locations of switching centers and the absolute centers and medians of a graph [J]. Operations Research, 1964, 12(3): 450-459.

[7] Tsai, Yuo-Tern, Kuo-Shong Wang & Hwei-Yuan Teng.

Optimizing preventive maintenance for mechanical components using genetic algorithms [J]. Reliability Engineering & System Safety, 2001, 74(1): 89-97.

[8] Goldman, AJ. Optimal Center Location in Simple Networks [J]. Transportation Science, 1971(2): 212.

[9] Miehle, William. Link-Length Minimization in Networks [J]. Operations Research, 1958, 6(2): 232-243.

[10] Garey, Michael R & David S Johnson. Computers and Intractability: A Guide to the Theory of NP-Completeness[C]. W. H. Freeman and Company. 1979.

[11] Kariv, O & SL Hakimi. An Algorithmic Approach to Network Location Problems—I: The p Centers [J]. Siam Journal on Applied Mathematics, 1979, 37(3): 513-538.

[12] Drezner, Zvi & George O Wesolowsky. Network design: selection and design of links and facility location [J]. Transportation Research Part A Policy & Practice, 2003, 37(3): 241-256.

[13] Francis, RL. On some problems of rectangular warehouse design and layout [J]. Journal of Industrial Engineering, 1967, 18(10): 595-604.

[14] Masuyama, S, T Ibaraki & T Hasegawa. The computational complexity of the m-center problems on the plane [J]. The Transactions of the institute of Electronics and Communication Engineers of Japan on Computing, 1981, 64(E): 57-64.

[15] Megiddoa, Nimrod. On The Complexity Of Some Geometric Problems In Unbounded Dimension [J]. Journal of Symbolic Computation, 1990, 10(3-4): 327-334.

[16] Caruso, C & Aloi A Colornil. Dominant, an algorithm for the p-center problem [J]. European Journal of Operational Research, 2003,

149(1): 53-64.

[17] Hassin, Refael, Asaf, Levin & Dana Morad. Lexicographic local search and the p-center problem [J]. European Journal of Operational Research, 2003, 151(2): 265-279.

[18] Levin, Yuri & Adi Ben-Israel. A heuristic method for large-scale multi-facility location problems [J]. Computers and Operations Research, 2004, 31: 257-272.

[19] Roth, R. Computer solutions to minimum cover problems [J]. Operations Research, 1969, 17: 455-465.

[20] Toregas, Constantine, Ralph Swain, Charles Revelle & Lawrence Bergman. The location of emergency service facilities [J]. Operations Research, 1971, 19: 122-126.

[21] Moore, George C & Charles Revelle. The Hierarchical Service Location Problem [J]. Management Science, 1982, 28(7): 775-780.

[22] Plane, Donald R & Thomas E Hendrick. Mathematical Programming and the Location of Fire Companies for the Denver Fire Department [J]. Operations Research, 1977, 25(4): 563-578.

[23] Daskin, Mark S & Edmund H Stern. A Hierarchical Objective Set Covering Model for Emergency Medical Service Vehicle Deployment [J]. Transportation Science, 1981, 15(2): 137-152.

[24] Hwang, Heung Suk. A stochastic set-covering location model for both ameliorating and deteriorating items [J]. Computers & Industrial Engineering, 2004, 46(2): 313-319.

[25] Fisher, M L & P Kedia. Optimal solution of set covering/ partitioning problems using dual heuristics [J]. Management Science, 1990, 36(6): 674-688.

[26] Beasley, JE. Enhancing an algorithm for set covering problems [J]. European Journal of Operational Research, 1992, 58(2): 293-300.

[27] Almiñana, M & JT Pastor. An adaptation of SH heuristic to the location set covering problem [J]. European Journal of Operational Research, 1997, 100(3): 586-593.

[28] Al-Sultan, KSJ & S Nizami. A Genetic Algorithm for the Set Covering Problem [J]. Journal of the Operational Research Society, 1996, 47(5): 702-709.

[29] Grossman, T & A Wool. Computational Experience with Approximation Algorithms for the Set Covering Problem [J]. European Journal of Operational Research, 1994, 101(1): 81-92.

[30] Daskin, M. Network and Discrete Location: Models, Algorithms and Applications [J]. Journal of the Operational Research Society, 1997, 48(v): 763-763(1).

[31] Church, RS & CS ReVelle. The maximal covering location problem [J]. Papers of the Regional Science Association, 1974, 32(1): 114-123.

[32] Church, Richard L & Michael E Meadows. Location Modeling Utilizing Maximum Service Distance Criteria [J]. Geographical Analysis, 2010, 11(4): 358-373.

[33] Benedict, JM. Three hierarchical objective models which incorporate the concept of excess coverage for locating EMS vehicles or Hospital. M. Sc. Thesis [J]. Northwestern University, Evanston II, 1983.

[34] Hogan, Kathleen & Charles Revelle. Concepts and Applications of Backup Coverage [J]. Management Science, 1986, 32(11): 1434-1444.

[35] Daskin, Mark S. A Maximum Expected Covering Location Model: Formulation, Properties and Heuristic Solution [J]. Transportation Science, 1983, 17(1): 48-70.

[36] Aytug, H & C Saydam. Solving large-scale maximum expected covering location problems by genetic algorithms: A comparative study

[J]. European Journal of Operational Research, 2002, 141(3): 480-494.

[37] Chiyoshi, FY, RD Galvao & R Morabito. A note on solutions to the maximal expected covering location problem [J]. Computers & Operations Research, 2003, 30(1): 87-96.

[38] Berman, Oded. The p maximal cover-p partial center problem on networks [J]. European Journal of Operational Research, 1994, 72(2): 432-442.

[39] Berman, Oded & Dmitry Krass. The generalized maximal covering location problem [J]. Computers & Operations Research, 2002, 29(6): 563-581.

[40] Berman, O, D Krass & Z Drezner. The gradual covering decay location problem on a network [J]. European Journal of Operational Research, 2003, 151(3): 474-480.

[41] Karasakal, Orhan & Esra K Karasakal. A maximal covering location model in the presence of partial coverage [J]. Computers & Operations Research, 2004, 31(3): 1515-1526.

[42] Badhury, J & R Batta. On the use of genetic algorithms to solve location problems [J]. Computers & Operations Research, 2002, volume 29(6): 761-779(19).

[43] Cornuejols, Gerard, Marshall Fisher & George L Nemhauser. On the Uncapacitated Location Problem, in Annals of Discrete Mathematics [M]. Elsevier. 1977, 163-177.

[44] Swain, Ralph W. A Parametric Decomposition Approach for the Solution of Uncapacitated Location Problems [J]. Management Science, 1974, 21(2): 189-198.

[45] Barros, AI & M Labbe. A general model for the uncapacitated facility and depot location problem [J]. Location Science, 1994.

[46] Holmberg, Kaj. Exact solution methods for uncapacitated

location problems with convex transportation costs [J]. European Journal of Operational Research, 1999, 114(1): 127-140.

[47] Bride, A Geoffrion & R Me. Lagrangean Relaxation Applied to Capacitated Facility Location Problems [J]. A I I E Transactions, 2007, 10(1): 40-47.

[48] Mukundan, S & MS Daskin. Joint location/sizing maximum profit covering models [J]. Infor Information Systems & Operational Research, 1991.

[49] Hinojosa, Y, J Puerto & FR Fernández. A multiperiod two-echelon multicommodity capacitated plant location problem [J]. European Journal of Operational Research, 2000, 123(4): 271-291.

[50] Melkote, Sanjay & Mark S Daskin. Capacitated facility location/network design problems [J]. European Journal of Operational Research, 2001, 129(3): 481-495.

[51] Baldacci, Roberto, Eleni Hadjiconstantinou, Vittorio Maniezzo & Aristide Mingozzi. A new method for solving capacitated location problems based on a set partitioning approach [J]. Computers & Operations Research, 2002, 29(4): 365-386.

[52] Hodgson, MJ. A Flow-Capturing Location-Allocation Model [J]. Geographical Analysis, 2010, 22(3): 270 & 279.

[53] Berman, Oded & Nikoletta Fouska. Optimal Location of Discretionary Service Facilities [J]. Transportation Science, 1990, 26(3): 201-211.

[54] Mirchandani, Pitu B, Ranjit Rebello & Alessandro Agnetis. The inspection station location problem in hazardous material transportation: Some heuristics and bounds [J]. Infor Information Systems & Operational Research, 1995.

[55] Hodgson, MJ, KE Rosing & F Shmulevitz. A review of

locaton-allocation applications literature [J]. Studies in Locational Analysis, 1993(5): 3-29.

[56] Averbakh, Igor & Oded Berman. Minmax Regret Median Location on a Network Under Uncertainty [J]. Informs Journal on Computing, 2000, 12(2): 104-110.

[57] Berman, Oded & Dmitry Krass. Flow intercepting spatial interaction model: a new approach to optimal location of competitive facilities [J]. Location Science, 1998, 6(98): 41-65.

[58] Yang, Hai, Chao Yang & Liping Gan. Models and algorithms for the screen line-based traffic-counting location problems [J]. Computers and Operations Research, 2006, 33: 836-858.

[59] O'kelly, ME. The Location of Interacting Hub Facilities [J]. Transportation Science, 1986, 20(2): 92-106.

[60] Serra, D, C Revelle & V Marianov. Location of hubs in a competitive environment [J]. European Journal of Operational Research, 1998, 114: 363-371.

[61] Ebery, Jamie, Mohan Krishnamoorthy, Andreas Ernst & Natashia Boland. The capacitated multiple allocation hub location problem: Formulations and algorithms [J]. European Journal of Operational Research, 2000, 120(3): 614-631.

[62] Curry, Guy L & Ronald W Skeith. A Dynamic Programming Algorithm for Facility Location and Allocation [J]. A I I E Transactions, 2007, 1(2): 133-138.

[63] Geoffrion, AM & GW Graves. Multicommodity Distribution System Design by Benders Decomposition [J]. Management Science, 2010, 26(5): 822-844.

[64] Wesolowsky, George O & William G Truscott. The Multiperiod Location-Allocation Problem with Relocation of Facilities [J].

Management Science, 1975, 22(1): 57-65.

[65] Goodchild, Michael F. Spatial Choice in Location-Allocation Problems: The Role of Endogenous Attraction [J]. Geographical Analysis, 2010, 10(1): 65-72.

[66] Marianov, Vladimir & Daniel Serra. Location-Allocation of Multiple-Server Service Centers with Constrained Queues or Waiting Times [J]. Annals of Operations Research, 2002, 111(1-4): 35-50(16).

[67] Brotcorne, L & G Laporte. Invited Review Ambulance location and relocation models [J]. European Journal of Operational Research, 2003, 147(3): 451-463.

[68] Carbone, Robert. Public facilities location under stochastic demand [J]. INFOR, 1974, 12(3): 261-270.

[69] Weaver, J & R Church. Computational procedure for location problems on stochastic networks [J]. Transportation Science, 1983, 17(2): 168-180.

[70] Berman, O & AR Odoni. Locating mobile servers on a network with Markovian properties [J]. Networks, 1982, 12(1): 73-86.

[71] Berman, O & B Leblanc. Location-Relocation of Mobile Facilities on a Stochastic Network [J]. Transportation Science, 1984, 18(4): 315-330.

[72] Mirchandani, PB. Locational Decisions on Stochastic Networks [J]. Geographical Analysis, 1980, 12(2): 172-183.

[73] Daskin, Mark S. Application of an expected covering model to emergency medical service system design [J]. Decision Sciences, 1982, 13(3): 416-439.

[74] Revelle, Charles & Kathleen Hogan. The maximum reliability location problem and α-reliablep-center problem: Derivatives of the probabilistic location set covering problem [J]. Annals of Operations

Research, 1989, 18(1): 155-173.

[75] Ghosh, Avijit & C Samuel Craig. Formulating Retail Location Strategy in a Changing Environment [J]. Journal of Marketing, 1983, 47(3): 56.

[76] Vanston, John H, W Parker Frisbie, Sally Cook Lopreato & Dudley L Boston. Alternate scenario planning [J]. Technological Forecasting & Social Change, 1977, 10(2): 159-180.

[77] Amara, R & A J Lipinski. Business planning for an uncertain future [M]. New York: Pergamon Press. 1983.

[78] Averbakh, I & Oded Berman. Minimax regret p-center location on a network with demand uncertainty [J]. Location Science, 1997, 5: 247-254.

[79] Serra, Daniel, Samuel Ratick & Charles Revelle. The maximum capture problem with uncertainty [J]. Environment & Planning B Planning & Design, 1996, 23(1): 49-59.

[80] Serra, Daniel & Vladimir Marianov. The P-Median Problem in a Changing Network: The Case of Barcelona [J]. Economics Working Papers, 1998, 6(98): 383-394.

[81] Ghosh, A & SL Mclafferty. Locating stores in uncertain environments: A scenario planning approach [J]. Journal of Retailing, 1982.

[82] Ballou, Ronald H. Dynamic Warehouse Location Analysis [J]. Journal of Marketing Research, 1968.

[83] Sweeny, D & R Tatham. An Improved Long-Run Model for Multiple Warehouse Location [J]. General Information, 1976, 22(7): 748-758.

[84] Tapiero, Charles S. Transportation-location-allocation problems over time [J]. Journal of Regional Science, 2006, 11(3): 377-384.

[85] Van Roy, Tony J & Donald Erlenkotter. A dual-based procedure for dynamic facility location [J]. Core Discussion Papers Rp, 1982, 28.

[86] Gunawardane, Gamini. Dynamic versions of set covering type public facility location problems [J]. European Journal of Operational Research, 1982, 10(82): 190-195.

[87] Huff, David L. Defining and Estimating a Trading Area [J]. Journal of Marketing, 1964, 28(3): 34-38.

[88] Cooper, Nakanishi M. Parameter estimation for a multiplicative competitive interaction model [J]. Journal of Consumer Research, 1974.

[89] Drezner, Tammy. Locating a single new facility among existing unequally attractive facilities [J]. Journal of Regional Science, 1995, 3(2): 136-137(2).

[90] Drezner, T, Z Drezner & HA Eiselt. Consistent and Inconsistent Rules in Competitive Facility Choice [J]. Journal of the Operational Research Society, 1996, 47(12): 62-63(2).

[91] Drezner, Tammy, Zvi Drezner & Said Salhi. Solving the multiple competitive facilities location problem [J]. European Journal of Operational Research, 2002, 142(1): 138-151.

[92] Tatari Omer & Mirosław Skibniewski. Integrated agent-based construction equipment management: Conceptual design [J]. Journal of Civil Engineering and Management, 2006, 12(3): 231-236.

[93] Al-Othman, Wafa BE, Haitham MS Lababidi, Imad M Alatiqi & Khawla Al-Shayji. Supply chain optimization of petroleum organization under uncertainty in market demands and prices [J]. European Journal of Operational Research, 2008, 189(3): 822-840.

[94] Veldman, Jasper, Warse Klingenberg & Hans Wortmann. Managing condition-based maintenance technology: A multiple case study in the process industry [J]. Journal of Quality in Maintenance

Engineering, 2011, 17(1): 40-62.

[95] Christer, AH & C Lee. Refining the delay-time-based PM inspection model with non-negligible system downtime estimates of the expected number of failures [J]. International Journal of Production Economics, 2000, 67(1): 77-85.

[96] Percy, David F, Khairy AH Kobbacy & Bahir B Fawzi. Setting preventive maintenance schedules when data are sparse [J]. International Journal of Production Economics, 1997, 51(3): 223-234.

[97] Wu, Shaomin. Warranty claim analysis considering human factors [J]. Reliability Engineering & System Safety, 2011, 96(1): 131-138.

第五章　汽车产品保证服务流程分析

5.1　背景介绍

随着消费者对于汽车产品的保证服务愈加重视，汽车企业需加大对产品质量和售后服务的保证承诺，增强企业的市场竞争力。产品保证服务是制造商在产品保证期内，根据保证政策的规定对其生产的产品提供维修或更换服务。消费者的保证服务需求和保证服务流程是保证服务成本产生的原因和途径。汽车产品保证服务流程是以顾客为中心，在保证服务资源输入的基础上，通过一系列的服务活动转化为输出结果的过程。汽车产品保证服务流程的实施旨在提高保证服务水平，促进保证服务资源的有效利用，降低保证服务成本。因此，对保证服务流程的性能优劣进行分析，可以为服务流程优化及重构提供重要的理论及方法支持。

数学建模工具 Petri 网是一种图形化的对过程进行建模和分析的强有力工具，能够很好地描述系统的结构和行为[1]。同时，Petri 网模型又具备严格的数学基础，在性能分析方面优点显著[2]。本章通过对汽车产品保证服务流程的详细分析，运用广义随机 Petri 网对保证服务流程进行建模，利用马尔可夫链的相关理论方法对汽车产品保证服务流程的主要性能指标进行定量分析，包括流程的时间性能和运作效率等，从而识别当前流程中的瓶颈环节和存在的问题。通过提出的基于广义随机 Petri 网的汽车产品保证服务流程分析方法，为汽车产品保证服务流程的设计、规划和评价提供依据，从而优化服务资源配置，降低保证服务成本。

5.2 基本 Petri 概述

5.2.1 基本 Petri 介绍

Petri 网是一种用于描述离散的、分布式系统的数学建模工具。其概念起源于 1939 年 8 月，当时 13 岁的佩特里（Carl Adam Petri）发明了它并使用它作为描述化学反应过程的工具。1962 年，Carl Adam Petri[3]以其著名的论文 "Kommunikation mit Automaten" 获得博士学位。在该论文中，他正式提出了 Petri 网论，这一年被视作 Petri 网的诞生之年。1970 年以后，Petri 又将他的网论发展为通用网论。经过 40 多年的发展，Petri 网的理论不断得到充实和完善，已成为一种重要的研究系统组织结构和动态行为的图形和数学工具。现在，世界各地有许多科研人员专注于 Petri 网的研究，每年都举行 Petri 网国际会议。它用形式化手段描述协议的技术，类似于有穷状态自动机，其文法规则有利于计算机程序维护。

Carl Adam Petri 是一名物理学家，他发明 Petri 网主要是从物理的角度去描述并发现象的。据 Petri 本人所述，他认为 20 世纪 60 年代自动机理论由于缺乏并发（Concurrence）概念，不适合于表达现代物理学理论，例如狭义相对论（Special Relativity）和不确定性原理（Uncertainty Principle）。Petri 网的一个重要贡献，就是 Petri 网里面不存在所谓的 "全局时间" 的概念，它能够很容易地表达狭义相对论的观点。即 Petri 网可以描述每一个节点的拥有自己的独立时序，只要条件满足，就可以发生。从狭义相对论的观点出发，两个时空点之间如果没有因果关系把它们连接起来（或者说 "类空" 的），它们就是独立的，不能说其中一个发生在前，另一个在后或者相反。因此，如果 Petri 网里面的两种变迁都有发生的条件，则不能认为其执行顺序有任何关系。然而，Petri 网旨在描述变迁之间的因果关系，并由此构造时序。

基本 Petri 网是用来表示流程的有向二分图，包含两类节点：库所（Place，用圆圈表示）、变迁（Transition，用方框或粗实线表示）。库所和变迁通过有向弧连接，反之依然，同类节点之间不能连接。库所表示系统当前的局部状态或逻辑条件，托肯（token，用黑点表示）位于库所中，库所中托肯的分布决定系统当前的状态，可以用一个向量 $M = (M_1, M_2, \cdots, M_n)$ 表示，M 称为网系统的标识，M_i 表示库所 P_i 中的托肯数，n 是库所数量。Petri 网中的变迁表示导致系统状态发生改变的事件，只有当变迁的所有输入库所中都包含至少数量为弧权重的托肯，此变迁满足使能条件。某个使能变迁在激发时，将消耗其输入库所中一定数量的托肯，并在输入库所中产生一定数量的托肯[4]。每一个变迁的激发都会改变当前库所中托肯的分布，创建一个新的状态。基本 Petri 网的结构非常简单，未引入变迁的时间概念，变迁一旦满足使能条件后就立即激发，且实施的时间为零。

5.2.2 随机 Petri 网（SPN）

早期对 Petri 网的研究局限于通过分析可达集来讨论网系统的某些定性的性质，例如活性、安全性和有界性，且基本 Petri 网中的变迁一旦满足使能条件后就立即激发，未将时间因素考虑在内，在系统建模和性能分析的实际应用中存在局限性。研究者开始将时间与变迁的激发相关联，以扩展 Petri 网在性能建模方面的应用。

通常，将时间引入 Petri 网具有两种方法，一是每个库所关联一个时间参数，二是每个变迁关联一个时间参数。由于系统中某个事件的发生通常需要一定的时间，因此较常见的是将每个变迁关联一个延迟时间。时延表示使能变迁在实际激发前所需要的时间。一般地，有两种类型的时间 Petri 网，一是变迁实施持续时间是确定的 Petri 网，二是变迁实施延时服从负指数分布的时间 Petri 网，由于这类 Petri 网的变迁的实施速率是一个随机变量，因此又称为随机 Petri 网（Stochastic Petri net, SPN）。在 SPN 中，变迁 t 从使能时刻到激发时刻之间的延迟时间被看作一个服从负指数分布的随机变量，SPN 的可达图同构于齐次马尔可夫链[5]。

5.2.3　广义随机 Petri 网（GSPN）

由于随机 Petri 网的状态空间会随系统规模的增大而呈指数型增长，导致其同构的马尔可夫链难以求解，随后 Marsan 领导的科研小组于 1984 年提出了广义随机 Petri 网理论[6]。广义随机 Petri 网（Generalized Stochastic Petri nets, GSPN）是随机 Petri 网的扩展。GSPN 将变迁分为两类：瞬时变迁和时延变迁。瞬时变迁用来表示不需要消耗时间的逻辑行为，时延变迁服从负指数分布，用于对活动执行的随机延迟时间建模[7]。激发速率只与时延变迁相关联，并依赖于 GSPN 的标识。

（1）广义随机 Petri 网定义为一个五元组 $GSPN = (P,T,F,W,M_0,\lambda)$，其中：

① $P = \{p_1, p_2, \cdots, p_m\}$ 是库所的有限非空集合，库所 i 是输入库所时满足 ${}^\bullet p_i = \{t \mid (t,i) \in F\}$，库所 i 是输出库所时满足 $p_i^\bullet = \{t \mid (i,t) \in F\}$；

② $T = T_t \cup T_i$ 是变迁的有限非空集合，由时间变迁集 $T_t = \{t_1, t_2, \cdots, t_k\}$ 和瞬时变迁集 $T_i = \{t_{k+1}, t_{k+2}, \cdots, t_n\}$ 组成，并满足 $T_t \cap T_i = \varnothing$；

③ $F \subseteq P \times T \cup T \times P$ 是有向弧集合，满足 $P \cap T = \varnothing$，$P \cup T \neq \varnothing$；

④ $W : F \to N$ 是权函数，$N = \{1,2,3,\cdots\}$；

⑤ $M_0 : P \to N_0$ 是网的初始标识，$N_0 = \{1,2,3,\cdots\}$ 是一个 n 维列向量，第 i 个分量代表第 i 个库所中托肯的数量；

⑥ $\lambda = \{\lambda_1, \lambda_2, \cdots, \lambda_k\}$ 是与时延变迁集合相关联的平均激发速率集合，瞬时变迁与随机开发相关联，其激发速率为一个无穷大值，时延变迁 i 的实施时间服从负指数分布，其分布函数 $\forall t \in T, F_i(x) = P(x_i \leq x) = 1 - e^{-\lambda_i x}, x \geq 0$。当时延变迁和瞬时变迁在用

一标识下使能，瞬时变迁总是首先激发，选择哪个瞬时变迁实施，取决于一个概率分布函数。

（2）广义随机 Petri 网的可达图标识集合记为 S，包括可见标识集 T（tangible mark set）和隐退标识集 V（vanishing mark set）。可见标识下，时延变迁满足使能条件，在隐退标识下，至少一个瞬时变迁使能。记集合 S,T,V 中元素的个数分别为 K_S，K_T 和 K_V，满足 $K_S = K_T + K_V$。具有可见标识和隐退标识的 GSPN 同构于嵌入马尔可夫链，通过移除隐退标识，只保留可见标识，广义随机 Petri 网的可达图与连续时间的齐次马尔可夫链同构[8]。

5.3　基于 GSPN 的汽车保证服务流程建模

为了能够有效分析汽车保证服务流程性能，本节首先建立汽车产品保证服务的基本流程，并抽象出服务流程的 GSPN 模型。

5.3.1　汽车产品保证服务流程分析

当汽车产品在保证期内发生故障，用户可向制造商指定的保证服务点申请保证服务，基本服务步骤如下：

①在汽车发生故障后，用户首先向保证服务点拨打电话预约、陈述汽车故障现象；

②顾客到达服务站，服务人员进行接待，并对汽车进行故障诊断和检查；

③报价并填写维修派工单；

④在约定期限内实施维修工作；

⑤在交车前，进行维修质量检查；

⑥向用户出具发票并解释维修项目；

⑦交付车辆。

具体的保证服务流程如图 5-1 所示。

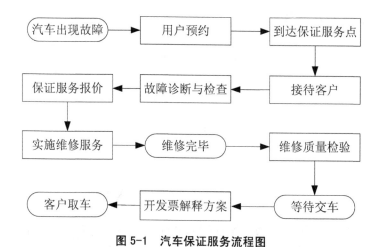

图 5-1　汽车保证服务流程图

5.3.2　保证服务流程的 GSPN 模型

广义随机 Petri 网中的库所、变迁可以描述汽车保证服务流程中的各种资源及活动，根据图 5-1 所示的汽车保证服务流程，可以建立相应的 GSPN 模型。为了确保汽车保证服务流程模型是一个连续过程，得到广义随机 Petri 网的稳态概率，在建模时，在网的起始输入库所和结尾输出库所之间增加一个虚拟变迁，从而得到一个强连通的 Petri 网。模型中各库所和变迁的含义如表 5-1 所示。

表 5-1　汽车产品保证服务流程 GSPN 中库所和变迁的含义

库所	含义	变迁	含义
p_1	汽车发生故障	t_1	用户向服务站预约
p_2	用户到达维修站	t_2	接待用户，询问情况
p_3	等待故障检查	t_3	故障诊断和检查
p_4	诊断完毕	t_4	报价，填写维修单
p_5	等待维修	t_5	实施维修
p_6	维修完毕	t_6	维修质量检查
p_7	服务站等待交车	t_7	出具发票，解释维修项目
p_8	用户取车	t_8	虚拟变迁

汽车保证服务流程的广义随机 Petri 网模型如图 5-2 所示：

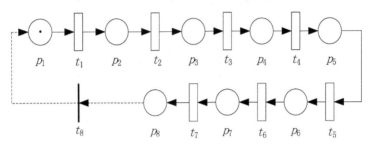

图 5-2　汽车保证服务流程的 GSPN 模型

在建立汽车保证服务流程的 GSPN 模型后，需要对模型的可靠性进行验证。GSPN 模型的可靠性需满足三个条件：

①对于初始标识而言，可达的每一个标识，存在一个激发序列使得标识可达终止标识；

②终止标识从初始标识可达，库所含至少一个托肯，其他库所中不含托肯；

③网模型中不存在无法使能的变迁[9]。

根据图 5-2，可知模型是可靠的，由于 GSPN 的可靠性与其活性和有界性有关，从而保证服务流程的 GSPN 模型与连续时间的马尔可夫链等价。通过求解 GSPN 的可达集，构造相应的同构马尔可夫链，当所构造的马尔可夫链存在平稳分布，则可求出系统的稳态概率，从而分析系统的性能指标。

5.4　汽车产品保证服务流程的性能分析

5.4.1　具体步骤分析

汽车产品保证服务流程性能分析的具体步骤如下：

①首先构建保证服务流程的 GSPN 模型，将指数分布的时延与相应的变迁关联。

②产生可达图 $R(M_0)$，可达图中的状态标识对应马尔可夫链中的状态，状态之间通过有向弧连接，每条弧对应相应的变迁激发率 λ_i，构造 GSPN 的同构马尔可夫链并验证模型是活性和有界的。将所有标识或状态记为 $m_0, m_1, \cdots m_{k-1}$，k 为状态总数，每个状态表示库所的资源状况或者逻辑条件。

③分析马尔可夫链。模型中 k 个状态标识的稳态概率记为行向量 $\pi = (\pi_0, \pi_1, \cdots, \pi_{k-1})$，根据马尔可夫链的平稳分布定理和切普曼–柯尔莫哥洛夫微分方程，得出下列线性矩阵方程组：

$$\begin{cases} \pi Q = 0 \\ \sum_{i=0}^{k-1} \pi_i = 1 \end{cases} \qquad (3\text{-}1)$$

其中，矩阵 $Q = (q_{ij})_{k \times k}$ 为马尔可夫链的状态转移速率矩阵，$0 \le i, j \le k-1$。非对角线上的元素 $q_{ij}(i \ne j) = f_{ij} + \sum e_{ri}P_r$，$f_{ij}$ $(r \to j), i, j \in T, r \in V$ 是从可见标识 i 到可见标识 j 的一步转移概率，e_{ri} 是可见标识 i 到可见标识 j 的一步转移概率，$P_r(r \to j)$ 表示由隐退标识在隐退标识集中经过任意步数后最终到达可见标识的概率；对角线元素

$$q_{ii} = -\sum_{j=1, i \ne j}^{K_T} q_{ij}, i, j \in T$$

通过求解此线性矩阵方程，可以得到系统每个可达标识的稳态概率

$$P(m_i) = \pi_i (0 \le i \le k-1)$$

5.4.2 指标求解

以所构建的汽车产品保证服务流程 GSPN 模型为分析对象，构造可达图，见表 5-2 所示。

表 5-2　汽车产品保证服务流程的可达标识

标识	p_1	p_2	p_3	p_4	p_5	p_6	p_7	p_8	状态
M_0	1	0	0	0	0	0	0	0	T
M_1	0	1	0	0	0	0	0	0	T
M_2	0	0	1	0	0	0	0	0	T
M_3	0	0	0	1	0	0	0	0	T
M_4	0	0	0	0	1	0	0	0	T
M_5	0	0	0	0	0	1	0	0	T
M_6	0	0	0	0	0	0	1	0	T
M_7	0	0	0	0	0	0	0	1	V

根据 GSPN 模型的可达图，构造同构马尔可夫链（MC），如图 5-3 所示。

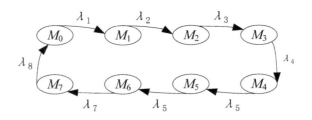

图 5-3　汽车保证服务流程的马尔可夫链

在保证服务流程中，相应的激发速率矩阵为：

$$Q = \begin{pmatrix} -\lambda_1 & \lambda_1 & 0 & 0 & 0 & 0 & 0 & 0 \\ 0 & -\lambda_2 & \lambda_2 & 0 & 0 & 0 & 0 & 0 \\ 0 & 0 & -\lambda_3 & \lambda_3 & 0 & 0 & 0 & 0 \\ 0 & 0 & 0 & -\lambda_4 & \lambda_4 & 0 & 0 & 0 \\ 0 & 0 & 0 & 0 & -\lambda_5 & \lambda_5 & 0 & 0 \\ 0 & 0 & 0 & 0 & 0 & -\lambda_6 & \lambda_6 & 0 \\ 0 & 0 & 0 & 0 & 0 & 0 & -\lambda_7 & \lambda_7 \\ \lambda_8 & 0 & 0 & 0 & 0 & 0 & 0 & -\lambda_8 \end{pmatrix}$$

本书根据天津市某品牌汽车维修服务站在一段时间内统计获得的相关数据信息，假定汽车保证服务流程中各变迁 $t_1, t_2 \cdots, t_8$ 的激发速率分别为：

$\lambda_1 = 1.16$，$\lambda_2 = 1.83$，$\lambda_3 = 2.86$，$\lambda_4 = 0.92$，

$\lambda_5 = 2.86$，$\lambda_6 = 1.52$，$\lambda_7 = 1$，$\lambda_8 = \infty$。

根据上文中所介绍的性能分析方法，可以求解出系统中各标识的稳态概率：

$$P(M_0) = 0.1756 \; ;$$

$$P(M_1) = 0.1114 \; ;$$

$$P(M_2) = 0.0826 \; ;$$

$$P(M_3) = 0.2215 \; ;$$

$$P(M_4) = 0.0713 \; ;$$

$$P(M_5) = 0.1339 \; ;$$

$$P(M_6) = 0.2037 \; ;$$

$$P(M_7) = 0 \; 。$$

5.4.3　性能分析

根据标识的稳态概率，对汽车保证服务流程的时间性能及运行效率进行分析。

（1）时间性能分析

实行汽车产品保证服务流程管理，可以有效降低产品的平均保证服务时间。时间性能分析能够得到在稳定状态下汽车产品保证服

务流程的总体运行时间，包括预约、接待、故障诊断、报价、维修、质检以及车辆提交等各环节所花费的时间。汽车产品保证服务流程的平均运行时间可以根据 Little 公式 $N = \lambda T$ 计算，其中 N 为稳态下 Petri 网系统中某个子系统所含的平均托肯数，λ 为单位时间进入某子系统的托肯数[10]。T 是该子系统的平均执行时间，时间 T 的大小能够反映保证服务流程运行的效率。

取汽车产品保证服务流程 GSPN 模型中的一个除去 p_1 和 t_1 后的子系统 Σ，则可以计算出稳态下子系统所包含的平均托肯数：

$$N = P\big(M(P_2)=1\big) + P\big(M(P_3)=1\big) + P\big(M(P_4)=1\big) + P\big(M(P_5)=1\big) +$$
$$P\big(M(P_6)=1\big) + P\big(M(P_7)=1\big) + P\big(M(P_8)=1\big)$$
$$= 0.1114 + 0.0826 + 0.2215 + 0.0713 + 0.1339 + 0.2037 + 0$$
$$= 0.8244$$

单位时间进入子系统 Σ 中的托肯数即为经过变迁 t_1 所输出的托肯数，为

$$\lambda = \lambda_1 \times P\big(M(P_1)=1\big) = 1.16 \times 0.1756 = 0.2036$$

则汽车产品保证服务流程的平均执行时间为：

$$T = N/\lambda = 0.8244/0.2036 = 4.0491 \text{（工作日）}$$

（2）运行效率分析

在汽车产品保证服务流程的环节中，假设 E_1 表示服务预约的效率；E_2 表示维修代理商的接待效率；E_3 表示汽车产品失效故障诊断的效率，E_4 表示服务代理商报价的效率，E_5 表示维修代理商实施维修的效率，E_6 表示维修完成后品质检验的效率，E_7 表示服务结束时客户提取车辆的效率。有：

$$P(E_1) = P\big(M(P_1)=1\big) = P(M_0) = 0.1756 ;$$

$$P(E_2) = P\big(M(P_2)=1\big) = P(M_1) = 0.1114 ;$$

$$P(E_3) = P\big(M(P_3)=1\big) = P(M_2) = 0.0826 \; ;$$

$$P(E_4) = P\big(M(P_4)=1\big) = P(M_3) = 0.2215 \; ;$$

$$P(E_5) = P\big(M(P_5)=1\big) = P(M_4) = 0.0713 \; ;$$

$$P(E_6) = P\big(M(P_6)=1\big) = P(M_5) = 0.1339 \; ;$$

$$P(E_7) = P\big(M(P_7)=1\big) = P(M_6) = 0.2037 \; 。$$

以上计算结果反映出汽车产品保证服务流程中各环节所需时间占总执行时间的比重，同时也反映出各环节的运行效率情况。由结果可知，故障诊断检测和实施维修这两个环节闲置时间较长，导致运作效率低下，这成为汽车产品保证服务流程执行中的瓶颈环节，需要制造商及维修服务商对服务流程各环节的任务作业进行再设计，消除环节中的冗余作业，同时加强各环节之间的协调。

5.5　小结

汽车产品保证服务流程是一种以优化服务资源配置、降低保证服务时间为目标的标准化服务模式，服务流程中的活动所需时间具有随机性，同时存在状态的转移。Petri 网作为一种对离散事件动态系统建模的有力工具，能够准确描述系统的行为和状态变化。本章提出基于广义随机 Petri 网的汽车产品保证服务流程建模分析方法，将广义随机 Petri 网模型同构为马尔可夫链，分析获得服务流程的性能指标，包括保证服务流程的时间以及运行效率等信息，为识别服务流程中的瓶颈活动、优化重构保证服务流程提供了切实可靠的依据。

注释：

[1] Gharbi, Nawel & Malika Ioualalen. Performance Analysis of Retrial Queueing Systems Using Generalized Stochastic Petri Nets [J]. Electronic Notes in Theoretical Computer Science, 2002, 65(6): 86-100.

[2] 卢岚, 乔利. 广义随机 Petri 网在 BPR 中的应用研究[J]. 软科学, 2006, 20(1): 16-19.

[3] Petri Carl, Adam. Kommunikation mit Automaten [D]. Bonn: Institut fiir Instrumentelle Mathematik. 1962.

[4] 江志斌. Petri 网及其在制造系统建模与控制中的应用[M]. 机械工业出版社. 2004.

[5] 谢楠, 李爱平, 徐立云. 基于广义随机Petri网的可重组制造单元建模与分析方法[J]. 计算机集成制造系统, 2006, 12(6): 828-834.

[6] Marsan, M Ajmone, G Balbo & G Conte, A class of generalised stochastic petri nets for the performance evaluation of multiprocessor systems, in Proceedings of the 1983 ACM SIGMETRICS conference on Measurement and modeling of computer systems. ACM: Minneapolis, Minnesota, United States. 1983, 198-199.

[7] Gonsalves, Tad & Kiyoshi Itoh. GA optimization of Petri net-modeled concurrent service systems [J]. Applied Soft Computing, 2011, 11(5): 3929-3937.

[8] Zeng-Zhi, Ma, Wang Long-Shan & Gao Hong. Process Modeling and Performance Analysis of Flexible Manufacture System using GSPN Approach [J]. Journal of System Simulation, 2008, 20(19): 5258-5261.

[9] 陈翔. 基于广义随机 Petri 网的工作流性能分析 [J]. 计算机集成制造系统, 2003, 9(5): 399-402, 406.

[10] 王文宾, 达庆利. 基于广义随机 Petri 网的再制造供应链建模与性能分析 [J]. 系统工程理论与实践, 2007, 27(12): 56-61

第六章　同族汽车产品保证备件库存方法研究

6.1　背景介绍

　　汽车产品在保证期内出现故障，产品保证服务就会发生，随之也就会产生备件需求。汽车制造商需要一个分散的服务设施网络，来存储备件和提供现场服务。由于汽车零件种类众多，其备件需求结构复杂，而备件供应对保证服务成本以及顾客满意度有着重要的影响[1]。保证服务商在空间有限的条件下，想要存储所有种类的备件是不可行的。此外，汽车制造厂商希望提升保证服务水平、减少备件缺货而提高各种备件的库存量，这会使得经营成本因库存成本过高而增加。因此，汽车制造商希望可以预测或估算备件需求量，或了解产品销售期间维修服务商应储存多少备件以满足维修服务需求，针对服务需求建立起良好的库存策略，对保证服务网络中的备件库存加以控制，降低缺货率，提高服务水平。

　　在备件的需求方面，由于现今的汽车制造企业通常在企业的设计和生产计划中同时拥有一个甚至多个产品族（生产基于同一平台、具有相似架构、提供类似功能的系列产品[2]），从而形成了同族汽车产品备件共用的情况。在现今企业项目部的组织架构下，每一个产品族通常是由各项目组负责，进行独立开发、销售以及财务和业绩考核。因此，对于同族产品的库存决策是将分析单元设定为同一产品族内的产品，这样备件需求及库存分析的结果可以与企业管理有效衔接。对于在一个汽车企业中存在多个产品族的情况来说，其总体的备件需求量可以看作各个项目备件需求量之和，这一计算方式可以直接推广至现今的汽车制造企业中，为厂商更加科学合理地预测备件需求量及设置备件库存提供了有效途径。

本章研究重点在于引入产品族概念，通过分析产品生命周期内呈现出的不同特点，来计算同族汽车产品的销售量，并在此基础上引入同族产品零件成组方式，对产品备件需求量进行估计，以此提出合理的备件库存方法。

6.2　问题分析

为了建立经济、有效的汽车备件库存管理方法，本节首先从产品生命周期的角度对汽车产品销量进行估算，并结合零件可靠性及产品成组方式等信息估计汽车产品的备件需求量，再结合相应的库存管理理论，设计出同族汽车产品的备件库存方法，步骤如图 6-1 所示。

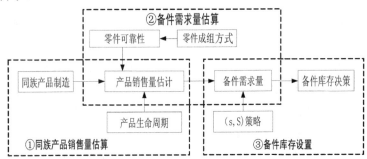

图 6-1　同族汽车产品备件库存决策步骤

具体决策步骤如下：

①汽车产品可以根据市场占有率将其生命周期划分为不同阶段，而每个阶段的产品销量特征符合一定的规律。根据同族产品投放后在不同阶段的市场空间及销量增速，可以估算出在某一个时刻上的汽车产品累积销售量。这一销售量的估算，为产品故障数及备件需求的研究奠定基础。

②在产品销售量可知的情况下，由于每个汽车零部件都有不同的寿命分布，每个零件在各个时间点上的失效概率均不相同，根据

零件在不同时期的失效率、产品成组方式及这一时间段内的同族产品销售量，可以推导出备件的需求量，即在产品生命周期内任一时间点上的备件需求量估计。

③在备件库存设置方面，以备件需求估计情况为基础，结合随机型库存管理理论，具体分析库存成本构成。以库存成本最小化为目的进行备件库存决策。

通过以上步骤设计出同族汽车产品备件的库存方法，达到库存水平、服务水平之间的平衡，从而实现降低服务总成本、提升保证服务水平的目的。

6.3　基于产品保证的汽车元件成组配置

当前汽车产品通常采用模块化结构构成，基于此，我们将研究模块形成之后，如何通过选择模块的不同参数，确定针对某一特定需求的最优模块组合方式，即用模块组成产品。这样一个将模块排列组合的过程，也经常被称作产品配置。既定的产品配置是汽车产品备件库存管理的重要基础。一般产品配置可以分解为如下步骤：选择元件、匹配、排列、建立元件之间的关系以及选择的兼容性和目标满意程度的评价[3]。产品配置的目标就是要生成可行的产品模型[4]，在汽车制造企业根据客户需求进行定制的时候，产品配置显著提高了从客户需求到产品文档的效率和效果[5]。

（1）产品模块化配置研究概述

①模块化

近些年来，企业的设计目标已经从个体产品的设计转向由不同模块以不同方式组合而成的产品族的设计[2, 6, 7]。根据模块化技术的理念，客户的不同需求会催生出不同的产品。模块化已经成为制造业企业以合理的成本为客户提供定制化产品的重要手段[8-10]。

模块化的概念最早出现于 1965 年[11]，目的是为增加产品多样性提供一种新的方法。根据模块化的理念，复杂的产品设计问题可以用包含"近似可分解系统"的有序层级结构进行描述，组（模块）内元件具有较强的关联，而组（模块）间的关联强度较弱。模块化将最终产品划分为子集，甚至根据需要再将子集划分为更小的单元以及零件组之间的相互关联[12-14]。对于客户来说，模块化允许他们将各种元素混合和匹配，形成适合需求的最终产品[8,9]。

模块化的最基本单元是模块，它被认为是概念上、或者实际存在的元件组合，可以为相似的特征要求提供标准化且可互换的选择[15]。一个模块就是一个存储隐藏信息的单元，可以执行产品的一项功能，可以独立地生产、相对容易地拆卸和更换，并且根据不同的配置方案进行选择，不影响系统的整体性[16]。根据日本工业标准（JIS）的描述，模块是构成产品的标准元素，具有固定的功能，它包括一系列封装在一起的子装配体和元件。在不同的模块之间，存在着物理连接，这种连接被称作模块的接口[17]，接口对于模块的独立性和互换能力都具有重要的影响[18]。在模块化产品中，合理的接口设计应该保证模块可以更换并且更换不会对产品生命周期造成影响[19]。

近几十年来，模块化一直都是工业工程、产品开发、运营管理、机械设计相关领域的研究热点，文章浩如烟海。如以 modular design（模块设计）为关键词，SCI 检索源中的文章为 5912 篇；以 modularity（模块化）做关键词，在管理、工业工程等方面的相关文章也达到 2141 篇。模块化技术的研究日新月异，如在科学引文索引 SCI 源中以 modularity 作为关键词的论文，自 2003 年以来一直都保持在每年 150 篇左右。国内的很多学者也对模块化技术和设计问题进行了大量研究[20-22]，本书不再对其进行更多的统计分析。

②模块化的优势与应用

因为模块化产品中的元件几乎都是标准化可互换的，使用模块化技术进行产品升级时，需要更换的元件就更少，产品升级更加容易[19,23]。模块化降低了产品制造和装配的难度和成本，使用模块化，装配的方式减少，而随着模块化水平的提高，某一特定模块的产量增加，平均成本也会相应降低。同时，不同模块单独制造可以优化设备的使用率，模块化结构中特殊零件的减少也会降低制造和采购成本[9]。

模块化更主要的优势，在于以合理成本水平提供产品的多样性和定制化[18, 24]，实际上，现今制造商为顾客提供产品定制化，都是通过基于模块化的产品配置得到的[25, 26]。通过选择模块以及重新排列，在无需重新设计和制造的情况下，就能实现定制的目标。除此之外，模块化的设计还便于维护、维修以及报废产品的处理[27]，这种理念方法和设计技术已经在工业界得到了广泛的认可。当前，几乎所有的机电产品，包括汽车、计算机、手机等等，都采用了模块化产品结构。例如在汽车行业，大众公司在德国、波兰、中国和墨西哥的工厂里，使用模块化技术，基于同一个 A4 平台同时生产四个品牌十款车型[28]。最近，在新能源汽车的开发过程中，研究者同样使用模块化方法实现汽车传统动力系统向液氢以及电动系统的升级[29]。

③模块化产品建模与分析

对于模块化产品而言，建模是进一步分析的基础。模块化产品可以使用矩阵来表示，其中产品模块构成矩阵的行和列，而矩阵中的元素就是模块之间的连接关系[30]。近些年来，相关研究更为经常使用的模块化产品表达方法是图形方法。例如，有的研究[25]使用了非环状图，用向量和边代表连接的模块，节点代表操作，而弧代表操作之间的联系。有的研究[2]提出了产品族结构（PFA）模型，涵盖了基本的产品和模块。由于 PFA 可以进行调整产生新的产品变量，这就满足了客户需求的变化。基于 PFA，有的研究[31]建立了一个产品族模型（PFM），然后将 PFM 转化成网络模型。这个网络模型可以描述不同类别元件之间的兼容关系和耦合强度。而另有研究[32]提出了基于二项树的模块化产品模型，其优势在于，可以在一个图中表示出历史数据，方便升级、删除或者搜索信息。学者们还总结出模块化产品建模的基本步骤[33, 34]：基于客户需求分析具体任务，确定建模的内容和任务；构建方案和产品的几何布局；将方案中的元件聚类，识别出方案中必要和可能的关联关系；建立以目标为导向的模块化产品模型；实施。

基于上述的模型，更多学者将关注的目光放在模块化分析上。模块化分析主要包括两个方面的内容：

对模块化本身进行分析与评价，衡量模块化程度和模块构成方法、成组方式是否符合企业自身的利润需求和客户需要；

基于模块化模型，选择模块中的元件并进行搭配组合，从而找到满足客户需求的产品方案，即产品配置。

有文献[15]指出，设计与制造时间、产品质量和成本，是衡量模块化产品模型的主要指标。就企业和产品个体而言，其理想的模块化水平需要具体评估和分析[35]。有文献[36]测量了模块化产品应该何时引入，以及合理的应用程度。还有一些学者在关注产品模型中模块的合理数量。有文献[37]提出，机械装配模块的理想数量应该是装配零件数量的平方根。对于包含大量模块的复杂产品，有文献[38-40]给出了基于人工智能和软计算的方法，寻找最优的模块数量和模块组合方式。

而对于在模块化模型中寻找最佳的产品方案，学术界通常也将其理解为一个优化问题。在现有的研究中，优化方法通常可以分为两大类：基于约束的方法和基于性能和绩效的方法。在前一种方法中，约束指的是变量之间的关系，它限制了变量的取值和选择的自由度[41]，优化问题常被描述为一个约束满意问题（CSP）[42-44]，其中，元件和端口是变量，约束限制了元件可以被集成到一个解决方案（产品）的方式。有文献[45]使用了基于约束的建模方法和交互式约束满足方法，为个人计算机用户提供配置服务；另有文献[46]认为CSP问题包括耦合和松耦合约束，可以从定性和定量两个方面解决。另一方面，由于产品的性能和表现是顾客通常最为关心的问题，他们在比较不同配置方案的时候会将其作为重要的准则，所以很多学者也就将在模块化模型寻找最优的产品方案理解为面向产品性能优化的多目标问题。有的研究[47]在模块化带来的质量损失与再配置成本之间找到了一个平衡关系；另有研究[48]提出了一个产品多样化平衡评估方法，用于平衡模块化产品的多样性和单个产品性能之间的关系。有的作者提出了一个混合方法论，在产品族设计的时候选择最优化的平台[49]；有文献[50]使用了主观与客观结合系统，根据不同准则确定最优的解决方案；另有研究[51][52, 53]从装配和拆卸的角度研究了模块化设计优化问题。

（2）产品配置问题描述

产品配置的研究主要包括建模和寻优两个部分。建模即表示整个产品族的信息，通常采用图形的方法[54]。在本章中，我们基于 PFM 对产品族配置进行建模。产品配置的寻优被视为一个多目标优化问题[55]，产品可靠性也是配置优化的目标之一，然而产品保证却从未纳入到配置过程当中。产品可靠性在很大程度上需要通过其保证成本和保证难度来体现，可靠性本身并不便于抽象成具体数字，也不易于比较，因此本章将产品保证纳入到汽车产品配置的衡量指标体系当中。

产品的保证成本是在产品销售之后发生的，真正完整的保证成本数据只有在产品族中所有的产品都已经完成销售、并且度过其保证期之后才能确定出来。在开发和设计阶段，产品保证相关的数据信息都是需要预测才能得到的，而这种预测不可避免地会产生误差，进而为产品配置带来不确定性。事实上，不仅是保证成本，由于供应链和市场中存在的不确定[56]，包括产品订货时间、保证维修服务难度等其他产品配置中要考虑的指标也同样是不确定的。当在现有的产品族加入新的元件时，这些新元件的各项参数均需要预测，不确定的问题就更加突出了。

另外，很多客户需求在产品配置上的体现是模糊不清晰的。举例来说，一个汽车座椅是否"舒适"，或者一辆汽车加速过程是否平缓，这都没有一个明确的标准，答案通常取决于个人的偏好与期望。客户和使用者对于产品认知程度一般不如设计人员，而他们对于产品功能的期望也就夹杂着不准确和模糊，这也会影响产品配置[57, 58]。在进行汽车产品配置的时候，这样含糊的需求还要映射到元件上。并且，一些来自市场的需求通常并不是一个确定值，总会以一个区间的形式存在，比如"汽车的行驶周期应该是 8 至 10 年"，这样的区间也可以看作是一种不确定，在配置的时候应该加以考虑。

以往的研究工作可以有效地解决参数齐备情况下的配置问题，也就是所有的元件描述都应该是完备的，元件之间的关系和约束情况也很清晰。然而，如上所述，不确定问题贯穿于产品配置始终，单纯依赖绩效信息完成的实际产品配置通常是不合理的。因此，我们在引入产品保证这一衡量指标之后，需要在不确定的条件下进行汽车产品配置。

尽管有很多学者关注不确定问题的优化[59-61]、产品平台设计中的不确定问题[62]，以及供应链物流中带有不确定因素的配置问题[63, 64]，然而很少有研究将其方法应用于产品配置当中。因此，我们需要对不确定条件下的产品配置进行专门研究。有文献[57]在解决产品配置问题时考虑了不确定因素，但这一方法是基于约束的。尽管相关研究证明了可行的解的存在，但是却无法获得。因此，在现有方法无法避免预测误差、同时配置的元件并不完备的前提下，不确定条件下的产品配置需要解决以下问题：

①如何处理配置中元件的不完备绩效参数，如保证成本；
②如何将客户模糊的需求转化为配置中所需的产品参数；
③如何评估包括新元件在内的各种不同类型元件的兼容性；
④如何衡量和比较各种配置中的不确定程度和等级；
⑤如何在不确定条件下满足约束条件并寻求最优。

既定产品配置中包含一些新的元件，在本书中我们关注如何在不确定的条件下寻求满足各方面约束的理想产品配置方案。在优化当中，新元件属性的预测结果都是独立的变量，而优化的产品配置方案应该满足多个目标。我们提出了模糊多目标优化算法（FMOOA），其多目标评价的准则包括生命周期成本、产品交付时间，以及产品保证难度。我们采用帕累托优化的方法来处理多个配置目标之间出现冲突的问题，并采用模糊集的方法处理基于模糊客户需求的新元件参数预测不精确的问题。另外，这里提出了一种双面判断方法，用于平衡配置当中的期望值和最差值。

（3）多目标评价准则

考虑到消费者以及各方的利益，产品配置存在多个目标。对于产品保证来说，我们主要考虑其两个方面：保证成本和保证服务难度。保证成本在本章中视为产品生命周期总成本目标的一个组成部分，而保证服务在本章中作为单独目标，另一个优化目标是产品交付时间。其中，成本按产品生命周期成本计量，指的是产品开发、生产、使用，直至淘汰的累积成本[65]。在本书中，在面向配置评价生命周期成本的时候，我们将其分为四个方面：

采购成本 C1——购买元件所产生的成本；

制造成本 C2——当企业需要自己制造某些元件的时候，如果一个元件有制造成本，那么它对应的采购成本为 0；

装配成本 C3——在安装和装配过程中，随着产品元件数量的增加而增加；

保证成本 C4——发生于售后阶段，与元件的故障频率以及更换成本相关。

一些学者提出了预测生命周期成本的方法[66-68]，包括单个产品和产品族的成本。

（4）模糊数处理

由于不确定因素的存在，目标函数的输入和输出不能完全确定，对于不同配置方案的评价准则也是模糊并且难以比较的。减少这种不确定的影响对于寻优非常必要。

当前处理不确定问题的方法主要分两类：概率方法和模糊方法。前一种方法通常用于参数在一个预测区间的情况[61]，而对于那些参数不能精确预测的情况，通常模糊方法更加有效[57,58]。模糊集是一种常用的方法，它意味着一个变动的区间，可以应用于不确定条件下的优化。有文献[56]提出了基于模糊集理论的平均分整体表达（Graded Mean Integration Representation）方法，对归一化模糊数支持集的每一点的重要程度进行评分，用于处理总生产库存成本。本书提出的 FMOOA 方法也包含了模糊集方法和平均分整体表达方法，同时考虑了期望值和最差情况的值。

（5）帕累托优化

如上所述，配置中可能存在多个配置目标甚至彼此冲突。在本书中，我们采用帕累托方法平衡各个目标，进行优化。帕累托方法曾经用于其他的配置研究，比如传感器配置[69]和供应链配置[63]。

所谓帕累托最优（Pareto Optimality），也称为帕累托效率（Pareto efficiency），是指资源分配的一种理想状态，假定固有的一群人和可分配的资源，从一种分配状态到另一种状态的变化中，在没有使任何人境况变坏的前提下，使得至少一个人变得更好。帕累托最优状态就是不可能再有更多的帕累托改进的余地；换句话说，帕累托改进是达到帕累托最优的路径和方法。帕累托最优是公平与效率的"理想王国"。人们追求"帕累托最优"的过程，其实就是管理决策的过程[70]。管理学所研究的管理活动，其目的是充分利用有限的人力、物力、财力，优化资源配置，争取实现以最小的成本创造最大的效率和效益。在企业单位，企业老板必须保证员工的利益不受损害，在保证员工的合法权益受到尊重的基础上追求企业的最大收益。企业管理活动的过程，实际上也是追求"帕累托最优"的过程。

6.4　同族产品备件需求估计

6.4.1　同族产品销售量估计

汽车产品销售量增长的速度，与其市场占有率有密切关系。在产品刚一投放市场时，市场空间较大，但购买者较少，这使得产品销售增长较为缓慢；产品进入市场一段时期后，在较为宽松的市场环境下，随着消费群体不断增大，产品销售增长的速度加快；在产品销售末期，市场趋近于饱和，销售速度也相对放缓。

根据逻辑斯蒂函数，假设 $O(t)$ 是新产品的市场占有率，则 $O(t)$ 的微分 $O'(t)$ 为产品市场占有率的变化率[71]。这一变化率与市场占有率 $O(t)$ 及市场剩余份额比例 $1-O(t)$ 相关，如式（6-12）所示：

$$O'(t) = b \cdot O(t) \cdot \left[1 - O(t) \right] \tag{6-1}$$

求解微分方程可得：

$$O(t) = \left(1 + e^{-b_0 - b_t} \right)^{-1} \tag{6-2}$$

当 $O(t)$ 为新产品的市场占有率时，为了计算该产品的实际销售数量，设定整个市场内同族汽车产品数量为 M，则在时间点 t 上的产品累积销售数量 $S(t)$ 可由公式（6-3）表示：

$$S(t) = M \cdot O(t) = M \left(1 + e^{-b_0 - b_t} \right)^{-1} \tag{6-3}$$

将公式（6-3）中的参数替换为 α、β 以及 λ，其中 α 为 $O(t)$ 的初始值，β 表示 $O(t)$ 在经过 λ 期后会达到的值，用这三个参数描述 $O(t)$ 可得[72]：

$$O(t; \alpha, \beta, \lambda) = \left[1 + \left(\alpha^{-1} - 1 \right)^{1 - 1/\lambda} \left(\beta^{-1} - 1 \right)^{-1/\lambda} \right]^{-1} \tag{6-4}$$

用逻辑斯蒂函数描述产品累积销售量，并以此函数的微分式作为单期的销售量。如公式（6-5）所示：

$$S(l; \alpha, \beta, \lambda) = N \left[1 + \left(\alpha^{-1} - 1 \right)^{1 - 1/\lambda} \left(\beta^{-1} - 1 \right)^{-1/\lambda} \right]^{-1} \tag{6-5}$$

令 $S(l)$ 为累计到 l 时汽车产品的总销售量，则 $S(l)$ 对 l 的微分 $s(l)$ 则是 l 时刻产品的销售量。N 表示最终的市场销售量；α 为初始市场销售率，到 λ 期时产品可达到 β 的市场销售率。通过将 β 设为 0.95，即该产品经过 λ 期的时间达到 95% 的最终销售量。l 时刻产品的销售量如公式（6-6）所示：

$$s(l) = \frac{dS(l;\alpha,\beta,\lambda)}{dl} = \frac{dN\left[1 + \left(\alpha^{-1}-1\right)^{1-\frac{1}{\lambda}}\left(\beta^{-1}-1\right)^{-\frac{1}{\lambda}}\right]^{-1}}{dl}$$

$$= N \cdot \frac{\left(\alpha^{-1}-1\right)^{1-\frac{1}{\lambda}}\left(\beta^{-1}-1\right)^{-\frac{1}{\lambda}}\left[\ln\frac{\beta^{-1}-1}{\alpha^{-1}-1}\right]}{\lambda\left(1 + \left(\alpha^{-1}-1\right)^{1-\frac{1}{\lambda}}\left(\beta^{-1}-1\right)^{-\frac{1}{\lambda}}\right)^{2}} \quad (6\text{-}6)$$

$$= C \cdot \frac{\left(\alpha^{-1}-1\right)^{1-\frac{1}{\lambda}}\left(\beta^{-1}-1\right)^{-\frac{1}{\lambda}}}{\left(1 + \left(\alpha^{-1}-1\right)^{1-\frac{1}{\lambda}}\left(\beta^{-1}-1\right)^{-\frac{1}{\lambda}}\right)^{2}}$$

6.4.2 零件成组方式

产品配置的设定对保证备件需求量的计算产生重要影响。计算备件需求量，首先要确定产品配置中的零件成组方式。在当前研究中，产品配置方式的调整主要依靠的是可靠性理论提供的方法，如故障树模型（FTA）[73]。而产品配置故障树研究的对象是产品的功能模型，备件需求量的预测通常面向的是产品的物料清单（BOM）模型，如果要对备件需求量进行预测，就需要将两个领域的模型连接起来。利奥（Leo）[74]针对可配置产品族架构提出了一种由故障树向 BOM 映射的方法，如图 6-2 所示。而这种映射方法的核心，是逆向搜索。所谓逆向搜索，是指搜索故障树模型中基本事件所对应的 BOM 模型节点，可使某一故障从最小割集追溯到零件成组方式的逆向搜索过程。

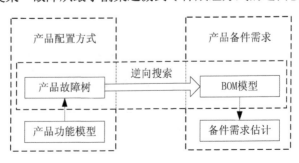

图 6-2　产品配置逆向搜索方法

　　根据这一逆向搜索方法，可以将汽车产品故障与产品中的失效零件配置方式相对应。我们以汽车自动变速器异响故障为例对逆向搜索方法示意，如图 6-3 所示。

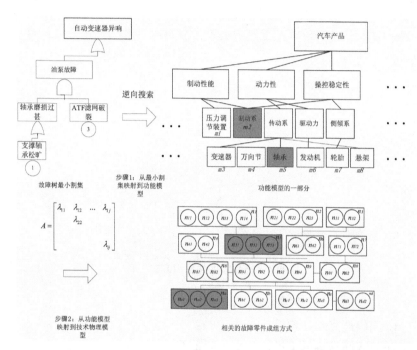

图 6-3　汽车产品故障的逆向搜索过程

　　对于一个产品族来说，其功能模型是相对固定的，而其故障树模型会随着售后反馈的产品故障情况随时进行更新和更改。因此，使用这种逆向搜索的映射方法，可以根据售后部门提供的故障数据直接将产品族中的产品故障与产品配置相关联，计算出 j 类第 k 个零件在所有销售出的产品中出现的比率 γ_{jk}，进而计算产品族的整体备件需求量。

6.4.3　备件需求量估计

　　对于同族产品来说，其整体的备件需求等于族内所有产品的备件需求量之和。因为产品族中的不同产品可以看作是基于固定模块的搭配组合，将所有零件按照不同的零件成组方式分成若干个组，每一组构成一个模块。以汽车产品来说，任一产品族内的每一辆汽车都由众多不同的模块构成（如图 6-4 所示）。因此，本节通过对产品销售量的估计计算，从成组方式及零件可靠性的角度出发，计算同族产品的整体备件需求。

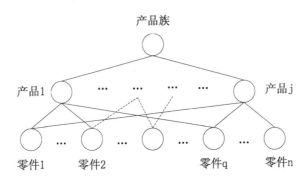

图 6-4 产品族零件成组方式

（1）各时期备件需求量估计

①同族产品零件构成

从同族产品备件来说，其整体的备件需求等于族内所有产品的备件需求量之和。因此，对于采用 FRW 保证策略的制造商来说，产品族整体备件需求量的计算模型如下：

$$d = \sum_{j=1}^{m} \sum_{k=1}^{n} \gamma_{jk} F_{jk} \qquad (6\text{-}7)$$

j 和 k 分别代表第 j 种模块类型以及某种类型中的第 k 个选择方案/元件，γ_{jk} 代表 j 类第 k 个零件在所有销售出的产品中出现的几率，F_{jk} 为这一元件的失效率函数。

②零件失效次数计算

令 l 为产品的销售时间，在 l 时间点上的同族汽车产品销售量为

$s(l)$。令 T 为产品上市至退市的寿命，W 为汽车产品保证服务期限，则销售期由 0 开始，终止至 $T+W$。产品开始销售时，售出的同种产品的寿命服从同一分布，但其产品使用时间随售出时间而不同。为了估计保证备件的需求量，应先计算任一时间区间内发生的零件失效概率，由于不同使用时间的零件失效率不同，必须对各个使用时间的产品分别计算其备件需求量，因此利用 $F(t-l)$ 表示各个不同时期售出产品的零件在时间 t 之前的累积失效概率，而在时间点 t 上发生的失效次数可以用 $F(t+1-l)-F(t-l)$ 表示，因此对于 l 时刻售出的产品在时间点 t 上的备件需求量为：

$$d(t;l) = \sum_{l=0}^{t} \left\{ s(l) \cdot \left[F(t+1-l) - F(t-l) \right] \right\} \qquad (6\text{-}8)$$

③各时间点上备件需求量计算

根据同族产品的零件构成情况以及公式（6-8）所表示的时间点上产品失效次数计算方式，得出在时间点 t 上的同族产品备件需求量为：

$$d(t;l) = \sum_{l=0}^{t} \left\{ s(l) \cdot \sum_{j=1}^{m} \sum_{k=1}^{n} \gamma_{jk} \left[F_{jk}(t+1-l) - F_{jk}(t-l) \right] \right\} \quad (6\text{-}9)$$

其中，$F_{jk}(t-l)$ 表示各个不同时期出售的产品到时间 t 之前这一零件的累积失效概率。则 $F_{jk}(t+1-l)-F_{jk}(t-l)$ 为在第 l 时售出产品在时间 t 时这一元件的失效概率，即这一时刻的备件需求概率。假设零件失效时间服从指数分布，则维修备件在整个保证生命周期内的需求量为这一时间区间内的零件失效累积函数差，即公式（6-10）。：

$$d(t;l) = \sum_{l=0}^{t}\left\{ s(l) \cdot \sum_{j=1}^{m}\sum_{k=1}^{n}\gamma_{jk}\left[F_{jk}(t+1-l) - F_{jk}(t-l)\right]\right\}$$

$$\sum_{l=0}^{t}\left\{ \begin{array}{c} C \cdot \dfrac{\left(\alpha^{-1}-1\right)^{1-\frac{1}{\lambda}}\left(\beta^{-1}-1\right)^{-\frac{1}{\lambda}}}{\left(1+\left(\alpha^{-1}-1\right)^{1-\frac{1}{\lambda}}\left(\beta^{-1}-1\right)^{-\frac{1}{\lambda}}\right)^{2}} \cdot \\[4mm] \sum_{j=1}^{m}\sum_{k=1}^{n}\gamma_{jk}\left[F_{jk}(t+1-l)-F_{jk}(t-l)\right] \end{array}\right\}$$

$$= \sum_{l=0}^{t}\left\{ \begin{array}{c} C \cdot \dfrac{\left(\alpha^{-1}-1\right)\left[\left(\alpha^{-1}-1\right)\left(\beta^{-1}-1\right)\right]^{-\frac{1}{\lambda}}}{\left(1+\left(\alpha^{-1}-1\right)\left[\left(\alpha^{-1}-1\right)\left(\beta^{-1}-1\right)\right]^{-\frac{1}{\lambda}}\right)^{2}} \cdot \\[4mm] \sum_{j=1}^{m}\sum_{k=1}^{n}\gamma_{jk}\left[F_{jk}(t+1-l)-F_{jk}(t-l)\right] \end{array}\right\}$$

$$\sum_{l=0}^{t}\left\{ \begin{array}{c} C \cdot \mu \cdot \dfrac{\upsilon^{-\frac{1}{\lambda}}}{\left(1+\mu \cdot \upsilon^{-\frac{1}{\lambda}}\right)^{2}} \cdot \\[4mm] \sum_{j=1}^{m}\sum_{k=1}^{n}\gamma_{jk}\left[F_{jk}(t+1-l)-F_{jk}(t-l)\right] \end{array}\right\} \tag{6-10}$$

并令其中 $\mu = \alpha^{-1}-1$，$\upsilon = \left(\alpha^{-1}-1\right)^{1-\frac{1}{\lambda}}\left(\beta^{-1}-1\right)^{-\frac{1}{\lambda}}$，可得：

$$d(t;l) = \sum_{l=0}^{t}\left\{ C \cdot \mu \cdot \dfrac{\upsilon^{-\frac{1}{\lambda}}}{\left(1+\mu \cdot \upsilon^{-\frac{1}{\lambda}}\right)^{2}} \cdot \sum_{j=1}^{m}\sum_{k=1}^{n}\gamma_{jk}\left[F_{jk}(t+1-l)-F_{jk}(t-l)\right]\right\}$$

$$\tag{6-11}$$

在对保证备件需求进行估计时，需要考虑产品销售量在不同时间区域内的特殊性。如果将产品退市时间设为 T，而售出产品的故障时间可能发生在产品退市后，而其产品保证仍在期限 W 中。即对于已退市的商品，虽然已不存在当期销售量，但其存在产品保证服务及保证备件需求。因此，我们将保证备件需求量估计按故障发生所在的不同时间区域划分，如公式（6-12）所示：

$$
d(t;l) = \begin{cases}
\sum_{l=0}^{t} \left\{ s(l) \cdot \sum_{j=1}^{m} \sum_{k=1}^{n} \gamma_{jk} \left[F_{jk}(t+1-l) - F_{jk}(t-l) \right] \right\}, \\
\quad \text{当} 0 < t < T \\
\sum_{l=0}^{T} \left\{ s(l) \cdot \sum_{j=1}^{m} \sum_{k=1}^{n} \gamma_{jk} \left[F_{jk}(t+1-l) - F_{jk}(t-l) \right] \right\}, \\
\quad \text{当} T \leq t \leq T+W
\end{cases}
\tag{6-12}
$$

根据公式（6-11）、公式（6-12），可得同族汽车产品在某一时刻 t 上的保证备件需求量估计函数：

$$
d(t;l) = \begin{cases}
\sum_{l=0}^{t} \left\{ C \cdot \mu \cdot \dfrac{\upsilon^{-1/\lambda}}{\left(1 + \mu \cdot \upsilon^{-1/\lambda}\right)^2} \cdot \sum_{j=1}^{m} \sum_{k=1}^{n} \gamma_{jk} \left[F_{jk}(t+1-l) - F_{jk}(t-l) \right] \right\}, \\
\quad \text{当} 0 < t < T \\
\sum_{l=0}^{T} \left\{ C \cdot \mu \cdot \dfrac{\upsilon^{-1/\lambda}}{\left(1 + \mu \cdot \upsilon^{-1/\lambda}\right)^2} \cdot \sum_{j=1}^{m} \sum_{k=1}^{n} \gamma_{jk} \left[F_{jk}(t+1-l) - F_{jk}(t-l) \right] \right\}, \\
\quad \text{当} T \leq t \leq T+W
\end{cases}
$$

$$\tag{6-13}$$

（2）备件累积需求量估计

产品在出售后即有可能出现故障，汽车制造商可能在不同的时间或阶段需要对备件需求进行预测，从而不断调整其备件库存。

第一阶段：汽车制造商在产品上市之前，对未来的备件需求进行估计，即 $t = t_0$；

第二阶段：在产品销售期间，产品可能由于品质问题而出现失效现象。产品制造商应确保备件库存供给充足，这一期间即 $t < T$；

第三阶段：如果汽车制造厂商决定让这一产品族内的产品退市

或停止出售，则产品将不会继续出现在市场上（即市面上的产品数量不会增加），但制造厂商仍需继续提供备件以应付在保证期限到期前可能产生的所有保证备件需求情况，即 $t \geq T$。

本节从考虑零件失效情况的角度出发对备件库存进行研究，因此，主要对产品上市销售后可能出现的备件需求进行估算。

在产品上市后的某个时间点，汽车制造商会对后期的产品备件做一系列的规划调整，包含对以后销售量的估计、未来可能的备件需求量，即需计算从任一时间点上到所有产品都超过保证期限的总的备件需求量。假设决策时间点在 t 期，此时的备件需求量相当于从 t 期开始，一直到所有产品都超过保证期限的总的备件故障量（即总的备件需求量 D_t）。根据各期备件需求情况，可得出任一时间点 t 上的累积备件总需求量：

$$
D_t = \sum_{s=t}^{T+W} d(s)
$$

$$
= \begin{cases}
\sum_{s=t}^{T+W} \sum_{l=0}^{s} \left\{ C \cdot \mu \cdot \dfrac{v^{-1/\lambda}}{\left(1 + \mu \cdot v^{-1/\lambda}\right)^2} \cdot \sum_{j=1}^{m} \sum_{k=1}^{n} \gamma_{jk} \left[F_{jk}(t+1-l) - F_{jk}(t-l) \right] \right\}, \\
\qquad 当 0 < t < T \\[2em]
\sum_{s=t}^{T+W} \sum_{l=0}^{T} \left\{ C \cdot \mu \cdot \dfrac{v^{-1/\lambda}}{\left(1 + \mu \cdot v^{-1/\lambda}\right)^2} \cdot \sum_{j=1}^{m} \sum_{k=1}^{n} \gamma_{jk} \left[F_{jk}(t+1-l) - F_{jk}(t-l) \right] \right\}, \\
\qquad 当 T \leq t \leq T+W
\end{cases}
$$

$$(6\text{-}14)$$

并由此可以得出任一时间段内的备件需求数量。设 T_n 为第 n 段时间的最后一个时点，其时间点上的备件累积需求量为 D_n；T_{n-1} 为第 $n-1$ 段时间的最后一个时点，其时间点上的累积备件需求量为 D_{n-1}。L_n 为第 n 段时间内的备件需求量，则第 n 段时间内备件需求量 L_n 为两个时间段节点上备件累积需求量的差值，即：

$$L_n = D_{n-1} - D_n \qquad (6\text{-}15)$$

根据公式（6-25）和公式（6-26），可以得出任一时间段内同族汽车产品的保证备件需求数量。

6.5　同族产品备件库存决策

6.5.1　备件库存分析

汽车制造厂商对维修代理商限定一定的备件库存水平以确保及时有效地向顾客提供产品保证服务。备件库存量不足会造成缺货成本，而库存量过大又会导致备件积压、持货成本增加。因此，如何制定一个合理的库存决策，使缺货风险和库存积压之间得以平衡，是汽车制造厂商及维修代理商所共同关注的问题。

为了提出合理的库存方法，首先应对实际的库存问题进行分析，并建立相应的数学模式。长期以来，一些学者根据库存需求量及提前期等数据是随机的还是确定的这一情况，将库存模型分成两类：一类为确定型库存；另一类是随机型库存。由于在本节研究中，汽车备件需求量是随机的，因此，我们采用随机型库存模型，解决库存水平降低到什么程度时订购备件，以及应订购多少备件的问题，即求解订货点及库存水平。

假设在汽车产品上市至保证期最终结束这一产品生命周期共包含 N 个期间，其中每一期的需求分布相同。根据公式（6-14）和公式（6-15）求出同族汽车产品生命周期内任一期间的备件需求量，以此为基础研究备件库存决策。

并定义以下参数以建立保证备件库存模型：

h：N 期中每单位备件每期的持货成本；

π：每期中需求超过库存时每单位的缺货成本；

u_n：第 n 期订货量；

$\delta(u_n)$：第 n 期的订货成本，$\delta(u_n) = \begin{cases} 0, & \text{当} u_n = 0 \\ k, & \text{当} u_n > 0 \end{cases}$；

L_n：第 n 期的备件需求量；

$f(l)$：每期需求的概率密度函数；

$F(l)$：每期需求的累积密度函数；

x_n：第 n 期的期初库存；

y_n：第 n 期如果有订货，则到货后的库存水平，$y_n = x_n + u_n$；

$G_n(y_n)$：第 n 期的预期缺货成本和持货成本；

$C_n(y_n)$：对一时间长度为 n 期，且第 n 期的期初库存为 x_n 的情况下的最低库存总成本。

其中，各参数关系如图 6-5 所示。

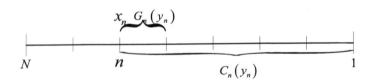

图 6-5　备件库存参数关系示意图

6.5.2　库存决策

（1）不考虑订货成本前提下的库存决策

根据参数定义可以列出 $G_n(y_n)$ 的函数关系式。$G_n(y_n)$ 包括两个部分，一个是第 n 期需求大于库存时的缺货成本；另一个是第 n 期需求小于库存时的持货成本，因此可以将 $G_n(y_n)$ 表示为：

$$G_n(y_n) = E\left(h \cdot \max\{0, y_n - L_n\} + \pi \cdot \max\{0, L_n - y_n\}\right)$$
$$= h \cdot \int_0^{y_n} (y_n - L_n) \cdot f(l)dl + \pi \cdot \int_{y_n}^\infty (L_n - y_n) \cdot f(l)dl \quad (6\text{-}16)$$

从第 1 期到第 n 期的库存最小成本之和，则是由第 n 期的成本加上之前第 1 到第 $n-1$ 期的总和最小成本。

$$C_n(x_n) = \delta(u_n) + G_n(y_n) + C_{n-1}(x_{n-1})$$
$$= \min\left\{\delta(u_n) + G_n(x_n + u_n) + \int_0^\infty C_n(x_n + u_n - L_n) \cdot f(l) dl\right\} \quad (6\text{-}17)$$

当 $n=1$ 时，

$$C_1(x_1) = \min\left\{\delta(u_1) + G_1(x_1 + u_1) + \int_0^\infty C_0(x_1 + u_1 - L_n) \cdot f(l) dl\right\} \quad (6\text{-}18)$$

令 $\xi_1(y_1) = G_1(x_1 + u_1) + \int_0^\infty C_0(x_1 + u_1 - L_n) \cdot f(l) dl$，且因为 $C_0(x_0) \equiv 0$，所以可得到 ξ_1 的一阶导数：

$$\xi_1' = \int_0^{y_1} h \cdot dF(l) - \int_{y_1}^\infty \pi \cdot dF(l) = (\pi + h) \cdot F(y_1) - \pi$$

又因为 ξ_1 的二阶导数 $\xi_1'' = (\pi + h) \cdot f(y_1) > 0$

由于 ξ_1 的二阶导数大于 0，所以令 ξ_1 的一阶导数为 0，即可得到 ξ_1 的最小值，以及相应的 y_1，其值如下：

$$y_1^* = F^{-1}\left(\frac{\pi}{\pi + h}\right)$$

$$u_1 = F^{-1}\left(\frac{\pi}{\pi + h}\right) - x_1$$

由于 y_1^* 为这一期的最佳库存量，因为当库存水平 x_1 小于 y_1^* 时，在不考虑订货成本的情况下，应该订购 u_1 数量的备件，使库存水平达到 y_1^*。

（2）考虑订货成本前提下的库存决策

上一小节所讨论的是在无订货成本情况下的备件库存模型，而在实际情况中，备件订货过程中可能由于订货而产生固定费用。例如，在每次订货过程中可能存在的手续费、差旅费等。因此，本节讨论在有订货成本情况下的备件库存模型，采用随机型库存的一种常见策略——(s,S) 策略展开研究，即根据第 n 期的备件随机需求量 L_n 确定 s 和 S 值，当期初库存 $x_n < s$ 时，采取订货措施，订货补充后库存水平为 S，$S = x_n + u_n$；当 $x_n \geq s$ 时，则不订货。在这一模型中，应解决两个问题：

①在期初库存为 x_n 的情况下，是否应该订货；

②如果需要订货，订货批量应该是多少。

当存在订货成本的情况下，由于订货成本为 k，且订货时仍应定至最佳的 y_1^*（等价订货上限 S_1），此时的预期成本将变为 $\xi_1(S_1) + k$。可以发现仅当现有备件的库存水平小于 s_1 时，不订货的预期成本才会大于订货时的最低预期成本，如图 6-6 所示。因此，当现有的库存量小于 s_1 时，采取订货才是经济合理的。

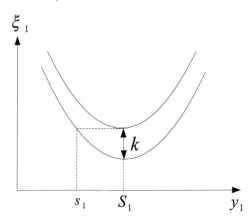

图 6-6　订购上限成本示意图

因此，可以得出：

$$\xi_1(s_1) = \xi_1(S_1) + k \tag{6-19}$$

而对于是否订货，则如以下公式所示：

$$u_1\left(x_1\right)=\begin{cases} S_1-x_1, & \text{当}\,x_1<s_1\text{时} \\ 0, & \text{否则} \end{cases} \tag{6-20}$$

因此，可求出第 1 期时，使得预期成本最小的 $C_1\left(x_1\right)$，如下所示：

$$C_1\left(x_1\right)=\begin{cases} k+\xi_1\left(S_1\right), & \text{当}\,x_1<s_1\text{时} \\ \xi_1\left(x_1\right), & \text{否则} \end{cases} \tag{6-21}$$

当现有的库存水平 x_1 小于 s_1 时，此时订货是合理的，且应订货至 S_1 的水平，能够有比原来更小的预期总成本。而当现有的库存水平 x_1 大于 s_1 时，任何情况下订货后的最低成本都将比原先的预期成本高，因此不订货是较好的选择。根据以上的结果，可以得到使第 1 期的预期成本最低时，最佳的订货点和订购上限。

在求出 $C_1\left(x_1\right)$ 后，当 $n=2$ 时，由于

$$C_2\left(x_2\right)=\min\left\{\delta\left(u_2\right)+G_2\left(x_2+u_2\right)+\int_0^\infty C_1\left(x_2+u_2-L_n\right)\cdot f\left(l\right)dl\right\}$$

重复以上步骤，将 $C_1\left(x_1\right)$ 代入，可得到第 2 期的再订购点和订购上限。之后以此类推，计算第 3 期、第 4 期，直至求出所有的再订购点及订购上限趋近相同，即表示收敛，此时即为最佳的再订购点和订购上限。

6.6 小结

汽车产品备件库存策略是集成化汽车产品保证管理优化策略中的重要内容。本章针对集成化汽车产品保证服务中，同一汽车产品族内零件通用的特点，结合产品市场占有率、可靠性、故障逆向搜索机理、随机库存策略等理论方法，研究了同族汽车产品全生命周期内的备件需求及备件库存方法：

①提出了基于逻辑斯蒂函数及故障逆向搜索机理的同族汽车产

品备件需求估计方法。根据同族汽车产品在生命周期不同阶段的市场空间及销量增速,估算出在某一个时刻上的汽车产品累积销售量;利用故障逆向搜索机理研究出同族产品的零件成组方式,结合零件可靠性,实现基于产品族概念的汽车产品备件需求估计。

　　②在备件需求估计的基础上,结合 (s,S) 随机库存策略,分别讨论在是否具有订货成本情况下的汽车产品备件最优订货点及订货批量。这一决策的研究,能够较好地解决汽车产品保证备件的库存设置问题,为集成化汽车产品保证服务提供方法支持。

第七章　汽车产品保证服务时间优化方法研究

7.1　背景介绍

由于产品保证服务对于客户的满意度和忠诚度有着重要的影响，当前企业越来越关注产品保证服务的完善[1]。调查显示，产品保证服务包含诸多事项，如缺陷产品的退换货服务、登门服务或紧急救援、产品维修服务、废弃产品回收的逆向物流等服务，其中以产品维修为保证服务的主要内容[2]。因此，产品维修服务的品质成为顾客考量企业产品保证服务水平的重点。

汽车产品因单价高、构造复杂等特点，使其产品保证服务更加受到顾客的重视。在汽车维修服务中，通过较短的时间、较低的成本使故障汽车恢复至合格状态，并确保服务满意度，是汽车生产企业追求高水平产品保证服务的具体表现。汽车产品保证维修服务从执行角度来看有两种形式：一是由汽车制造商自身（通过拥有零售商和维修中心）提供保证服务；二是通过独立的第三方服务代理商提供保证服务。为了提高保证服务品质的一致性，降低保证服务成本，目前大多数的汽车制造商通过制订相应的保证服务契约与第三方维修商订立保证服务代理关系，以使自身专注于核心业务的竞争力。

采取保证服务外包形式的汽车制造商根据其保证服务内容、服务水准及收益情况，制定保证服务契约。维修代理商与汽车制造商以契约内容为共识，缔结保证服务的委托—代理关系。其中，汽车制造商限定的保证服务时间是以顾客最高可接受的维修服务时间为限的，而在实际情况中，如果能在预期基础上缩短保证服务时间，将有助于提高顾客满意度；而在承诺的保证服务时间内未能完成服务，将严重影响到顾客满意度，对品牌声誉造成影响。

目前，关于产品保证的研究大多是建立在失效产品即时维修、维修时间可忽略的基础之上[3]。而在实际情况中，保证服务时间直接关系到保证服务品质，而且受到很多因素的影响，它不仅取决于服务资源与能力，也取决于相应的产品保证策略及保证服务形式。因此，维修服务时间优化成为汽车制造商改善产品保证服务的重要内容。而承担保证服务的维修代理商的目标是使得自身服务利润最大化，目前的保证服务契约难以对其服务时间优化形成激励。

针对汽车制造商与维修代理商委托—代理关系中存在的双方目标不一致的问题，本节引入奖惩激励机制，即汽车制造商制定具有奖惩措施的服务契约，以提高维修代理商的保证服务水平。通过建立维修代理商保证服务时间与保证服务利润之间的关系，引导代理维修商在满足服务水平的前提下获取最大利润，从而实现基于维修服务时间优化的汽车产品保证服务水平最大化。

7.2　问题描述

7.2.1　问题定义

汽车制造商制订保证服务代理契约，并以服务时间作为考察维修商服务水平的重要依据。如果维修商在承诺的时间前完成服务，则制造商按照拟定的契约提供一定比例的奖励；而如果维修商未能按承诺时间完成，则制造商对其实施惩罚。通过奖惩机制及最低维修服务水平的设定，建立以维修服务商服务利润最大化及汽车制造商保证服务水平最大化的多目标模型，使得保证服务契约双方目标调和，以此实现双方的利益最大化，解决保证服务代理中存在的矛盾。因此，本节分析汽车保证服务代理商的维修服务时间与其所获利润之间的关系，提出以保证服务利润与服务水平最大化为目的的多目标优化问题。

7.2.2　问题基本假设

以当前关于产品保证服务策略研究及汽车产品保证服务的实际情况为依据，提出基本假设如下：

①假设维修代理商在对保证期内故障汽车进行维修时，保证服务资源与服务能力充分，即备件充足、维修设施及能力可满足服务要求；

②维修代理商提供的保证服务满意与否与汽车产品保证期内的失效次数相互独立；

③每次维修服务价格与最高可接受维修服务时间为固定值；

④高于最低可接受服务水准与奖励金额为线性关系；

⑤假设汽车产品失效时间和维修服务时间服从一定的概率分布。

7.2.3　符号说明

将模型中的变量设定如下：

t_h 为汽车制造商在保证服务契约中制定最高可接受的维修服务时间；

S 表示维修代理商的保证服务水平；

S_{min} 表示可接受的保证服务水平；

S_a 表示汽车制造商设定的可接受服务水平的下限；

P_a 表示维修代理商每次保证服务价格；

W 为汽车产品的保证期；

$N(W)$ 为汽车产品在保证期 W 内的失效次数；

$f(t)$ 为汽车产品失效时间的概率密度函数；

C_a 表示维修代理商采取最低限度维修的单次服务成本；

C_f 表示维修代理商采取完备维修的单次服务成本；

λ_s 表示维修代理商在单位时间内的维修服务率；

C_q 表示每次维修不满意的服务惩罚成本;

t_a 为实际维修服务时间;

t_r 表示维修代理商设定的维修服务时间标准;

V 是 0-1 变量,表示产品失效时的维修服务时间是否超过既定服务时间,即 $V = \begin{cases} 0, & t \le t_r \\ 1, & 否则 \end{cases}$

$J_h(t_r)$ 为维修商高于可接受服务水准所获得的奖励金额;

I 表示维修代理商的保证服务收入;

C_s 表示维修代理商的总服务成本;

R 表示维修代理商所获得的服务奖励总金额;

C_p 表示维修代理商的总惩罚成本;

Π 表示维修代理商所获得的总服务利润;

d 表示制造商设定的完备维修与最低限度维修之间的策略转换分界点。

7.3 汽车产品保证服务时间优化模型

7.3.1 基础模型构建

根据对汽车产品保证服务的分析,我们以最基础的最低限度维修策略为前提(即对保证期内所有故障产品实施最低限度维修,使其恢复至失效前状态[4]),从外包服务实施主体——维修代理商的利益出发,以维修代理商保证服务利润以及保证服务水平最大化为目标,建立保证服务时间优化的基础模型。

①计算维修代理商保证服务收入

维修代理商的保证服务收入是汽车产品在保证期内期望的失效次数与每次保证服务价格的乘积。那么,维修代理商在汽车产品保证期 W 内的保证服务收入是:

$$I = E\big[N(W)\big] \cdot P_a \qquad\qquad (5\text{-}1)$$

②计算维修代理商保证服务成本

维修代理商的保证服务成本是汽车产品在保证期内失效次数和每次保证服务成本的乘积，即：

$$C_s = E\big[N(W)\big] \cdot C_a \qquad\qquad (5\text{-}2)$$

③计算维修代理商保证服务奖励金额

汽车制造商在保证服务外包契约中规定，若维修代理商超出承诺水平完成服务，将获得相应的奖励。本书设定维修代理商获得的奖励金额是高于可接受服务水平的百分比与奖励比率的乘积，则维修代理商获得的奖励金额为：

$$R = \big(E\big[S\big] - S_{\min}\big) \cdot J_h\big(t_r\big) \qquad\qquad (5\text{-}3)$$

在汽车产品保证服务中，消费者及制造商对维修服务时间相当重视，因此本研究以维修服务时间来定义服务水平，即

$$S = 1 - \frac{\displaystyle\sum_{i=1}^{N(W)} V_i}{N(W)} \qquad\qquad (5\text{-}4)$$

其中，V_i 表示第 i 次商品失效下的维修服务满意或不满意，如果维修服务时间未超过设定的服务时间，则视为满意，取值为 0，否则取值为 1。根据假设②，V_i 与 $N(W)$ 之间相互独立，通过证明可得出

$$E(S) = 1 - E(V) \qquad\qquad (5\text{-}5)$$

证明：

因为 V_i 和 $N(W)$ 互相独立，则：

$$E\left[\frac{\sum_{i=1}^{N(W)} V_i}{N(W)}\middle| N(W)=m\right] = E\left[\frac{\sum_{i=1}^{m} V_i}{m}\middle| N(W)=m\right] = \sum_x x \frac{P\left\{\frac{\sum_{i=1}^{k} V_i}{m}=x, N(W)=m\right\}}{P\{N(W)=m\}}$$

$$= \sum_x x \frac{P\left\{\frac{\sum_{i=1}^{m} V_i}{m}=x\right\} P\{N(W)=m\}}{P\{N(W)=m\}} = \sum_x x P\left\{\frac{\sum_{i=1}^{m} V_i}{m}=x\right\}$$

$$= E\left[\frac{\sum_{i=1}^{m} V_i}{m}\right] = \frac{1}{m} E\left[\sum_{i=1}^{m} V_i\right] = E(V)$$

根据公式（5-4）可知 $S=1-\dfrac{\sum_{i=1}^{N(W)} V_i}{N(W)}$，所以

$$E(S) = E\left[1-\frac{\sum_{i=1}^{N(W)} V_i}{N(W)}\right] = 1 - E\left[\frac{\sum_{i=1}^{N(W)} V_i}{N(W)}\right], \quad \text{由于 } E\left[\frac{\sum_{i=1}^{N(W)} V_i}{N(W)}\right] = E(V),$$

所以 $E(S)=1-E(V)$。

所以，根据公式（5-3）、公式（5-5）可得维修代理商获得的奖励金额为

$$R = \left[1-E(V)-S_{\min}\right] \cdot J_h(t_r) \tag{5-6}$$

④计算维修代理商保证服务惩罚成本

汽车制造商为了确保维修代理商的服务品质，对代理商维修时间超出承诺时间而造成顾客不满意的情况实施惩罚。汽车产品在保证期 W 内失效 $N(W)$ 次，则在保证期 W 内，维修代理商执行的维修服务时间超出承诺时间的平均次数为 $E\left[\sum_{i=1}^{N(W)} V_i\right]$。

保证服务惩罚成本是汽车产品保证期内期望的不满意服务次数与每次不满意服务惩罚成本的乘积，则保证服务惩罚成本为

$$C_p = E\left[\sum_{i=1}^{N(W)} V_i\right] \cdot C_q \qquad (5\text{-}7)$$

并可由证明得出定理一：

若 V_i 和 $N(W)$ 相互独立，则 $E\left[\sum_{i=1}^{N(W)} (V_i)\right] = E[N(W)]E(V)$。

证明：

$$E\left[\sum_{i=1}^{N(W)} (V_i) \middle| N(W) = m\right] = E\left[\sum_{i=1}^{m} (V_i) \middle| N(W) = m\right] = \sum_n n \frac{P\left\{\sum_{i=1}^{m}(V_i) = n, N(W) = m\right\}}{P\{N(W) = m\}}$$

$$= \sum_n n \frac{P\left\{\sum_{i=1}^{m}(V_i) = n\right\} \cdot P\{N(W) = m\}}{P\{N(W) = m\}} = E\left[\sum_{i=1}^{m}(V_i)\right] = mE(V)$$

所以，$E\left[\sum_{i=1}^{N(W)} (V_i) \middle| N(W)\right] = N(W)E(V)$

$$E\left[\sum_{i=1}^{N(W)}(V_i)\right] = E\left[E\left[\sum_{i=1}^{N(W)}(V_i)\middle| N(W)=m\right]\right]$$

$$= E\left[N(W)\cdot E(V)\right] = E\left[N(W)\right]\cdot E(V)$$

根据上述公式与定理一可得维修代理商的保证服务惩罚成本为

$$C_p = E\left[N(W)\right]\cdot E(V)\cdot C_q \tag{5-8}$$

⑤计算维修代理商保证服务利润

维修代理商的保证服务利润为维修服务收入与奖励金额的总和，扣除掉保证服务成本及惩罚成本。因此，服务利润为

$$\Pi = I - C_s + R - C_p \tag{5-9}$$

因此，根据公式（5-1）、公式（5-2）、公式（5-6）、公式（5-8）、公式（5-9）可得，维修代理商的保证服务利润为：

$$\Pi = E\left[N(W)\right]\cdot P_a - E\left[N(W)\right]\cdot C_a + \left[1-E(V)-S_{\min}\right] \\ \cdot J_h(t_r) - E\left[N(W)\right]\cdot E(V)\cdot C_q \tag{5-10}$$

以保证服务水平约束为条件，以维修代理商保证服务利润最大化及可接受服务水平最大化为目标，建立最低限度保证策略下汽车产品保证服务时间优化模型：

$$Max\ \Pi = E\left[N(W)\right]\cdot P_a - E\left[N(W)\right]\cdot C_a \\ + \left[1-E(V)-S_{\min}\right]\cdot J_h(t_r) - E\left[N(W)\right]\cdot E(V)\cdot C_q$$

$$Max\quad S_{\min}$$

$$s.t. \tag{5-11}$$

$$1\geq S_{\min}\geq S_d$$
$$1-E(V)\geq S_{\min}$$
$$0<t_r\leq t_h$$

其中目标函数分别为维修代理商的保证服务利润最大化及汽车产品保证服务最低可接受水平最大化。约束条件分别为制造商服务契约中可接受的维修服务水平不低于其设定的下限值、维修代理商的平均保证服务水准应不低于汽车制造商设定的可接受服务水准、维修代理商设定的保证服务时间不能高于制造商制定的最高可接受服务时间。

7.3.2　混合保证策略下产品保证服务时间优化模型

由于最低限度维修的保证策略不能满足制造商降低保证成本的要求，一些学者据此提出了更符合实际的混合维修策略，即为了降低保证成本，制造商按照产品故障发生时间不同，设定不同的维修策略[5]。在此策略下，制造商设定故障时间点 d ，如果汽车产品在时间点 d 之前发生故障，采取完备维修策略；如果在 d 到 W 之间发生故障，则采取最低限度维修策略。如图 7-1 所示。

图 7-1　混合维修策略示意图

结合混合保证策略特点，本节研究提出假设：汽车制造商对保证期内失效汽车产品采取不同的维修策略，对在时间点 d 之前发生故障，采取完备维修策略；如果在 d 到 W 之间发生故障，则采取最低限度维修策略。

由于制造商采取混合维修策略，决定维修服务商利润最大化的参数不仅是最优维修时间 t_i^* 及最低保证服务水平 S_{min} ，还包括了维修服务策略的转换点 d 。因此，本节在上一节模型基础上进行扩展，对混合维修策略下汽车制造商最低可接受服务水平及维修代理商最优服务时间进行研究。

（1）计算混合保证策略下产品失效次数

为了测算不同周期内产品失效次数，本节引入更新理论[6, 7]。更新理论认为对产品实施完备维修策略（即使产品状态恢复至新品状态），其特征主要分为更新过程的定义、更新函数。更新过程的定义是一个计数过程 $\{N(t), t \geq 0\}$ 满足：

① $N(0) = 0$；

② 随机变量 X 之间相互独立，且服从同一分布；

③ $N(t) = Sup\{n : T_n \leq t\}$，令 $T_n = \sum_{i=1}^{n} X_i$，$n \geq 1$，$T_0 = 0$。

由于制造商采取混合维修策略下，在时间点 d 之前采取完备维修策略，符合更新理论。假设产品失效时间是连续变量，并服从一定的概率分布，则其分布函数为

$$F(t) = P(T \leq t) = \int_0^t f(u) du$$

产品的可靠度函数为

$$R(t) = \overline{F}(t) = 1 - F(t) = \Pr(T > t)$$

以 $M(d)$ 记 $E[U(d)]$ 称之为更新函数[6]，则在时间 $[0, d]$ 内期望更新次数为

$$M(d) = E[U(d)] = \sum_{n=1}^{\infty} F^{(n)}(d)$$

其中，$U(d)$ 为时间 $[0, d]$ 内的产品失效次数，$F^{(n)}(d)$ 为 T_n 的累积分布函数，T_n 为产品在第 n 次失效的时间点。根据巴洛（Barlow）[8]提出的失效商品采用最低限度维修时，时间 t 内的期望维修次数为

$$E[N(t)] = -\ln R(t) = -\ln \overline{F}(t) \tag{5-12}$$

因此，通过证明可以得出，制造商对失效发生在时间 d 到 W 的产品采取最低限度维修策略时，产品在这一时段内的期望失效次数

$$E\left[N(W-d)\right]=-\ln\left[\overline{F}(W)+\int_0^d\overline{F}(W-u)\cdot m(u)\,du\right]$$
$$+\ln\left[\overline{F}(d)+\int_0^d\overline{F}(d-u)\cdot m(u)\,du\right] \quad (5\text{-}13)$$

证明如下：

$$E\left[N(W-d)\right]=\int_0^{W-d}r_{r(d)}(t)\,dt=-\ln\overline{F}_{r(d)}(t)\Big|_0^{W-d}$$
$$=-\ln\left[\overline{F}(d+t)+\int_0^d\overline{F}(t+d-u)\cdot m(u)\,du\right]\Big|_0^{W-d}$$
$$=-\ln\left[\overline{F}(W)+\int_0^d\overline{F}(W-u)\cdot m(u)\,du\right]$$
$$+\ln\left[\overline{F}(d)+\int_0^d\overline{F}(d-u)\cdot m(u)\,du\right]$$

（2）混合维修策略下保证服务时间优化模型

①维修代理商保证服务收入

维修代理商的保证服务收入是汽车产品在保证期内期望的失效次数（即以时间点 d 为分界的两个周期内汽车产品的失效次数之和）与每次保证服务价格的乘积。则维修代理商在汽车产品保证期内 W 的保证服务收入是

$$I=\left\{E\left[U(d)\right]+E\left[N(W-d)\right]\right\}\cdot P_a \quad (5\text{-}14)$$

②计算维修代理商保证服务成本

设定每次完备维修策略的维修成本为 C_f，最低限度维修策略的维修成本仍为 C_a，则维修代理商的保证服务成本是汽车产品在不同的保证周期内（以时间点 d 为分界的两个周期）失效次数与相应维修成本的乘积，即

$$C_s=E\left[U(d)\right]\cdot C_f+E\left[N(W-d)\right]\cdot C_a \quad (5\text{-}15)$$

③计算维修代理商保证服务奖励金额

由于汽车产品在失效时间 d 内，维修代理商采取完备保证策略，即产品状态恢复至新品状态，可假设顾客在产品失效时间 d 内接受

维修服务时，不存在服务不满意情况。所以在混合保证策略下，服务水平定义为

$$S = 1 - \frac{\sum_{i=1}^{N(W-d)} V_i}{N(W-d)}$$

假设 V_i 与 $N(W-d)$ 相互独立，则通过公式（5-5）、公式（5-6）与定理一可得

$$R = \left(1 - E(V) - S_{\min}\right) \cdot J_h\left(t_r, d\right) \tag{5-16}$$

④计算维修代理商保证服务惩罚成本

汽车维修代理商的保证服务惩罚成本是以期望不满意次数乘以每次维修不满意的惩罚成本而得。由于汽车产品在失效时间 d 内不存在服务不满意情况。由于 V_i 和 $N(W-d)$ 相互独立，根据定理一可得，混合保证策略下保证服务惩罚成本为

$$C_p = E\left[\sum_{i=1}^{N(W-d)} V_i\right] \cdot C_q = E\left[N(W-d)\right] \cdot E(V) \cdot C_q \tag{5-17}$$

⑤计算维修代理商保证服务利润

根据公式（5-9）、公式（5-13）、公式（5-14）、公式（5-15）、公式（5-16）和公式（5-17），得出混合保证策略下维修代理商保证服务利润为

$$\begin{aligned}
\Pi &= E\left[U(d)\right] \cdot \left(P_a - C_f\right) + E\left[N(W-d)\right] \cdot \left(P_a - C_a - E(V) \cdot C_q\right) \\
&\quad + \left[1 - E(V) - S_{\min}\right] \cdot J_h\left(t_r, d\right) \\
&= E\left[U(d)\right] \cdot \left(P_a - C_f\right) + \left\{-\ln\left[\overline{F}(W) + \int_0^d \overline{F}(W-u) \cdot m(u) du\right]\right. \\
&\quad + \ln\left[\overline{F}(d) + \int_0^d \overline{F}(d-u) \cdot m(u) du\right]\right\} \cdot \left(P_a - C_a - E(V) \cdot C_q\right) \\
&\quad + \left[1 - E(V) - S_{\min}\right] \cdot J_h\left(t_r, d\right)
\end{aligned} \tag{5-18}$$

以保证服务水平约束为条件，以维修代理商保证服务利润最大化及制造商设定的最低服务水平最高为目标，建立混合保证策略下汽车产品保证服务时间优化模型：

$$Max\ \Pi = E\big[U(d)\big] \cdot \big(P_a - C_f\big) + \bigg\{ -\ln\bigg[\overline{F}(W) + \int_0^d \overline{F}(W-u) \cdot m(u)\,du\bigg]$$

$$+ \ln\bigg[\overline{F}(d) + \int_0^d \overline{F}(d-u) \cdot m(u)\,du\bigg]\bigg\} \cdot \big(P_a - C_a - E(V) \cdot C_q\big)$$

$$+ \big[1 - E(V) - S_{\min}\big] \cdot J_h\big(t_r, d\big)$$

$$Max\ \ S_{\min}$$

$$s.t.$$

$$1 \geq S_{\min} \geq S_d$$

$$1 - E(V) \geq S_{\min}$$

$$0 < t_r \leq t_h$$

$$(5\text{-}19)$$

由于汽车产品失效时间服从一定分布，下节据此情况展开具体介绍，讨论在失效时间服从一定分布情况下的保证服务时间优化方法。

7.3.3 失效时间服从一定分布情况下的最优服务时间

威布尔分布是 1939 年瑞典物理学家威布尔为解释机械设计中的疲劳试验结果而建立的。威布尔分布对各种类型试验数据的拟合能力强，因此将其广泛应用于疲劳试验。由于威布尔分布是根据系统中最弱环节或串联模型得到的，能充分反映出产品的材料缺陷以及应力集中源对材料疲劳寿命的影响，故将它作为材料或零件的寿命分布模型或给定寿命下的疲劳强度模型是合适的。在机械可靠性设计中，疲劳寿命、磨损寿命、腐蚀寿命以及由许多单元组成的系统寿命多服从威布尔分布[9]。

因此，假设由多部件构成的汽车产品失效时间的概率密度函数服从尺度参数 λ_f 和形状参数 α 的威布尔分布，则其概率密度函数为

$$f(t) = \frac{d}{dt}F(t) = \begin{cases} \alpha\lambda_f{}^\alpha t^{\alpha-1}e^{-(\lambda_f t)^\alpha}, & t > 0 \\ 0, & 其他 \end{cases}$$

其可靠度函数为

$$R(t) = \overline{F}(t) = 1 - F(t) = \Pr(T > t) = e^{-(\lambda_f t)^\alpha}, t > 0 \; 。$$

这种情况下更新函数 $M(t)$ 无法直接推导求出。根据 Smith[10] 指出 $M(t)$ 可以表示为无穷大完全收敛级数，其中的期限可以在简易递归过程中找到。即 $M(t)$ 可以写成：

$$M(t) = \sum_{k=1}^{\infty} \frac{(-1)^{k-1} \cdot A_k \cdot (\lambda t)^{k\alpha}}{\Gamma(k\alpha+1)} \qquad (5\text{-}20)$$

在基本更新方程中引入公式（5-20）后，可以求出常数 A_k，其中 $k = 1, 2, \cdots$。通过计算可以得出下面的递推公式：

$$\begin{cases} A_1 = \gamma_1 \\ A_2 = \gamma_2 - \gamma_1 A_1 \\ A_3 = \gamma_3 - \gamma_2 A_2 - \gamma_1 A_1 \\ \quad\vdots \\ A_n = \gamma_n - \sum_{j=1}^{n-1} \gamma_j A_{n-j} \\ \quad\vdots \end{cases}$$

其中，$\gamma_n = \dfrac{\Gamma(n\alpha+1)}{n!}, n = 1, 2, \cdots$

当威布尔分布的形状参数 $\alpha = 1$ 时，即为指数分布。在这种情况下，

$$\gamma_n = \frac{\Gamma(n+1)}{n!}, n = 1, 2, \cdots$$

则 $A_1 = 1, A_n = 0, n \geq 2$，从而根据公式（5-20）可以得到更新函数[7]：

$$M(t) = \sum_{k=1}^{\infty} \frac{(-1)^0 \cdot A_1 \cdot \lambda t}{\Gamma(2)} = \lambda t \qquad (5\text{-}21)$$

（1）失效时间服从指数分布情况下的产品失效次数

在多部件产品的可靠性研究中，指数分布的应用也非常广泛。它可以近似地作为高可靠性的复杂机器、系统或部件的失效分布类型，尤其在部件或整体系统的可靠性计算中得到了广泛的应用。

因此，假设汽车产品失效时间的概率密度函数 $f(t)$ 服从参数为

λ_f 的指数分布，即 $f(t) = \begin{cases} \lambda_f e^{-\lambda_f t}, & t > 0, \lambda > 0 \ [11] \\ 0, & 其他 \end{cases}$。

根据公式（5-21），在时间 $[0, d]$ 内汽车产品期望更新次数为

$$M(d) = E[U(d)] = \lambda_f d \qquad (5\text{-}22)$$

并可进一步证明得出

$$E[N(W-d)] = \lambda_f (W-d) \qquad (5\text{-}23)$$

证明：

根据公式（5-13）

$$E[N(W-d)] = -\ln\left[\overline{F}(W) + \int_0^d \overline{F}(W-u) \cdot m(u)\,du\right]$$
$$+ \ln\left[\overline{F}(d) + \int_0^d \overline{F}(d-u) \cdot m(u)\,du\right]$$

其中，

$$\overline{F}(W) = 1 - F(W) = 1 - \int_0^W \lambda_f e^{\lambda_f t}\,dt = 1 - \lambda_f \left(\frac{e^{-\lambda_f t}}{-\lambda_f}\Bigg|_0^W\right) = e^{-\lambda_f W},$$

$$\overline{F}(W-u)=1-F(W-u)$$

$$=1-\int_0^{W-u}\lambda_f e^{\lambda_f t}dt=1-\lambda_f\left(\frac{e^{-\lambda_f t}}{-\lambda_f}\Bigg|_0^{W-u}\right)=e^{-\lambda_f(W-u)}$$

则

$$\int_0^d\overline{F}(W-u)\cdot m(u)du=\int_0^d e^{-\lambda_f(W-u)}\lambda_f du=\lambda_f e^{-\lambda_f W}\int_0^d e^{\lambda_f u}\lambda_f du$$

$$=\lambda_f e^{-\lambda_f W}\left(\frac{e^{-\lambda_f u}}{-\lambda_f}\Bigg|_0^d\right)=e^{-\lambda_f W}\left(e^{\lambda_f d}-1\right)$$

因此，

$$-\ln\left[\overline{F}(W)+\int_0^d\overline{F}(W-u)\cdot m(u)du\right]$$

$$=-\ln\left[e^{-\lambda_f W}+e^{-\lambda_f W}\left(e^{\lambda_f d}-1\right)\right]$$

$$=-\ln\left(e^{-\lambda_f W}\cdot e^{\lambda_f d}\right)=\lambda_f(W-d)$$

同理 $\overline{F}(d)=e^{-\lambda_f d}$

$$\int_0^d\overline{F}(d-u)\cdot m(u)du=1-e^{-\lambda_f d}$$

$$\ln\left[\overline{F}(d)+\int_0^d\overline{F}(d-u)\cdot m(u)du\right]=\ln\left[e^{-\lambda_f d}+1-e^{-\lambda_f d}\right]=0$$

则 $E\left[N(W-d)\right]=\lambda_f(W-d)$

（2）求解保证服务不满意的期望

根据证明得出定理二：假设保证服务时间呈指数分配，一次服务不满意的期望值 $E[V]=e^{-\lambda_s t_r}$。

证明：

令 $V_i=\begin{cases}1, & t_a>t_r \\ 0, & 其他\end{cases}$，$i=1,2,\cdots,N(W)$，且因维修服务时间呈指

数分布，所以

$$E[V] = 1 \times P(t_a > t_r) + 0 \times P(t_a \le t_r) = P(t_a > t_r) = e^{-\lambda_s t_r}$$

（3）失效时间服从指数分布情况下的保证服务时间优化模型

假设高于制造商要求的可接受服务水准的奖励金额为指数函数

$$J_h(t_r, d) = Ae^{-\lambda_s t_r} \ln d^2$$

根据公式（5-18）、公式（5-22）、公式（5-23）及定理二得出失效时间服从指数分布情况下，采取混合保证策略的汽车产品保证服务时间优化模型为：

$$Max\ \Pi = \lambda_f d \cdot (P_a - C_f) + \lambda_f (W - d) \cdot (P_a - C_a - e^{-\lambda_s t_r} \cdot C_q)$$
$$+ (1 - e^{-\lambda_s t_r} - S_{min}) \cdot Ae^{-\lambda_s t_r} \ln d^2$$

$$Max\ S_{min}$$

$$s.t. \tag{5-24}$$

$$1 \ge S_{min} \ge S_d$$
$$1 - e^{-\lambda_s t_r} \ge S_{min}$$
$$0 < t_r \le t_h$$

7.4 模型求解

在本节研究的保证服务利润与服务水平多目标优化问题中，保证服务利润与服务水平两个目标不相一致。在这类多目标优化问题中，结果往往通常不是一个最优解，而是一个帕累托（Pareto）最优解集。模拟生物自然选择和自然进化的进化算法是求解多目标优化问题的一种有效方法，是具有并行求解、对解空间形状和连续性不敏感等优点的全局优化算法。目前，国内外学者已经提出了很多种求解多目标问题的进化算法，如德布（Deb）等[12]提出的 NSGA-II 算法、Corne 等[13]提出的 PESA 算法、诺尔斯（Knowles）等[14]提出的 PAES 算法、赞茨乐（Zitzler）等[15]提出的 SPEA2 算法等。

7.4.1 算法介绍

在过去的十多年中，人们提出大量多目标进化算法，主要原因是提高它们在运行中寻找多值帕累托（Pareto）最优解的能力。一个问题有多个最优解，这种现象的主要原因是不可能在同时优化多个目标时找到一个唯一的最优解。所以，能给出大量可供选择的最优解集的算法是非常具有实际价值的。

斯里尼瓦（Srinivas）和 Deb[16]首次提出了非支配排序遗传算法（NSGA）这一进化算法，但 NSGA 算法存在着如下问题：

①进行非支配排序时的计算复杂度高。NSGA 进行非支配排序时的计算复杂度是 $O(mN^3)$（m 为优化对象的个数，N 为种群大小），当种群较大时，计算十分复杂，尤其是种群需要在每一代都进行非支配排序。

②缺少精英策略。最近一些实验的结果表明，精英策略在相当程度上能够加速遗传算法的执行。而且一旦找到合理的满意解，它也能防止满意解丢失。

③需要指定共享参数 σ_{share}。传统算法为了保证一个种群的多样性，主要运用共享的概念，得到具有广泛多样性的等价解。而这种方法的主要问题是它需要指定共享参数 σ_{share}，尽管已经有一些方法能够动态地指定共享参数，但很多问题的解决需要一个无需共享参数即可保持多样性的方法。

Deb[17]提出了一个改进的 NSGA 算法，将其称为 NSGA-II 算法。通过对很多测试函数进行测试得出的仿真结果来看，NSGA-II 算法优于另外两种带有精英策略的多目标进化算法（PAES 算法和 SPEA2 算法），这些测试结果显示 NSGA-II 可以应用于实际情况下更复杂的多目标优化问题的求解。

7.4.2 算法设计

带精英策略的非支配排序遗传算法 NSGA-II 是一类极为有效的

进化算法，其具有分布性良好、收敛速度较快等优点，国内外一些学者将其应用于不同领域并取得了满意的效果。因此，本节采用NSGA-II 算法对模型求解。

NSGA-II 算法的设计思想为：先随机产生初始种群，非劣前沿层分类后通过选择、交叉和变异操作得到第二代种群；从第二代种群开始，将父代种群和子代种群合并，合并后的种群通过快速非劣前沿分类，并计算每个个体的聚集距离，按照个体的非劣前沿层等级和个体间的偏序关系选取合适的个体组成新的父代种群；再对父代种群进行选择、交叉和变异操作，直至满足终止条件。本节采用 NSGA-II 算法对多目标优化问题进行求解，算法的具体操作步骤如下：

（1）生成初始种群

用由维修服务时间 t_r^x 和制造可接受的最低维修服务水平 $S_{\min}^x$ 组成的向量表示问题的一个解 x，问题的目标函数作为解的适应值函数。初始种群中每个个体 x 的生成步骤为：

①在 $[S_d,1]$ 区间内随机选取一个值作为 $S_{\min}^x$；

②在 $\left[\dfrac{\ln\left(1-S_{\min}^x\right)}{-\lambda_s},t_h\right]$ 区间内随机选取一个值作为 t_r^x；

（2）非劣前沿层分级

对于多目标优化问题，记当前种群中的两个个体分别为 x 和 y。个体 x 和个体 y 在问题第 i 个子目标上的函数值分别为 $f_i(x)$ 和 $f_i(y)$，$i\in\{1,2\}$。若个体 x 与个体 y 满足以下不等式：

$$f_i(x)\geq f_i(y),\quad \forall i\in\{1,2\}$$

$$f_i(x)>f_i(y),\quad \exists i\in\{1,2\}$$

则称个体 x 支配个体 y；否则，称为个体 x 与个体 y 具有非支配关系。

本研究的 NSGA II 算法通过基于适应值的非支配排序方法对种群中的所有个体进行非劣前沿层分级，非支配排序方法的具体步骤如下：

①初始化非劣前沿层的等级计数器 f，即令 $f=1$。

②为种群中每个个体设置一个 0-1 标记。若标记为 0，则表示该个体需要比较；若标记为 1，表示该个体不需要比较。将种群中的所有个体的标记均设置为 0。

③若当前种群中没有标记为 0 的个体，则算法终止；否则，对当前种群中每个标记为 0 的个体 x 依次执行以下操作：

a. 初始化一个空集 G_x 和一个变量 $g_x = 0$，集合 G_x 用于存储种群中个体 x 支配的所有个体，变量 g_x 用于表示种群中支配个体 x 的个体数量。

b. 对种群中每个标记为 0 的一个个体 y ($y \neq x$) 执行以下操作：

若个体 x 支配个体 y，则把个体 y 加入到集合 G_x 中，

若个体 y 支配个体 x，则使变量 g_x 增加 1；

c. 若 $g_x = 0$，则表示在种群中标记为 0 的所有个体均不优于个体 x。此时，将个体 x 划分到第 f 级非劣前沿层中，即个体 x 的非劣等级 $Rank(x) = f$。并将个体 x 的标记设置为 1。

④令 $f = f+1$，执行步骤③。

非支配排序方法的计算时间复杂度为 $O(2N^3)$，其中 N 为种群规模。

在对种群个体进行非劣前沿层分级时，需要为每个非劣前沿层指定一个虚拟适应值。为了方便计算，本节直接将个体所在非劣前沿层的级数作为虚拟适应值，级数越小，虚拟适应值越大。

（3）快速非劣前沿层分级

由于上述非劣前沿层分级的计算时间复杂度较高，本算法只将其应用于第一次迭代过程。在其余的迭代过程，我们采用快速非劣前沿层分级。本节采用快速非支配排序方法进行快速非劣前沿层分级，快速非支配排序方法的目的是计算种群中每个个体的两个参数：

集合 G_x 和变量 g_x。

快速非支配排序方法的具体步骤为：

①对种群中的每个个体 x 依次执行以下操作：

a. 初始化一个空集 G_x 和一个变量 $g_x = 0$，集合 G_x 用于存储种群中个体 x 支配的所有个体，变量 g_x 用于表示种群中支配个体 x 的个体数量；

b. 对种群中的一个个体 y $(y \neq x)$ 执行以下操作：

若个体 x 支配个体 y，则把个体 y 加入到集合 G_x 中，

若个体 y 支配个体 x，则使变量 g_x 增加 1；

c. 若 $g_x = 0$，则表示在种群中没有个体优于个体 x。此时，将个体 x 划分到第一级非劣前沿层中，即个体 x 的非劣等级 $Rank(x) = 1$；并将个体 x 加入到第一级非劣前沿层的个体集合中。

②重复执行步骤①，直至种群中的所有个体均完成以上操作。

③初始化非劣前沿层的等级计数器 f，即令 $f = 1$。

④若第 f 等级的非劣前沿层集合 F_f 非空，则执行以下步骤：

a. 初始化空集 G，集合 G 用于存储第 f 等级非劣前沿层的所有个体；

b. 对集合 F_f 中的每个个体 x 依次执行以下操作：

对于集合 G_x 中的每个个体 y，减小 y 的支配个体个数，即 $g_y = g_y - 1$；若 $g_y = 0$，则表示在下一级非劣前沿层中不存在支配个体 y 的个体，此时设置 $Rank(y) = f + 1$，并将个体 y 加入到集合 G 中。

c. 令 $f = f + 1$，$F_f = G$；重复执行步骤④，直至种群中的所有个体均按照非支配关系完成分层。

非支配排序方法的计算时间复杂度为 $O(2N^2)$，其中 N 为种群规模。

（4）拥挤度计算

通过个体之间的聚集距离（Crowding Distance）计算个体的拥挤度。对于个体 x，仅包含 x 而不包含与 x 具有相同非劣等级的其他个体的最大长方形的长与宽之和，这被称为个体 x 的聚集距离。

个体的聚集距离越大，其拥挤度越小。

如图 7-2 所示。由实线绘制的矩阵的长与宽之和即为个体 x 的聚集距离。

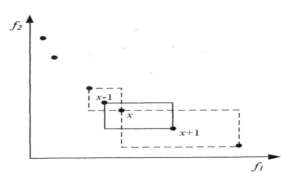

图 7-2　个体的聚集距离示意图

记个体 x 的聚集距离为 $Dist(x)$。对于本研究的多目标问题，个体 x 的聚集距离可以表示为：

$$Dist(x) = \begin{cases} \sum_{i=1}^{2} \big(f_i(x+1) - f_i(x-1)\big), & 1 < x < N \\ \infty, & x = 1 \text{或} x = N \end{cases}$$

对于种群中的每个个体，个体的聚集距离的计算步骤为：

①初始化种群中每个个体 x 的聚集距离 $Dist(x) = 0$；

②针对问题中的每个子目标函数 i，$i \in \{1, 2\}$：

a. 基于目标函数 i 的函数值对种群中所有个体进行升序排序，记排在第 j 位置的个体为 $\langle j \rangle$；

b. 设置个体 $\langle 1 \rangle$ 和个体 $\langle N \rangle$ 的聚集距离为 ∞；

c. 按照顺序依次计算除个体 $\langle 1 \rangle$ 和个体 $\langle N \rangle$ 外的其余个体 $\langle j \rangle$ 的聚集距离

$$Dist(\langle j \rangle) = Dist(\langle j \rangle) + \big(f_i(\langle j+1 \rangle) - f_i(\langle j-1 \rangle)\big)$$

（5）生成新的父代种群

生成新的父代种群的流程如图 7-3 所示。先将父代种群和子代种群合并，合并后种群的个体数量为 $2N$，需要放弃合并后种群中的 N 个个体以生成新的父代种群。生成新的父代种群的具体方法为：

①通过快速非劣前沿层分级对新种群中的个体进行分级；

②从第一级非劣前沿层的所有个体开始依次取出各个级别的非劣前沿层个体对新的父代种群进行填充；

③由于合并后种群的个体数量为 $2N$，而新的父代种群的个体数量为 N，因此当填充到第 l 个等级的非劣前沿层时超出种群规模的限制。此时，通过第 l 个等级的非劣前沿层所有个体的偏序关系降序排列，依次取出个体对新的父代种群进行填充，直至新的父代种群的个体数量为 N。

步骤③中的偏序关系定义如下：

记个体 x 和个体 y 为种群中的任意个体；个体 x 的非劣等级为 $Rank(x)$，聚集距离为 $Dist(x)$；个体 y 的非劣等级为 $Rank(y)$，聚集距离为 $Dist(y)$。

当以下两个条件之一成立时：

a. $Rank(x) < Rank(y)$，

b. $Rank(x) = Rank(y)$ 且 $Dist(x) > Dist(y)$；

个体 x 和个体 y 的偏序关系表示为：$x \succ y$。

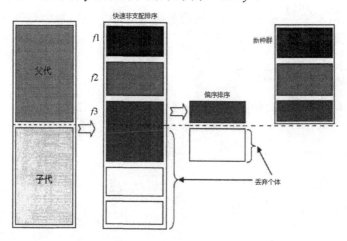

图 7-3　新种群产生的示意图

（6）选择、交叉和变异操作

本研究采用轮盘赌方式选择个体执行交叉操作。

对于进行交叉操作的一对个体 x 和个体 y，记个体 x 的基因为 t_r^x 和 $S_{\min}^x$，个体 y 的基因为 t_r^y 和 $S_{\min}^y$。个体 x 和个体 y 进行交叉操作的具体步骤为：

①在 $[0,1]$ 区间内任选一个值 α；

②采用下述公式得到新个体 $\tilde{x}$ 的 $S_{\min}^{\tilde{x}}$ 和新个体 $\tilde{y}$ 的 $S_{\min}^{\tilde{y}}$：

$$S_{\min}^{\tilde{x}} = \alpha S_{\min}^x + (1-\alpha) S_{\min}^y,$$

$$S_{\min}^{\tilde{y}} = (1-\alpha) S_{\min}^x + \alpha S_{\min}^y;$$

③在 $\left[\dfrac{\ln\left(1-S_{\min}^{\tilde{x}}\right)}{-\lambda_s}, t_h\right]$ 和 $\left[\dfrac{\ln\left(1-S_{\min}^{\tilde{y}}\right)}{-\lambda_s}, t_h\right]$ 中各随机选取一个值，

分别作为新个体 $\tilde{x}$ 的 $t_r^{\tilde{x}}$ 和新个体 $\tilde{y}$ 的 $t_r^{\tilde{y}}$。

对于执行变异操作的一个个体 x，变异操作的步骤为：

①在 $[S_d, 1]$ 区间内随机选取一个值作为 $S_{\min}^x$；

②在 $\left[\dfrac{\ln\left(1-S_{\min}^x\right)}{-\lambda_s}, t_h\right]$ 区间内随机选取一个值作为 t_r^x。

7.4.3　算法框架

本节算法框架如图 7-4 所示。

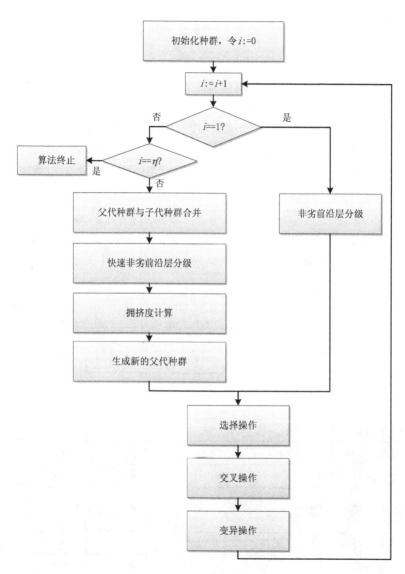

图 7-4 算法框架图

7.5　算例分析

7.5.1　算例求解

本节以某汽车产品的保证服务为例，对保证服务时间优化下的制造商保证服务水平及维修商的服务利润等进行分析。该产品的保证服务期限以目前市面上大多数的汽车保证期限为准，即制造商向顾客承诺汽车从售出之日起的两年时间内提供保证维修服务（即17520 小时），并假设从购买日起的 4 个月为分界点，之前时间内采取完备维修，之后的保证时段内采取最低限度维修，即保证策略转换分界点 d 为 2880 小时；其他具体参数数值如表 7-1 所示。

表 7-1　保证服务时间优化模型参数数值表

模型参数	符号	数值
惩罚成本单价（元）	c_q	120
完备维修成本（元）	c_f	160
最低限度维修成本（元）	c_a	80
每次服务均价（元）	p_a	120
单位时间内维修服务率	λ_s	0.095
失效时间概率密度参数	λ_f	0.095
最低可接受服务水平	S_d	0.85
保证服务期限（小时）	W	17520
保证策略转换分界点（小时）	d	2880
奖励金额系数	A	10^6
最高维修服务时间	t_h	48

算法通过 Visual C++ 2005 实现。PC 为 AMD Athlon(tm) II X2 245，4GB RAM。算法的参数设置如下：种群数量为 100，帕累托解集大小为 20，迭代次数为 1000。针对以上算例进行运算，结果如表 7-2 所示。

表 7-2　保证服务时间优化模型求解

最优服务时间 t_r^*（小时）	服务水平 S_{min}	服务利润 Π（元）
27.428	0.8579	112608.109
27.803	0.8585	112516.484
28.903	0.8642	107208.625
32.360	0.8938	81166.578
33.552	0.9080	71134.000
34.576	0.9143	67211.961
34.258	0.9146	67039.055
35.634	0.9231	62228.020
35.790	0.9241	61742.785
36.237	0.9244	61565.016
35.245	0.9246	61380.602
35.881	0.9250	61236.930
37.730	0.9320	57872.473
39.341	0.9427	53414.641
42.067	0.9479	51484.988
41.121	0.9486	51353.082
42.048	0.9523	50210.148
47.788	0.9864	43400.043
47.533	0.9959	41671.242
41.271	0.9990	35123.547

根据上述数据分别绘制最优服务时间对应的保证服务水平及维修商服务利润情况的曲线，如图 7-5 所示。可以看出，随着可接受服务水平的提高，维修商服务利润缓慢下降；当可接受服务水平超过 0.864 时，服务商利润显著下降；当服务水平在 0.923～0.925 之间时，维修服务利润基本保持稳定，在 61500 元左右。而当可接受服务水平超过 0.925 时，随着服务水平的提高，维修服务商利润随之缓慢下降。

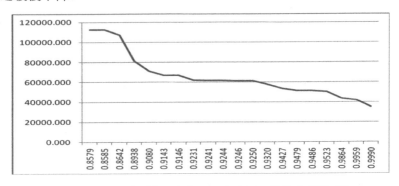

图 7-5　最优服务时间下的保证服务水平及维修商利润对比

7.5.2　灵敏度分析

（1）可接受服务水平下限的变化

通过具体数值分析在可接受的服务水平下限 S_d 变化的情况下，保证服务代理商制订最优维修服务的时间及所获得相应利润的变化情况。根据相关文献[18]，将最低可接受的服务水平 S_d 分别设为 0.8、0.85、0.9 和 0.95，其他参数仍取表 7-1 中数值，绘制出最优解集的二维帕累托前沿面，如图 7-6 所示。可以看出在可接受服务水平下限 S_d 的变化中，各最优解集基本重合为一个曲面，即在最优服务时间下的服务利润及可接受服务水平对可接受服务水平下限 S_d 这一参数的变化并不敏感。

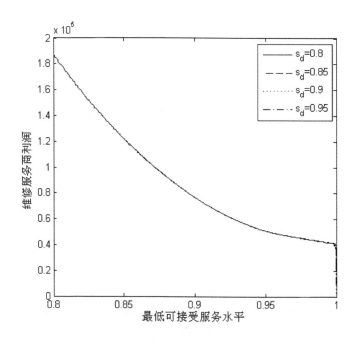

图 7-6　不同服务水平下限的目标值变化情况

（2）策略转换分界点的变化

通过具体数值分析在保证策略转换分界点 d 变化的情况下，保证服务代理商制订最优维修服务的时间及所获得相应利润的变化情况。将保证策略转换分界点 d 分别设为 1440、2880、5040 和 8640，绘制最优解集的二维帕累托前沿面。如图 7-7 所示，4 个曲面分别代表策略转换分界点 d 在不同取值情况下的模型最优解集，可以看出在保证策略转换分界点 d 变化的情况下，保证服务利润与可接受服务水平的变化趋势。随着可接受服务水平的不断提高，维修商服务利润不断下降，并且随着 d 的不断增加，服务利润的下降趋势更加显著，下降的幅度也随着可接受服务水平的提高而不断增加。由此可得，保证策略转换分界点 d 是最优服务时间下影响维修商服务利润的敏感参数。

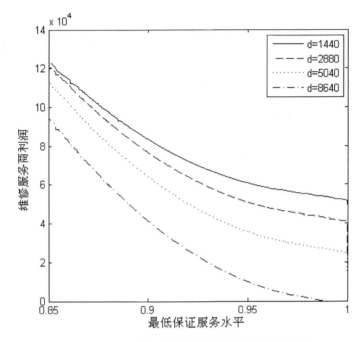

图 7-7　不同策略分界点下的目标值变化情况

（3）奖励措施变化

由于本章基本假设奖励金额为一个指数分布的非线性函数，如果将这一金额更改为常数 $J_h(t_r,d)=B$，经过求解后发现结果 $t_r=\infty$，则最优的保证服务时间为制造商设定的最高可接受保证服务时间 $t_r^*=t_b$。因此，奖励金额为常数的情况下，保证服务代理商不会因此种奖励政策而制定更短的保证服务时间，即奖励政策无法起到激励作用。

7.6　小结

本章针对汽车制造商与维修代理商在汽车产品保证服务过程中存在的双方目标不一致的现象，提出产品保证服务的委托—代理问题，围绕保证服务时间这一关键影响因素进行以下研究：

①研究并提出了在不同的保证服务策略下汽车制造商与保证服务代理商利益协调的多目标优化模型，引入奖惩激励机制，以提高维修代理商的保证服务水平。通过建立维修代理商保证服务时间与保证服务利润之间的关系，引导保证服务商在满足服务水平的前提下获取最大利润，从而实现基于维修服务时间优化的汽车产品保证服务水平最大化。

②编写 NSGA II 算法对服务时间优化的多目标模型求解，并对算例及参数灵敏度进行讨论，可以得出：在奖励金额为常数的情况下，保证服务代理商不会因此种奖励政策而制定更短的保证服务时间，即奖励政策无法起到激励作用；并且，维修商服务利润与制造商可接受服务水平对保证策略转换分界点较为敏感，而对可接受服务水平下限并不敏感。这一研究可为汽车产品保证服务中存在的委托—代理问题提供解决途径。

注释：

[1] Murthy, DNP, O Solem & T Roren. Product warranty logistics: Issues and challenges [J]. European Journal of Operational Research, 2004, 156(1): 110-126.

[2] Lam, Yeh & Peggo Kwok Wai Lam. An extended warranty policy with options open to consumers [J]. European Journal of Operational Research, 2001, 131(3): 514-529.

[3] Murthy, DNP & WR Blischke. Product warranty management—III: A review of mathematical models [J]. European Journal of Operational Research, 1992, 63(1): 1-34.

[4] Jhang, JP. A study of the optimal use period and number of minimal repairs of a repairable product after the warranty expires [J]. International Journal of Systems Science, 2005, 36(11): 697-704.

[5] Nguyen, DG & DNP Murthy. An Optimal Policy for Servicing Warranty [J]. Journal of the Operational Research Society, 1986, 37(11):

1081-1088.

[6] 张波, 张景肖. 应用随机过程[M]. 北京: 清华大学出版社. 2004.

[7] Rausand, Marvin & Arnljot Høyland. System Reliability Theory: Models, Statistical Methods, and Applications, 2nd Edition [M]. 2003.

[8] Barlow, Richard & Larry Hunter. Optimum Preventive Maintenance Policies [J]. Operations Research, 1960, 8(1): 90-100

[9] Chen, CH. Economic Production Run Length and Warranty Period for Product with Weibull Lifetime [J]. Asia-Pacific Journal of Operational Research, 2008, 25(6): 753-764.

[10] Smith, WL & MR Leadbetter. On the Renewal Function for the Weibull Distribution [J]. Technometrics, 1963, 5(3): 393-396.

[11] 曹立思, 刘子先, 刘一骝. 面向产品全生命周期的保证成本预测系统[J]. 西安电子科技大学学报（社会科学版）, 2012, 12(3):80-84.

[12] Deb, K, A Pratap, S Agarwal & T Meyarivan. A fast and elitist multiobjective genetic algorithm: NSGA-II [J]. Evolutionary Computation, IEEE Transactions on, 2002, 6(2): 182-197.

[13] Corne, David, Joshua Knowles & Martin Oates. The Pareto Envelope-Based Selection Algorithm for Multiobjective Optimization [M]. ed. M. Schoenauer, et al. 1917: Springer Berlin/Heidelberg. 2000.

[14] Ahmadi, Alireza, Peter Söderholm & Uday Kumar. On aircraft scheduled maintenance program development [J]. Journal of Quality in Maintenance Engineering, 2010, 16(3): 229-255.

[15] Laggoune, Radouane, Alaa Chateauneuf & Djamil Aissani. Opportunistic policy for optimal preventive maintenance of a multi-component system in continuous operating units [J]. Computers & Chemical Engineering, 2009, 33(9): 1499-1510.

[16] Srinivas, N & K Deb. Multi-Objective function optimization using non-dominated sorting genetic algorithms [J]. Evolutionary

Computation, 1995, (2): 221-248.

[17] Deb, Kalyanmoy, Samir Agrawal, Amrit Pratap & T Meyarivan. A Fast Elitist Non-dominated Sorting Genetic Algorithm for Multi-objective Optimization: NSGA-II [J]. Lecture Notes in Computer Science, 2000: 849-858.

[18] Bahl, Rajiv. Outsourcing, Reliability, and IT: When Will the Three Meet? [J]. Public Utilities Fortnightly, 2004, 142(9): 59-62.

第八章　汽车产品保证成本预测
方法研究

保证成本预测是集成化汽车产品保证管理的首要内容，也是保证政策制定的主要依据。通过成本预测，可以使汽车企业的管理层对企业未来保证成本变化趋势做到正确把握，并为成本的优化控制提供信息，从而进一步为汽车产品保证决策和企业决策提供科学而直观的依据。因此，预测结果的及时性、准确性和可靠性直接影响汽车企业竞争战略和保证政策的选择，而预测结果的及时性、准确性和可靠性除了受原始数据的影响之外，还取决于成本预测方法的科学性与合理性。本章针对集成化汽车产品保证成本管理的特点，研究并提出了两种保证成本的预测方法：一是在汽车产品设计阶段基于知识推理的保证成本预测方法；二是在汽车产品制造阶段基于特征映射技术的保证成本预测方法。

8.1　基于知识推理的设计阶段保证成本
预测方法

汽车产品保证成本预测进行的越早越准确，对汽车产品设计方案的选择和优化、企业保证战略的确定、政策的制定和保证管理的决策越有利。近年来，国内外学者提出了较多的保证成本预测方法（见本书第一章国内外研究综述部分），虽然这些方法预测保证成本的准确度较高，但是需要与产品失效模式、概率分布和各影响因素相关的大量数据，并且构建准确的连续性随机数学模型，显然不能满足新车型设计阶段数据信息少、参数不确定条件下对保证成本预测的要求。此外，上述保证成本的预测方法只是孤立地研究某一阶段的保证成本，所需成本信息或数据较少，与计算机技术的结合不够密切，而随着产品的科技含量越来越高，汽车产品设计阶段的复杂程度和精密程度不断增加，保证成本的估计呈现出因素多和非线性的特点，上述方法在处理这类问题上也存在着明显不足[1]。

　　由于大部分新车型都由其直接下属组件构成，直接下属组件由更低层次的下属零（部）件组成，而同一类型的零部件产品特性和质量特征基本相同，因此，可以挖掘并利用以往产品开发中具有相同功能部件的特征信息和相应的历史成本信息来推测估算新产品的保证成本。效果分析（FMEA），信息模型中存储大量关于产品的历史故障诊断信息及其纠正这些故障所消耗的人财物信息，这些信息不仅可以作为分析汽车产品潜在失效模式的重要依据，而且可以利用其中存储的故障成本信息，通过比较分析，搜索 FMEA 信息模型中与待测产品相似的故障模式，然后利用其存储的成本信息对保证成本进行预测，解决以往预测方法不足[2]。

　　本书针对汽车产品设计阶段保证成本预测的特点，将事例推理技术（CBR，Case Based Reasoning）与 FMEA 知识模型相融合，提出了一种基于知识推理的保证成本预测方法，应用 FMEA 知识模型构建存储产品历史故障诊断信息的事例库，通过 CBR 方法检索与新车型最相似的历史产品，预测计算新车型的保证成本。

8.1.1　CBR 基本原理

（1）CBR 的形成与发展

　　事例推理是正在不断发展的一种新的推理方法，它是认知相似性推理模拟，其基本假设前提是相似情况引发相似结果，同时亦有相似的解决办法。CBR 系统通过访问事例库中过去同类问题的求解而获得当前问题的解决方案，它在很多方面都与传统的单独依赖于问题领域中的一般性知识，或在问题与结论之间建立一般性联系的人工智能方法不同，CBR 可以借用以往成功的经验，给出问题的解[3]。随着计算机科学和信息技术的飞速发展，人类所面对的知识和信息成指数增长，这使传统的基于规则的推理系统在知识和规则的获取上遇到难以克服的困难。基于事例的推理借鉴人类处理问题的方式，规避这一瓶颈，运用以前积累的知识和经验直接解决问题，引起专家和学者的关注，逐渐成为人工智能领域的一个研究热点[4]。

在认知科学理论的启示和支撑下，美国耶鲁大学罗杰（Roger Shank）于 1982 年在《动态存储（Dynamic Memory）》一书中，首次提出了 CBR 理论的认知模型及框架。之后，克罗德纳（Kolodner）和她的学生以此为基础，开发了名为 CTRUS 的 CBR 系统。从此，CBR 理论突破了认知科学的理论框架，开始走向人工智能领域的研究和应用。

CBR 系统首先通过对比问题事例与先前事例的相似性，来决定选择以前的哪一个或哪一些事例，并修改或修正以前问题的解法。在这一点上，与其他的人工智能解决问题的方法（如专家系统利用领域内通用的启发性知识和规则，通过逐步的推导，得出问题的解）截然不同。更重要的是 CBR 系统固有的属性，它采用增量式的学习方法——新的解决问题的方法和问题事例一同被系统记录并存储起来，以备将来之用——系统的学习能力不断提高，知识和经验也不断增加。

一个完整的 CBR 系统一般包括几个循环过程，埃莫德特（Amodt）和普拉扎（Plaza）归纳为 4R：Retrieve, Reuse, Revise 和 Retain，一般翻译为检索、重用、修改和保留。CBR 系统解决新问题的一般过程为（如图 8-1 所示）[5]：

①以新问题的若干特征为查询条件，从事例库中查找以前解决类似问题的事例；

②将所选出的最佳事例作为样本生成问题的解；

③修改这个解以适应待求问题，并产生新事例；

④对新事例进行适当的修正，并将其存入事例库。

事例推理系统涉及的核心问题有事例的表示、存储、索引、检索匹配及更新等。

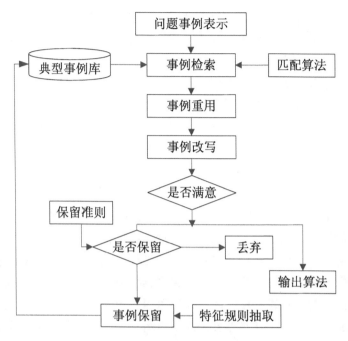

图 8-1 CBR 系统的一般工作过程

（2）CBR 的关键技术

目前关于 CBR 系统的实现技术一般都围绕几个关键步骤进行，包括事例的表示、事例的组织与存储、事例的修改/修正和事例的保留。

①事例的表示

事例的表示方法并不是新出现的技术。在 CBR 系统中，不是规则而是事例作为知识片段存储在事例库中。因此，事例的表示是 CBR 求解问题的第一步：输入的事例首先要以系统可以识别的方式进行描述，然后才可以进行检索、修改等。根据知识表示的方便性、有效性、可扩展性及应用的领域，可以借鉴人工智能领域的多种知识表示方法，如剧本表示法、框架表示法、谓词逻辑表示法、语义网络表示法、自然语言表示法、面向对象的表示方法等，对事例进行表示。这里不过多陈述，相关知识可参考人工智能领域的书籍和文章。无论采用哪种表示方法，一个有效的事例表示应该包括如下三个部分的内容：事例发生的原因或背景，事例的特点、过程，解决方法和结果。

②事例的组织与存储

一般而言，CBR 系统内部都有一个专门的事例库。因此事例的组织与存储是 CBR 系统的一个基本问题。当事例库中的事例数量达到一定程度时，只有好的检索算法是不够的。事例库的设计与组织的好坏，往往关系到信息检索的快慢和成功与否。

简单的线性组织结构例如列表，在信息检索时的效率是低下的。现在的大部分 CBR 系统都采用动态存储模型，或以语义网为基础的存储模型，或者是二者的变形。动态存储模型和以语义网为基础的存储模型，都是一种等级制的网状结构。他们的核心思想，都是按一定的规则对事例进行分类并建立索引目录。这样做的好处是，一方面在对信息进行检索时，可以以"自上而下"的方式，从根节点开始搜索，极大减小搜索的范围；另一方面，事例库以"动态"的方式进行存储，可以方便地创建新节点和修剪节点，从而大大减小事例库维护的工作量。在对事例进行组织存储时，事例本身的表示结构也很重要。对于简单问题，一般每一个事例作为一个单元，大多数的系统采用这种方法。当问题复杂时，可以选择把事例分解成多个单元进行存储，综合多个事例进行联合求解。

③事例的检索

事例的检索和选择是 CBR 系统的一个关键步骤，也是 CBR 系统技术实现研究的第一个热点问题。事例检索结果的优劣直接影响着事例的重用与修改以及系统的好坏。

CBR 系统对事例的检索，同网上的关键词检索有很大的不同。它要在给定的领域内通过一定标准对事例进行分类（抽取事例的特征），通过建立索引目录搜索所需的事例。因此，事例特征的抽取是关键问题。在更复杂的多 Agent CBR 系统中，为使特征值的抽取更具有通用性，一些学者试图通过定义目录词汇表来解决这个问题。一般说来，用来检索的特征应该具有可预见性、高度的区分性、可解释性、内省性（能识别低效的检索路径，避免将来检索时再次使用）等特征。在检索的匹配算法方面，目前比较通用的有最相邻算法和归纳引导策略[6]。

a. 最相邻算法

最相邻算法实际是通过累加目标事例与事例库中事例的每个域的相似度值来确定总的相似度，然后把超过相似度阈值的事例返还给用户。它的计算公式为：

$$Sim(C_i) = \sum_{j=1}^{m} w_j Sim(C_{ij}) \tag{8-1}$$

其中 $Sim(C_i)$ 表示第 i 个旧事例与问题事例的综合相似度，w_j 为第 j 个属性或特征在参与匹配检索的属性或特征指标中所占的权重，且所有权重取值之和为 1，可以通过专家评价法、概率分析法、层次分析法等方法确定权重。$Sim(C_{ij})$ 表示第 i 个旧事例的第 j 个属性指标与问题事例的第 j 个属性指标的相似度，它的计算根据不同的领域有着不同的方法。

总而言之，最相邻算法是一种比较容易实现和理解的匹配策略。但这种匹配策略并不完美，用来检索的目标事例与事例库中的事例的域特征值都是相同的，它们的权重也是确定的。而实际情况却常常是二者并不完全相同，并且权值根据情况的不同可能动态地发生变化。因此，如何确定相似度的衡量标准，仍是一个有待研究的问题。

b. 归纳引导策略

归纳引导策略引入了启发式信息——信息增益。它用判定归纳树的分类方法来选择样本分类的属性，在一定程度上改进了最相邻算法用固定特征进行搜索的弊端。实践中常采用 ID3 算法，具体如下[7]：

给定样本的分类所需的期望信息为：

$$I(p,n) = -p/(p+n)\log_2^{p/(p+n)} - n/(p+n)\log_2^{p/(p+n)} \tag{8-2}$$

属性 A 有 V 个属性，根据 A 划分成子集的熵或期望信息或信息增益为：

$$E(A) = \sum_{i=1}^{v}[\frac{pi+ni}{p+n}]I(p,n) \qquad (8-3)$$

$$Gain(A) = I(p,n) - E(A) \qquad (8-4)$$

该算法计算每个属性的信息增益，具有最高信息增益的属性选作给定样本的一个最有价值的特征，用来对样本进行分类。这种信息理论方法使得对每一个对象分类所需的期望分类属性的数目最小，但由于采用信息增益的启发函数并不是最优启发函数，所以不能保证找到最小的分类属性数目。

④事例的修正

由于很难找到一种相对通用的事例的修正方法，只能具体问题具体分析，事例的修正问题构成了 CBR 系统实现技术研究中的一个难点和具有挑战性的课题。在实际应用中，多数采用基于规则的推理 RBR 和与人机结合的方式进行事例的修正。对于事例的修正目前有许多改进的策略，如：采用约束满意算法进行事例修正，使用归纳学习技术，通过事例之间的对比，学习事例修正的知识，使用 CBR 和内省推理的方法进行事例的修正，以及遗传算法来提高旧事例解法的适应度。

⑤事例的保留

基于事例的推理 CBR 系统采用增量式学习方式，能不断积累经验和知识，这来源于对新事例及解法的保留。但若无条件地对事例进行保留势必导致另一个问题产生，即无法控制事例库中事例数目的增长而使系统的运行效率下降，检索成本增加。为了解决这个问题，CBR 系统采用主动学习而非被动学习（无选择地存储每一个观测到的样本）的策略。

实际应用的解决方法有：一是有选择地对新事例及解法进行保留，并适当地删除无效旧事例。是否对新事例进行保留，取决于原有事例的相似度与设定阈值的比较结果。如果相似度的取值在阈值与 1 之间，则认为很相似，信息量和知识含量不高，价值不大，不对事例进行存储。二是在事例的特征值的抽取上，结合限制表示策略，设定匹配事例的尺寸上限，优先抽取事例库中没有出现过的事例特征值进行保留。

8.1.2　FMEA 知识模型及事例库的构建

失效模式及效果分析（FMEA）作为可靠性工程领域的基本工具，是一种在产品设计和制造阶段用来分析和确定产品及其组成部分可能潜在的故障模式及其后果的分析方法。传统 FMEA 系统中包含大量故障诊断建模所需信息，这些信息以电子表格等非结构文件存储，这种存储方式限制了产品设计、诊断建模活动中 FMEA 知识的共享和再使用。

近年来，随着计算机辅助设计手段的广泛应用，人们利用 FMEA 系统辅助构建 FMEA 知识模型，将产品结构、功能、历史故障等数据信息生成结构化的数据模型，以产品结构树为组织框架，树中每一个节点还存储了节点的故障模式、故障影响、故障原因、故障发生概率、故障影响概率、故障频数比、检测方法、补偿措施等故障诊断信息，见图 8-2。因此，与传统 FMEA 相比，FMEA 知识模型的结构化数据信息更利于数据的共享和利用[8-10]。

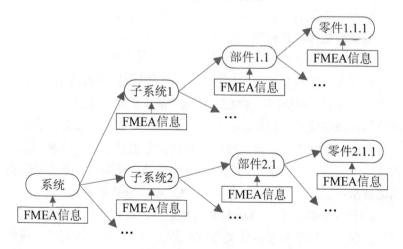

图 8-2　FMEA 知识模型的知识组织框架

计算机辅助 FMEA 的目的与其他众多的 CAD 制图（计算机辅助设计）软件是一致的，即应用先进的计算机技术实现无纸化作业，提高工作效率和设计分析水平，其目标可以划分为 3 个阶段：①建立初步应用的 FMEA 软件，实现基本功能，提高 FMEA 的工作效率；②建立 FMEA 软件的规范化体系结构和接口规范，具备基础数据库支持、数据共享，提高设计分析水平，并初步实现自动化；③建立规范化、自动化和智能化的 FMEA 软件，与其他可靠性设计分析软件形成集成环境，相互支持，并与专业设计 CAD 并行协同工作，共同完成高水平、高可靠性的产品设计。

（1）FMEA 知识模型的构建

FMEA 知识模型主要从系统功能、数据模型、系统框架结构等几个方面进行分析、建立[11-13]。

①系统功能，其具体功能应包括：

a. 系统及其任务描述；

b. 功能，硬件 FMEA 表填写；

c. 定性，定量危害性分析表填写；

d. 危害性计算及矩阵分析；

e. FMEA 报告生成；

f. 分析结果查询。此外，系统还应提供与其他可靠性软件的接口，基础数据库的管理等。

②数据模型

FMEA 知识模型涉及的数据包括：产品信息、FMEA 表格信息、分析结果信息、相似产品 FMEA 信息、常见故障模式信息及有关标准中的故障模式等。因此，必须建立数据库对其进行规范化管理，从客观现实角度出发，建立所涉及数据的数据模型。在此基础上，比较多的是应用目前最为广泛应用且成熟的关系型数据库理论和商品化数据库开发软件，建立和实现 FMEA 知识数据库。

a. 产品数据模型。FMEA 知识模型中，对产品的描述如图 8-3 所示。其中，层次关系包含父节点产品、子节点产品以及子节点产品数，父节点产品与子节点产品是多对多的关系。

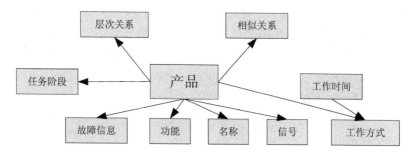

图 8-3　产品数据模型结构图

b. 故障模式数据模型。故障模式及其相关数据的描述如图 8-4 所示。其中，因果关系包含故障模式及故障原因（下级产品故障模式）。

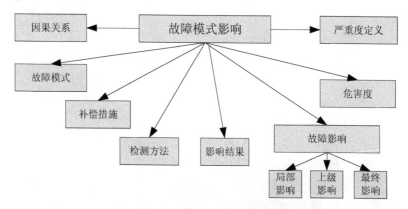

图 8-4　故障模式数据模型

（2）基于 FMEA 知识模型的事例层次组织结构图

根据产品保证成本预测的特点和 FMEA 知识模型的信息结构，选择产品类型（产品编号、产品名称、用户编号、公司、日期）、故障模式（故障编号、故障代码、故障名称、产品名称）、故障原因（原因编号、原因代码、原因名称、故障编号）、发生概率（概率编号、概率代码、概率名称、概率值、原因编号）、检测方法（检测编号、检测代码、检测名称、原因编号）、补救措施（补救编号、补救代码、补救名称、原因编号）、保证期（保证编号、保证代码、保证期限、产品编号)、保证政策(政策编号、政策名称、政策数值、产品编号)等 8 个特征因子作为事例的输入特征,输出的近似解为:维修成本、劳动力成本、管理成本、实际保证成本和预测结果。事例的组织方式采用层次结构,本研究按照输入的 8 个特征因子建立了一个层次索引模型,其组织结构如图 8-5 所示:

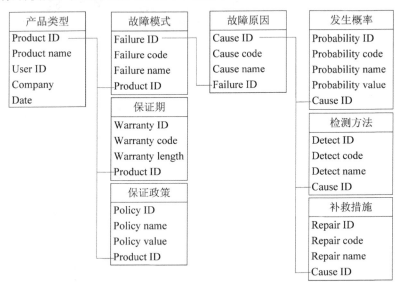

图 8-5　基于 FMEA 知识模型的事例层次组织结构图

8.1.3　事例的检索

事例的检索就是从事例库中检索到最相似的事例,利用 CBR 预测产品保证成本包括以下两个步骤:

(1) 初步检索:根据当前产品的实际情况,从事例库中选择具有相同产品类型和失效模式的历史事例。

(2) 细化检索:经过初步检索缩小检索空间之后,下一步通过定义相似度指标衡量问题事例与历史事例间的相似度,进而依据相似度的大小选出与问题事例最相似的历史事例,本书选用传统的最邻近法(NN)求解事例的相似度。

事例相似程度定义如下：设 $C_a = <o_1, o_2, \cdots, o_m>$ 为问题事例，o_i 为问题事例的匹配特征，$i = 1, \cdots, m$。$C_b = <g_1, g_2, \cdots, g_m>$ 为事例库中的历史事例，g_j 为历史事例的第 j 个匹配特征，$j = 1, \cdots, m$。$W = <w_1, w_2, \cdots, w_m>$ 为事例匹配特征的权重，事例的相似度为 D [14-15]：

$$D = \sum_{i=1}^{n} w_i \times sim(o_i - g_i) / \sum_{i=1}^{n} w_i$$

$$s.t. \quad 0 < w_i < 1 \tag{8-5}$$

$$\sum_{i=1}^{n} w_i = 1$$

其中 $sim(o_i - g_i)$ 是事例中某个特征的两两相似度，定义为：

$$sim(o_i - g_i) = 1 - (o_i - g_i)^2 / R_i \tag{8-6}$$

式中：R_i 是常量，取值使 $sim(f_i - g_i)$ 在 $[0,1]$ 之间。

使用最邻近法求相似度时，算法的关键在于权重 w_i 的确定，如果事例的权重得不到正确的赋值，则事例检索的质量难以得到保证。为此，本书首先应用 AHP 方法给出特征权重的原始可行解，然后通过模拟退火算法对其进行优化，确定最优权重。模拟退火算法是基于金属退火原理和 Metropolis 算法的一种随机搜索优化方法，它利用状态概率的突跳特性在解空间中随机寻找目标函数的全局最优解 [16, 17]。基于模拟退火算法的特征权重求解步骤为：

①任给一初始状态 S_0，初始温度 T_0。

②利用 AHP 方法输入初始特征权重向量 W_0，将公式（8-5）作为能量函数计算初始权重对应的事例相似度 $Q(W_0)$。

③在解空间内以分量 w_i 为邻域中心，η 为步长，在邻域 $N(W_S)$ 内搜索新解 w_S'。

④根据公式（8-5）求出新的相似度 $Q(W_S')$，并计算 $\Delta Q = Q(W_S') - Q(W_S)$；

若 $\Delta Q > 0$ 时 $Q(W_S') > Q(W_S)$，说明相似度上升，新的状态是可以接受的，转⑤；

若 $\Delta Q < 0$ 时 $Q(W_S') < Q(W_S)$，说明相似度下降，则在 $(0,1)$ 区间上产生随机数 ξ：

如果 $p = \exp(-\Delta Q / T) \geq \xi$，仍接受新状态，转⑤；

如果 $p = \exp(-\Delta Q / T) < \xi$，拒绝接受新状态，转③。

⑤用新解 W_S' 取代原来的特征权重向量 W_S。

⑥退火处理，降温方式采用等长降温 $T_{i+1} = \alpha T_i$。

⑦当 $T_i < T_z$（终止温度）时，运算结束，输出结果 W_S 和 $Q(W_S)$，否则转③。

8.1.4 事例的重用和改写

通过检索得到的事例，一般会与当前问题存在一定的差异，这时应对事例进行评价和修改。基于 FMEA 知识模型的事例改写应该采取如下策略：

① 如果问题事例与事例库中旧事例的相似度达到 90%~100%，则两事例的特征因子极为相似，问题事例的保证成本与旧事例的保证成本一致；

② 如果问题事例与事例库中旧事例的相似度小于 90%，则可以利用旧事例的相关数据，结合文献[18]提出的计算公式求解问题事例的保证成本。

8.1.5 算例

下面根据本书提出的保证成本预测方法，以某汽车继电器为例，给出一个测试事例，其中模拟退火算法的运行参数是：初始温度 $T_0 = 1000$，终止温度 $T_z = 90$，搜索步长 $\eta = 0.05$，退火系数 $\alpha = 0.95$。事例规模为 24，输入检索条件为：产品类型 f_1、故障模式 f_2、故障原因 f_3、发生概率 f_4、检测方法 f_5、补救措施 f_6、保证期 f_7、保证政策 f_8，经过初步检索将事例规模缩小为 10 个，样本数据见表 8-1。

表 8-1　问题事例与检索事例

	f_1	f_2	f_3	f_4	f_5	f_6	f_7	f_8
问题事例	2	3	2	0.2	1	2	1	2
检索事例 1	2	1	4	0.4	2	3	1	3
检索事例 2	2	3	2	0.5	1	1	1.5	1
检索事例 3	2	1	1	0.3	3	4	2	2
检索事例 4	2	2	1	0.2	2	2	1.5	1
检索事例 5	2	3	2	0.2	1	4	3	3
检索事例 6	2	2	3	0.5	2	5	1	2
检索事例 7	2	1	4	0.7	3	2	2	3
检索事例 8	2	2	1	0.4	1	1	1	1
检索事例 9	2	3	3	0.2	1	2	2	2
检索事例 10	2	1	2	0.4	3	3	1.5	1

经过详细检索后，问题事例与检索事例 9 相似度超过 90%，相似度随迭代次数的优化见表 8-2、图 8-6，因此，可以直接应用检索事例 9 的保证成本作为问题事例的保证成本。

表 8-2　相似度随迭代次数的优化结果

温度	迭代次数	f_1	f_2	f_3	f_4	f_5	f_6	f_7	f_8	相似度
1000	1	0.022	0.031	0.141	0.452	0.081	0.101	0.072	0.1	0.91
950	2	0.024	0.0328	0.1407	0.4456	0.0819	0.1015	0.073	0.1005	0.9166
902.5	3	0.026	0.0347	0.1404	0.4393	0.0827	0.1019	0.0741	0.101	0.9162
814.5	5	0.0219	0.0309	0.141	0.4523	0.081	0.101	0.072	0.1	0.917
773.8	6	0.0198	0.029	0.1413	0.4589	0.0801	0.1005	0.0709	0.0995	0.9174
735.1	7	0.0177	0.027	0.1417	0.4658	0.0791	0.1	0.0698	0.0989	0.9179
568.8	12	0.0154	0.025	0.142	0.473	0.0782	0.0995	0.0686	0.0984	0.9184
487.7	15	0.0131	0.0229	0.1424	0.4802	0.0772	0.0989	0.0674	0.0978	0.9188

温度	迭代次数	f_1	f_2	f_3	f_4	f_5	f_6	f_7	f_8	相似度
463.3	16	0.0108	0.0208	0.1427	0.4875	0.0762	0.0984	0.0662	0.0973	0.9193
358.5	21	0.013	0.0228	0.1424	0.4807	0.0771	0.0989	0.0674	0.0978	0.9189
340.6	22	0.0107	0.0207	0.1428	0.4879	0.0762	0.0984	0.0662	0.0973	0.9193
323.5	23	0.0084	0.0185	0.1431	0.4953	0.0752	0.0978	0.065	0.0967	0.9198
307.4	24	0.006	0.0164	0.1435	0.5029	0.0742	0.0973	0.0638	0.0961	0.9203
263.5	27	0.0035	0.0141	0.1439	0.5107	0.0731	0.0967	0.0625	0.0955	0.9208
250.3	28	0.001	0.0118	0.1443	0.5186	0.072	0.0961	0.0612	0.0949	0.9213
214.6	31	0.0034	0.014	0.1439	0.5111	0.0731	0.0967	0.0624	0.0955	0.9208
135.3	40	0.0056	0.016	0.1435	0.5041	0.074	0.0972	0.0636	0.096	0.9204
128.5	41	0.0032	0.0138	0.1439	0.5118	0.0729	0.0966	0.0623	0.0954	0.9209
122.1	42	0.0007	0.0115	0.1443	0.5197	0.0719	0.096	0.061	0.0948	0.9214
104.7	45	0.0019	0.0092	0.1447	0.5279	0.0708	0.0954	0.0597	0.0942	0.9219
99.4	46	0.0015	0.0068	0.1451	0.5362	0.0697	0.0948	0.0584	0.0936	0.9224
94.5	47	0.0012	0.0044	0.1455	0.5446	0.0685	0.0900	0.057	0.0929	0.923

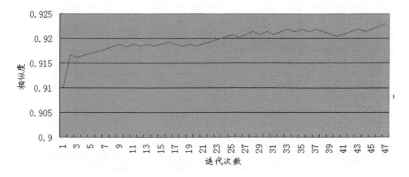

图 8-6　模拟退火算法相似度变化

8.2　小结

汽车产品保证成本预测是集成化汽车产品保证管理的首要工作,本章针对集成化保证管理环境下汽车产品保证成本预测的特点,结合现代信息技术、知识管理和软计算方法等理论,分别研究了适合汽车产品设计和制造阶段的保证成本预测方法:

①提出了基于 CBR 和 FMEA 知识模型的汽车产品设计阶段保证成本预测方法,通过应用 FMEA 知识模型存储的与保证成本预测相关的历史信息和数据,利用 CBR 对知识经验良好的包容性和推理性,能够解决汽车产品设计初期相关数据少、信息不确定环境下的保证成本预测问题。

②提出了基于特征映射技术的汽车产品制造阶段保证成本预测方法,通过构建汽车产品设计域、制造域与保证成本域的映射模型,实现汽车产品保证成本与设计信息和制造工艺信息的转换,能够较好地解决汽车产品制造阶段保证成本的预测问题。

第九章　总结与展望

9.1　总结

　　产品保证是制造商对消费者购买产品或服务的担保。随着科学技术的不断进步和经济的发展、全球化市场的形成以及技术变革的加速，产品市场的竞争日益日益激烈，产品保证越来越被学术界和企业界所重视。为了更好地发挥产品保证管理在企业管理中的作用，解决我国产品保证管理存在的问题和不足，本书针对当前产品保证管理研究现状和企业保证管理中存在的实际问题，研究了产品保证管理的影响机制和特点，应用集成化、系统化的思想，从具有代表性的汽车制造业角度出发，研究了集成化汽车产品保证服务模式，并针对集成化汽车产品保证服务模式下的关键运营方法进行了深入研究。全书主要内容总结如下：

　　（1）企业产品保证管理的影响机制

　　本书分别研究了我国制造业企业保证管理水平现状和影响制造业企业产品保证管理的主要因素。通过比较我国制造业企业产品保证成本与国际水平的差距，研究揭示了我国产品保证管理水平薄弱的现状。在总结前人研究的基础上，本书进一步明晰了产品保证管理影响因素的理论结构，设计了全面的、信度和效度较高的企业保证管理影响因素测度量表；以我国制造业企业为实证研究对象，通过调查问卷的形式获得不同属性企业产品保证管理的相关数据；对构建出的产品保证管理影响因素理论结构进行实证研究，从企业内部及外部两个维度对产品保证管理影响因素进行分析，提出了产品保证管理机制路径。这可以为企业根据自身情况及外部市场情况有效选择保证服务改进方式提供决策依据，为企业产品保证管理改进奠定基础。

（2）基于云制造的集成化汽车产品保证服务模式

本书通过对现有的产品保证服务模式进行分析，提出当前汽车制造企业在产品保证服务管理方面存在的问题，以汽车制造企业产品保证服务管理的特点为基础，结合企业产品保证管理影响机制，提出了基于云制造技术的汽车产品保证服务模式，弥补了现有保证服务方式的不足。研究构建了产品保证云服务框架结构，对这一系统框架的组成结构和服务特点进行了分析，并对其中的关键实现技术（如保证知识云端集成、全生命周期成本预测等）及运营方法（如保证备件库存设置方法等）进行详细说明。

（3）集成化汽车产品保证服务的关键运营方法

①服务设施选址问题研究

在分析汽车产品保证服务具有的重要性、统一性及随机性特点的基础上，本研究提出了在保证服务需求随机情况下的汽车产品保证服务设施规划选址方法。在传统选址方法基础上，本书考虑到保证服务需求不确定性的特点，以保证服务覆盖范围最大化为目标，结合蒙特卡罗模拟方法，研究保证服务设施的随机规划问题，设计出需求随机情况下的服务设施选址方法。通过这一方法，可实现拟建保证服务网络优化，丰富了产品保证服务网络的研究成果。

②服务流程优化问题研究

汽车产品的保证服务流程是保证服务活动的输出过程，这一过程的性能优劣直接影响企业的保证服务水平。为分析汽车产品保证服务流程的性能，研究基于广义随机 Petri 网（GSPN）的产品保证服务流程建模与分析方法，并在此基础上，构建其保证服务流程的广义随机 Petri 网模型，利用广义随机 Petri 网与马尔可夫链的同构关系，将 GSPN 模型转化为等价的马尔可夫链，据此分析汽车产品保证服务流程的主要性能指标，识别服务流程中的瓶颈环节，为汽车产品保证服务流程的设计、规划和评价提供依据。

③保证备件库存优化问题研究

根据汽车制造商对同一汽车产品族内的产品维修采取备件通用

的方式，本书提出了同族汽车产品的保证备件需求估算方法，并进行其库存设置。根据汽车产品的市场占有率情况，本研究将其生命周期划分为不同阶段，根据同族产品投放后在不同阶段的市场空间及销量增速，估算出在某一个时刻上的汽车产品累积销售量。研究根据汽车产品成组方式、零件在不同时期的失效率以及这一时间段内的同族产品销售量，对产品生命周期内任一时间点上的备件需求量进行估计，并结合相应的库存管理理论，设计出汽车制造企业中同族汽车产品的备件库存方法。这一计算方式可以直接推广至现今的汽车制造企业，为厂商更加科学合理地预测备件需求量及合理设置备件库存提供了有效途径。

④保证服务时间优化问题研究

针对汽车制造商与维修代理商利益目标不一致的情况，本书通过设定代理奖惩机制，提出了基于奖惩机制的汽车产品保证服务时间优化方法。研究以产品保证服务时间的制订为决策内容，提出维修服务商服务利润最大化及汽车制造商保证服务水平最大化的多目标优化方法，使得保证服务的委托-代理双方目标调和，以此实现双方的利益最大化。最后，通过算例分析及灵敏度分析，本研究得出在不同参数情况下的最优服务及服务水平，为制造商制订保证服务委托契约提供决策支持，同时也为面向多主体的保证服务集成管理提供方法支持。

⑤汽车产品保证成本预测方法研究

本书针对集成化保证管理的关键技术问题之一——保证成本预测方法展开研究。首先，研究提出了基于知识推理的设计阶段保证成本预测方法，该方法通过应用 FMEA 知识模型存储的与保证成本预测相关的历史信息和数据,利用 CBR 对知识经验良好的包容性和推理性，来解决产品设计初期数据少、信息不确定环境下的保证成本预测问题。然后，针对集成化保证成本管理条件下产品制造阶段保证成本预测的特点，本书提出了基于特征映射技术的保证成本预测方法，通过构建产品设计域、制造域与保证成本域的映射模型，实现了保证成本与设计信息和制造工艺信息的转换，能够较好地解决产品制造阶段保证成本的预测问题。

⑥汽车产品保证成本优化方法研究

针对集成化保证管理模式下的另一关键技术问题——保证成本管理的优化控制问题,本研究分别从保证成本的两大主要影响因素:保证政策制定和产品质量控制的角度展开研究。首先,本书从产品保证管理角度研究并提出了市场竞争环境下产品价格、质量和保证管理的动态最优控制模型,对产品保证与产品质量和价格的动态变化规律进行了分析讨论,为企业保证成本管理提供了具有指导性的管理建议。然后,针对产品制造、销售及售后阶段保证成本优化控制的特点,从企业可靠性优化管理的角度提出了资源约束条件下的可靠性优化控制方法,通过失效分析来为企业可靠性管理提供管理决策的科学依据,进而提高企业的可靠性管理效率和水平,最终实现提高产品质量和保证服务响应速度、降低保证成本的目标。

9.2 研究展望

产品保证管理是一个具有实际意义和学术价值的话题,近几年出现了许多高水平的研究成果,本书在这些成果的基础上,结合实际背景对其中的汽车产品保证服务模式及运营方法进行研究。集成化的产品保证服务模式是一个大的系统工程,本书的研究只是其中的一部分。结合本书的研究内容,未来的研究工作还需要从以下方面入手:

(1)集成化产品保证服务管理理论的完善

由于集成化产品保证服务管理模式的提出时间很短,之前相关研究的理论基础还较薄弱,尤其是对保证服务体系结构的组成、各影响因素之间的相互关系和实施框架的工作原理等,还需要进行深入的理论分析。一方面,实现集成化产品保证服务模式需要以完善的产品保证知识集成技术为依托,而这一关键技术还有待更详细的研究;另一方面,实现集成化产品保证服务模式需要强大的运营方法支持，传统的服务策略及方法难以满足集成化服务的要求，因此应对集成化模式下的保证服务运营方法进行更进一步的研究。

（2）复合属性产品的保证服务运营方法研究

目前,产品保证服务运营方法的研究仅针对单一属性产品进行,而对具有二维保证政策限定和（或）产品多部件构成等属性的保证策略研究较少。在保证服务运营方法研究中，由于各策略方法的属性之间相互作用及限制的原因，仅从单一策略角度去研究保证服务运营方法可能会得出不合理方案，同时造成不必要的成本支出，因此需要对复合属性产品的保证服务运营方法进行整合性研究。例如，针对复合属性产品的预防性维修策略，一方面应从整体上对预防性维修开展的时间或使用程度进行统一设计；另一方面应研究设定预防性维修中各部件的维修优先级和维修程度，在考虑产品各属性相互关系的基础上，设定合理的预防性保证策略。可见，复合属性产品的保证服务运营方法整合还需更深入的理论研究。

(3)与服务能力相协调的保证服务策略研究

当前，关于保证服务策略的研究大多是建立在失效产品即时维修以及替换备件库存充足的基础上，但实际情况中，由于产品的销售品种及销售量的地域性差异，维修技术资源、服务能力配置等存在不同，造成产品替换备件短缺、产品无法维修或不合理维修等服务能力限制，产生了多级甚至多次维修的情况，导致了维修时间延迟及保证成本的增加，也对保证策略设定的准确性产生了影响。因此，在考虑地域性及层级性相对应的服务能力的情况下，保证服务策略的合理制定有待进一步研究。

总之，随着研究的不断深入，集成化产品保证服务的理论基础将得到进一步发展和完善，从而不断地解决当前企业保证服务中存在的实际问题，为产品保证服务管理理论在企业的推广应用提供更加科学合理的指导。

参考文献

Ahire, SL & P Dreyfus. The impact of design management and process management on quality: an empirical investigation [J]. Journal of Operations Management, 2000, 18(5): 549-575.

Aldanondo, M, K Hadjhamou & G Moynard, et al. Mass customization and configuration: Requirement analysis and constraint based modeling propositions [J]. Integrated Computer-Aided Engineering, 2003, 10(2): 177-189.

Allen, SG & DA D'Esopo. An Ordering Policy for Repairable Stock Items [J]. Operations Research, 1968, 16(3): 669-674.

Almiñana M & JT Pastor. An adaptation of SH heuristic to the location set covering problem [J]. European Journal of Operational Research, 1997, 100(3): 586-593.

Al-Othman, WBE, HMS Lababidi & IM Alatiqi, et al. Supply chain optimization of petroleum organization under uncertainty in market demands and prices [J]. European Journal of Operational Research, 2008, 189(3): 822-840.

Al-Sultan, KS & JS Nizami. A Genetic Algorithm for the Set Covering Problem [J]. Journal of the Operational Research Society, 1996, 47(5): 702-709.

Amara, R & AJ Lipinski. Business planning for an uncertain future [M]. New York: Pergamon Press, 1983.

Amini, MM, D Retzlaff-Roberts & CC Bienstock. Designing a reverse logistics operation for short cycle time repair services [J]. International Journal of Production Economics, 2005, 96(3): 367-380.

Andaleeb, SS & AK Basu. Do warranties influence perceptions of service quality? A study of the automobile repair and service industry [J]. Journal of Retailing and Consumer Services, 1998, 5(2): 87-91.

Anityasari, M, H Kaebernick & S Kara. The role of warranty in the reuse strategy [J]. Advances in Life Cycle Engineering for Sustainable Manufacturing Businesses, 2007, 335-340.

Aronis, KP, L Magou & R Dekker, et al. Inventory control of spare parts using a Bayesian approach: A case study [J]. European Journal of Operational Research, 2004, 154(3): 730-739.

Asan, U, S Polat & S Serdar. An integrated method for designing modular products [J]. Journal of Manufacturing Technology Management, 2004, 15(1): 29-49(21).

Asiedu, Y. Product life cycle cost analysis: State of the art review [J]. International Journal of Production Research, 1998, 883-908.

Averbakh, I & O Berman. Minimax regret p-center location on a network with demand uncertainty [J]. Location Science, 1997, 5: 247-254.

Averbakh, I & O Berman. Minmax Regret Median Location on a Network Under Uncertainty [J]. Informs Journal on Computing, 2000, 12(2): 104-110.

Aytug, H & C Saydam. Solving large-scale maximum expected covering location problems by genetic algorithms: A comparative study [J]. European Journal of Operational Research, 2002, 141(3): 480-494.

Badhury, J & R Batta. On the use of genetic algorithms to solve location problems [J]. Computers & Operations Research, 2002, 29(6): 761-779(719).

Bahl, R. Outsourcing, Reliability, and IT: When Will the Three Meet? [J]. Public Utilities Fortnightly, 2004, 142(9): 59-62.

Baik, J, DNP Murthy & N Jack. Two-dimensional failure modeling with minimal repair [J]. Naval Research Logistics (NRL), 2004, 51(3): 345-362.

Baik, J, DNP Murthy & N Jack. Erratum: Two-Dimensional Failure Modeling with Minimal Repair which appeared in this journal of April 2004 [J]. Naval Research Logistics 2006, 53(1): 345-362.

Balcer, Y & I Sahin. Replacement Costs under Warranty—Cost Moments and Time Variability [J]. Operations Research, 1986, 34(4): 554-559.

Baldacci, R, E Hadjiconstantinou & V Maniezzo, et al. A new method for solving capacitated location problems based on a set partitioning approach [J]. Computers & Operations Research, 2002, 29(4): 365-386.

Baldwin, C & K Clark. Design rules: the power of modularity [M]. Cambridge: The MIT Press, 2000.

Ballou, RH. Dynamic Warehouse Location Analysis [J]. Journal of Marketing Research, 1968,

Barbarosolu, G & Y Arda. A two-stage stochastic programming framework for transportation planning in disaster response [J]. Journal of the Operational Research Society, 2004, 55: 43-53.

Barlow, R & Hunter L. Optimum Preventive Maintenance Policies [J]. Operations Research, 1960, 8(1): 90-100

Barros, AI & M Labbe. A General Model for the Uncapacitated Facility and Depot Location Problem [J]. Location Science, 1994,

Barros, L & M Riley. A combinatorial approach to level of repair analysis [J]. European Journal of Operational Research, 2001, 129(2): 242-251.

Beasley, JE. Enhancing an algorithm for set covering problems [J]. European Journal of Operational Research, 1992, 58(2): 293-300.

Benedict, JM. Three hierarchical objective models which

incorporate the concept of excess coverage for locating EMS vehicles or Hospital [D]. M. Sc. Thesis, Northwestern University, Evanston II, 1983.

Berman, O & N Fouska. Optimal Location of Discretionary Service Facilities [J]. Transportation Science, 1990, 26(3): 201-211.

Berman, O & D Krass. Flow intercepting spatial interaction model: a new approach to optimal location of competitive facilities [J]. Location Science, 1998, 6(98): 41-65.

Berman, O & B Leblanc. Location-Relocation of Mobile Facilities on a Stochastic Network [J]. Transportation Science, 1984, 18(4): 315-330.

Berman, O & AR Odoni. Locating mobile servers on a network with Markovian properties [J]. Networks, 1982, 12(1): 73-86.

Berman, O, D Krass & Z Drezner. The gradual covering decay location problem on a network [J]. European Journal of Operational Research, 2003, 151(3): 474-480.

Berman, O. The p maximal cover—p partial center problem on networks [J]. European Journal of Operational Research, 1994, 72(2): 432-442.

Blischke, WR & Murthy, DNP. Product warranty handbook [M]. New York: Marcel Dekker, 1995.

Blischke, WR & DNP Murthy. Product Warranty Management-I: A Taxonomy for Warranty Policies [J]. European Journal of Operational Research, 1992, 62(2): 127-148.

Blischke, WR & DNP Murthy. Warranty cost analysis [M]. New York: Marcel Dekker, 1994.

BN Srinivas & K Deb. Multi-Objective function optimization using non-dominated sorting genetic algorithms [J]. Evolutionary Computation, 1995, (2): 221-248.

Bohoris, GA & WY Yun. Warranty costs for repairable products under hybrid warranty [J]. IMA Journal of Management Mathematics, 1995, 6(1): 13-24.

Boutilier, C, RI Brafman & C Domshlak, et al. Preference-based constrained optimization with CP-nets [J]. Computational Intelligence, 2004, 20(2): 137-157.

Bree, BV, GPJ Verbong & GJ Kramer. A multi-level perspective on the introduction of hydrogen and battery-electric vehicles [J]. Technological Forecasting & Social Change, 2010, 77: 529-540.

Brennan, JR & SA Burton. Warranties: Concept to implementation; Proceedings of the Reliability and Maintainability Symposium [C]. 1989 Proceedings, Annual, 24-26 Jan, 1989.

Bride, AG & R Me. Lagrangean Relaxation Applied to Capacitated Facility Location Problems [J]. AIIE Transactions, 2007, 10(1): 40-47.

Brotcorne, L & G Laporte. Invited Review Ambulance location and relocation models [J]. European Journal of Operational Research, 2003, 147(3): 451-463.

Brown, DC. Defining configuring. Artificial Intelligence for Engineering Design, Analysis and Manufacturing [J]. Analysis and Manufacturing, 1998, 12(4): 301-305.

Brown, M & F Proschan. Imperfect repair [J]. Journal of Applied Probability, 1983, 20(4): 851-859.

Buczkowski, PS, ME Hartmann & VG Kulkarni. Outsourcing prioritized warranty repairs [J]. International Journal of Quality & Reliability Management, 2005, 12(7): 699-714.

Candas, MF & E Kutanoglu. Benefits of considering inventory in service parts logistics network design problems with time-based service constraints [J]. IIE Transactions, 2007, 39(2): 159-176.

Carbone, R. Public Facilities Location under Stochastic Demand [J]. Infor, 1974, 12(3): 261-270.

Carter, JR & R Narasimhan. The Role of Purchasing and Materials Management in Total Quality Management and Customer Satisfaction [J]. Journal of Supply Chain Management, 1994, 30(3): 2-13.

Caruso, C & AC Aloi. Dominant, an algorithm for the p-center problem [J]. European Journal of Operational Research, 2003, 149(1): 53-64.

Castanier, B, A Grall & C Bérenguer. A condition-based maintenance policy with non-periodic inspections for a two-unit series system [J]. Reliability Engineering & System Safety, 2005, 87(1): 109-120.

Cerio, JM-dD. Quality management practices and operational performance: Empirical evidence for Spanish industry [J]. International Journal of Production Research, 2003, 41(12): 2763-2786.

Chan, A & KR Mcnaught. Using Bayesian networks to improve fault diagnosis during manufacturing tests of mobile telephone infrastructure [J]. Journal of the Operational Research Society, 2008, 59(4): 423-430.

Chang, C-C, S-H Sheu & Y-L Chen, et al. A multi-criteria optimal replacement policy for a system subject to shocks [J]. Computers & Industrial Engineering, 2011, 61(4): 1035-1043.

Chen, LC & L Lin. Optimization of product configuration design using functional requirements and constraints [J]. Research in Engineering Design, 2002, 13(3): 167-182.

Chen, CH. Economic Production Run Length and Warranty Period for Product with Weibull Lifetime [J]. Asia-Pacific Journal of Operational Research, 2008, 25(6): 753-764.

Chen, CK & CC Lo. Optimal production run length for products sold with warranty in an imperfect production system with allowable shortages [J]. Mathematical and Computer Modelling, 2006, 44(3-4): 319-331.

Chen, M & RM Feldman. Optimal replacement policies with minimal repair and age-dependent costs [J]. European Journal of Operational Research, 1997, 98(1): 75-84.

Chen, T & E Popova. Maintenance policies with two-dimensional warranty [J]. Reliability Engineering & System Safety, 2002, 77(1): 61-69.

Chen, YM & JJ Liu. Cost-effective design for injection molding [J]. Robotics and Computer-Integrated Manufacturing, 1999, 15(1): 1-21.

Cheng, CY, TH Sun & JT Chen, et al. The Degradation- Rate- Reduction Preventive Maintenance Policies with Warranty in a Finite Time Span [J]. IEEE International Conference on Industrial Engineering and Engineering Management, 2009, 1-4: 213-217.

Cheng, ZH, YS Bai & LY Cai, et al. Research on Warranty Interval of Multi-Component System with Failure Interaction [J]. Eksploatacja I Niezawodnosc-Maintenance and Reliability, 2011, (4): 49-55.

Chien, YH & JA Chen. Optimal spare ordering policy under a rebate warranty [J]. European Journal of Operational Research, 2008, 186(2): 708-719.

Chien, YH. A general age-replacement model with minimal repair under renewing free-replacement warranty [J]. European Journal of Operational Research, 2008, 186(3): 1046-1058.

Chien, YH. A new warranty strategy: Combining a renewing free-replacement warranty with a rebate policy [J]. Quality and Reliability Engineering International, 2008, 24(7): 807-815.

Chien, YH. The Effect of a Pro-Rata Rebate Warranty on the Age Replacement Policy with Salvage Value Consideration [J]. IEEE

Transactions on Reliability, 2010, 59(2): 383-392.

Chiyoshi, FY, RD Galvao & R Morabito. A note on solutions to the maximal expected covering location problem [J]. Computers & Operations Research, 2003, 30(1): 87-96.

Chukova, S & MR Johnston. Two-dimensional warranty repair strategy based on minimal and complete repairs [J]. Mathematical and Computer Modelling, 2006, 44(11-12): 1133-1143.

Church, R & C ReVelle. The maximal covering location problem [J]. Papers of the Regional Science Association, 1974, 32: 101-118.

Church, RL & ME Meadows. Location Modeling Utilizing Maximum Service Distance Criteria [J]. Geographical Analysis, 2010, 11(4): 358, 373.

Church, RL & CS Revelle. The Maximal Covering Location Problem [J]. Papers of the Regional Science Association, 1974, 32(1): 114-123.

Cohn, A & C Barnhart. Composite-variable modeling for service parts logistics [J]. Ann Oper Res, 2006, 145(1): 383-383.

Corne, D, J Knowles & M Oates. The Pareto Envelope-Based Selection Algorithm for Multiobjective Optimization [M]. Springer Berlin/Heidelberg, 2000.

Cornuejols, G, M Fisher & GL Nemhauser. On the Uncapacitated Location Problem [M]. Annals of Discrete Mathematics, Elsevier, 1977: 163-177.

Croston, JD. Forecasting and Stock Control for Intermittent Demands [J]. Oper Res Quart, 1972, 23(3): 289-303.

Curry, GL & RW Skeith. A Dynamic Programming Algorithm for Facility Location and Allocation [J]. AIIE Transactions, 2007, 1(2): 133-138.

Dai Y, SX Zhou & Y Xu. Competitive and Collaborative Quality and Warranty Management in Supply Chains [J]. Production and

Operations Management, 2012, 21(1): 129-144.

Daskin, M. Network and Discrete Location: Models, Algorithms and Applications [J]. Journal of the Operational Research Society, 1997, 48(v): 763-763(761).

Daskin, MS & EH Stern. A Hierarchical Objective Set Covering Model for Emergency Medical Service Vehicle Deployment [J]. Transportation Science, 1981, 15(2): 137-152.

Daskin, MS. A Maximum Expected Covering Location Model: Formulation, Properties and Heuristic Solution [J]. Transportation Science, 1983, 17(1): 48-70.

Daskin, MS. Application of an Expected Covering Model to Emergency Medical Service System Design [J]. Decision Sciences, 1982, 13(3): 416-439.

Datskov, I, F Zhang & E Santos, et al. Optimization under uncertainty of a composite fabrication process using a deterministic one-stage approach [J]. Computers & Chemical Engineering, 2006, 30(6-7): 947-960.

Deb K, S Agrawal & A Pratap, et al. A Fast Elitist Non-dominated Sorting Genetic Algorithm for Multi-objective Optimization: NSGA-II [J]. Lecture Notes in Computer Science, 2000, 849-858.

Deb, K, A Pratap & S Agarwal, et al. A fast and elitist multiobjective genetic algorithm: NSGA-II [J]. IEEE Transactions on Evolutionary Computation, 2002, 6(2): 182-197.

Deciu, ER, E Ostrosi & MF Gheorghe, et al. Configurable product design using multiple fuzzy models [J]. Journal of Engineering Design, 2007, 16(2): 209-233.

Dhakar, TS, CP Schmidt & DM Miller. Base stock level determination for high cost low demand critical repairable spares [J]. Computers & Operations Research, 1994, 21(4): 411-420.

Dhillon, BS. Chapter 11—Maintenance Models and Warranties [J].

Engineering Maintainability, 1999, 198-223.

Djamaludin, I, DNP Murthy & RJ Wilson. Quality control through lot sizing for items sold with warranty [J]. International Journal of Production Economics, 1994, 33(1-3): 97-107.

DNP Murthy , BP Iskandar , RJ Wilson. Two Dimensional Failure Free Warranty Policies: Two-dimensional Point Process Models [J]. Operations Research, 1995, 43(2): 356-366.

Dow, D, D Samson & S Ford. Exploding the myth: Do all quality management practices contribute to superior quality performance? [J]. Production and Operations Management, 1999, 8(1): 1-27.

Drezner, T. Locating a single new facility among existing unequally attractive facilities [J]. Journal of Regional Science, 1995, 3(2): 136-137(132).

Drezner, T, Z Drezner & HA Eiselt. Consistent and Inconsistent Rules in Competitive Facility Choice [J]. Journal of the Operational Research Society, 1996, 47(12): 62-63(62).

Drezner, T, Z Drezner & S Salhi. Solving the multiple competitive facilities location problem [J]. European Journal of Operational Research, 2002, 142(1): 138-151.

Drezner, Z & GO Wesolowsky. Network design: selection and design of links and facility location [J]. Transportation Research Part A: Policy & Practice, 2003, 37(3): 241-256.

Duray, R, PT Ward & GW Milligan, et al. Approaches to mass customization: configurations and empirical validation [J]. Journal of Operations Management, 2000, 18: 605-625.

Duverlie, P & JM Castelain. Cost Estimation During Design Step: Parametric Method versus Case Based Reasoning Method [J]. International Journal of Advanced Manufacturing Technology, 1999, 15(12): 895-906.

Ebery, J, M Krishnamoorthy & A Ernst, et al. The capacitated multiple allocation hub location problem: Formulations and algorithms [J]. European Journal of Operational Research, 2000, 120(3): 614-631.

Ebrahimi, N. Bayesian framework for prediction of future number of failures from a single group of units in the field [J]. Reliability Engineering & System Safety, 2009, 94(3): 773-775.

Ehrlenspiel, K, A Kiewert & U Lindemann, et al. Cost-efficient design [M]. Springer. 2007.

Eliashberg, J, ND Singpurwalla & SP Wilson. Calculating the reserve for a time and usage indexed warranty [J]. Management Science, 1997, 43(7): 966-975.

Engau, A, JJ Cochran & LA Cox, et al. Nonlinear Multiobjective Programming [M]. Wiley Encyclopedia of Operations Research and Management Science. John Wiley & Sons, Inc. 2010.

Erhan, K. Insights into inventory sharing in service parts logistics systems with time-based service levels [J]. Computers & Industrial Engineering, 2008, 54(3): 341-358.

Ericsson, A & G Erixon. Controlling design variants: Modular product platforms, Society of Manufacturing Engineers [J]. Usa Pp, 1999, 13(1): 35-41.

Fellini, R, M Kokkolaras & PY Papalambros. Quantitative platform selection in optimal design of product families, with application to automotive engine design [J]. Journal of Engineering Design, 2006, 17(5): 429-446.

Fine, CH, B Golany & H Naseraldin. Modeling tradeoffs in three-dimensional concurrent engineering: a goal programming approach [J]. Journal of Operations Management, 2005, 23: 389-403.

Fisher, JC & RH Pry. A simple substitution model of technological change [J]. Technological Forecasting and Social Change, 1971, 3(0): 75-88.

Fisher, ML & P Kedia. Optimal Solution of Set Covering/ Partitioning Problems Using Dual Heuristics [J]. Management Science, 1990, 36(6): 674-688.

Flynn, BB, RG Schroeder & S Sakakibara. The Impact of Quality Management Practices on Performance and Competitive Advantage [J]. Decision Sciences, 1995, 26(5): 659-691.

Fohn, SM, JS Liau & AR Greef, et al. Configuring computer systems through constraint-based modeling and interactive constraint satisfaction [J]. Computers in Industry, 1995, 27(1): 3-21.

Forza, C & F Salvador. Product configuration and inter-firm co-ordination: an innovative solution from a small manufacturing enterprise [J]. Computers in Industry, 2002, 49(1): 37-46.

Francis, RL. On some problems of rectangular warehouse design and layout [J]. Journal of Industrial Engineering, 1967, 18(10): 595-604.

Frees, EW & SH Nam. Approximating Expected Warranty Costs [J]. Management Science, 1988, 34(12): 1441-1449.

Garey, MR & DS Johnson. Computers and Intractability: A Guide to the Theory of NP-Completeness [C]. Proceedings of the WH Freeman and Company, 1979.

Garg, A & SG Deshmukh. Maintenance management: literature review and directions [J]. Journal of Quality in Maintenance Engineering, 2006, 12(3): 205-238.

Gau, CY & MA Stadtherr. Deterministic global optimization for error-in-variables parameter estimation [J]. Aiche Journal, 2004, 48(6): 1192-1197.

Geoffrion, AM & GW Graves. Multicommodity Distribution System Design by Benders Decomposition [J]. Management Science, 2010, 26(5): 822-844.

Gerner, JL & WK Bryant. The Demand for Repair Service during

Warranty [J]. Journal of Business, 1980, 53(4): 397-414.

Gershenson, JK, GJ Prasad & Y Zhang. Product modularity: definitions and benefits [J]. Journal of Engineering Design, 2003, 14(3): 295-313.

Gershenson, JK, GJ Prasad & Y Zhang. Product modularity: measures and design methods [J]. Journal of Engineering Design, 2010, 15(1): 33-51.

Gertsbakh, IB & KB Kordonsky. Parallel time scales and two-dimensional manufacturer and individual customer warranties [J]. IIE Transactions on Reliability, 1998, 30(12): 1181-1189.

Gharbi, N & M Ioualalen. Performance Analysis of Retrial Queueing Systems Using Generalized Stochastic Petri Nets [J]. Electronic Notes in Theoretical Computer Science, 2002, 65(6): 86-100.

Ghosh, A & CS Craig. Formulating Retail Location Strategy in a Changing Environment [J]. Journal of Marketing, 1983, 47(3): 56.

Ghosh, A & SL Mclafferty. Locating stores in uncertain environments: A scenario planning approach [J]. Journal of Retailing, 1982,

Glickman, TS & PD Berger. Optimal Price and Protection Period Decisions for a Product under Warranty [J]. Management Science, 1976, 22(12): 1381-1390.

Gokpinar, B, WJ Hopp & SMR Iravani. The Impact of Misalignment of Organizational Structure and Product Architecture on Quality in Complex Product Development [J]. Management Science, 2010, 56(3): 468-484.

Goldman, AJ. Optimal Center Location in Simple Networks [J]. Transportation Science, 1971, 2: 212.

Gonsalves T & K Itoh. GA optimization of Petri net-modeled concurrent service systems [J]. Applied Soft Computing, 2011, 11(5): 3929-3937.

Goodchild, MF. Spatial Choice in Location-Allocation Problems: The

Role of Endogenous Attraction [J]. Geographical Analysis, 2010, 10(1): 65-72.

Gregory, AD. Optimal warranties, reliabilities and prices for durable goods in an oligopoly [J]. European Journal of Operational Research, 1999, 112(3): 554-569.

Grossman, T & A Wool. Computational Experience with Approximation Algorithms for the Set Covering Problem [J]. European Journal of Operational Research, 1994, 101(1): 81-92.

Guillen, G & FD Mele & MJ Bagajewicz, et al. Multiobjective supply chain design under uncertainty [J]. Chemical Engineering Science, 2005, 60(10): 1535-1553.

Gunawardane, G. Dynamic versions of set covering type public facility location problems [J]. European Journal of Operational Research, 1982, 10(82): 190-195.

Hakimi, SL. Optimum locations of switching centers and the absolute centers and medians of a graph [J]. Operations Research, 1964, 12(3): 450-459.

Hassin, R, A Levin & D Morad. Lexicographic local search and the p-center problem [J]. European Journal of Operational Research, 2003, 151(2): 265-279.

Hata, T, S Kato & F Kimura. Design of Product Modularity for Life Cycle Management [C]. Proceedings of the Environmentally Conscious Design and Inverse Manufacturing, International Symposium, 2001.

Hendricks, KB & VR Singhal. Firm characteristics, total quality management and financial performance [J]. Journal of Operations Management, 2001, 19(3): 269-285.

Hinojosa, Y, J Puerto & FR Fernández. A multiperiod two-echelon multicommodity capacitated plant location problem [J]. European Journal of Operational Research, 2000, 123(4): 271-291.

Hodgson, MJ. A Flow-Capturing Location-Allocation Model [J]. Geographical Analysis, 2010, 22(3): 270, 279.

Hodgson, MJ, KE Rosing & F Shmulevitz. A review of locaton-allocation applications literature [J]. Studies in Locational Analysis, 1993, 5: 3-29.

Hogan, K & C ReVelle. Concepts and Applications of Backup Coverage [J]. Management Science, 1986, 32(11): 1434-1444.

Holmberg, K. Exact solution methods for uncapacitated location problems with convex transportation costs [J]. European Journal of Operational Research, 1999, 114(1): 127-140.

Hongzhou, W. A survey of maintenance policies of deteriorating systems [J]. European Journal of Operational Research, 2002, 139(3): 469-489.

Hsieh, CH. Optimization of fuzzy production inventory models [J]. Information Sciences, 2002, 146: 29-40(12).

Hua, ZS & B Zhang. A hybrid support vector machines and logistic regression approach for forecasting intermittent demand of spare parts [J]. Applied Mathematics and Computation, 2006, 181(2): 1035-1048.

Huang, HZ, ZJ Liu & DNP Murthy. Optimal reliability, warranty and price for new products [J]. Iie Transactions, 2007, 39(8): 819-827.

Huang, YS & CC Fang. A Cost Sharing Warranty Policy for Products with Deterioration [J]. Ieee Transactions on Engineering Management, 2008, 55(4): 617-627.

Huang, Y-S & Y-F Zhuo. Estimation of future breakdowns to determine optimal warranty policies for products with deterioration [J]. Reliability Engineering & System Safety, 2004, 84(2): 163-168.

Huff, DL. Defining and Estimating a Trading Area [J]. Journal of Marketing, 1964, 28(3): 34-38.

Hussain, AZMO & DNP Murthy. Warranty and optimal reliability improvement through product development [J]. Mathematical and Computer Modelling, 2003, 38(11-13): 1211-1217.

Hussain, AZMO & DNP Murthy. Warranty and redundancy design with uncertain quality [J]. Iie Transactions, 1998, 30(12): 1191-1199.

Hvam, L. A Procedure for Building Product Models [J]. Moving Into Mass Customization, 2002, 15(1): 77-87.

Hwang, HS. A stochastic set-covering location model for both ameliorating and deteriorating items [J]. Computers & Industrial Engineering, 2004, 46(2): 313-319.

Iskandar, BP & DNP Murthy. Repair-replace strategies for two-dimensional warranty policies [J]. Mathematical and Computer Modelling, 2003, 38(11-13): 1233-1241.

Iskandar, BP, DNP Murthy & N Jack. A new repair-replace strategy for items sold with a two-dimensional warranty [J]. Computers & Operations Research, 2005, 32(3): 669-682.

JA Muckstadt. Analysis and Algorithms for Service Parts Supply Chains [M]. New York: Springer, 2005.

Jack, N & DNP Murthy. A servicing strategy for items sold under warranty [J]. Journal of the Operational Research Society, 2001, 52(11): 1284-1288.

Jack, N & F van der Duyn Schouten. Optimal repair-replace strategies for a warranted product [J]. International Journal of Production Economics, 2000, 67(1): 95-100.

Jain, M & S Maheshwari. Discounted costs for repairable units under hybrid warranty [J]. Applied Mathematics and Computation, 2006, 173(2): 887-901.

Japaness & European warranties [EB/OL]. http://www. warrantyweek. com/archive.

Jhang, JP. A study of the optimal use period and number of minimal repairs of a repairable product after the warranty expires [J].

International Journal of Systems Science, 2005, 36(11): 697-704.

Jiao, J & MM Tseng. A methodology of developing product family architecture for mass customization [J]. Journal of Intelligent Manufacturing, 1999, 10(1): 3-20.

Juergen, N. Comparing quality signals as tools of consumer protection: are warranties always better than advertisements to promote higher product quality? [J]. International Review of Law and Economics, 2004, 24(2): 227-239.

Jung, GM & DH Park. Optimal maintenance policies during the post-warranty period [J]. Reliability Engineering & System Safety, 2003, 82(2): 173-185.

Kalbfleisch, JD & JF Lawless. Methods for the analysis and prediction of warranty claims [J]. Technometrics, 1991, 33(3): 273.

Kamrani, AK & R Gonzalez. A genetic algorithm-based solution methodology for modular design [J]. Journal of Intelligent Manufacturing, 2003, 14(6): 599-616(518).

Kao, EPC & MS Smith. Computational approximations of renewal process relating to a warranty problem: The case of phase-type lifetimes [J]. European Journal of Operational Research, 1996, 90(1): 156-170.

Karasakal, O & EK Karasakal. A maximal covering location model in the presence of partial coverage [J]. Computers & Operations Research, 2004, 31(3): 1515-1526.

Kim, B & Park S. Optimal pricing, EOL (end of life) warranty, and spare parts manufacturing strategy amid product transition [J]. European Journal of Operational Research, 2008, 188(3): 723-745.

Kim, CS, I Djamaludin & DNP Murthy. Warranty and discrete preventive maintenance [J]. Reliability Engineering & System Safety, 2004, 84(3): 301-309.

Kim, K & D Chhajed. Commonality in product design: Cost saving, valuation change and cannibalization [J]. European Journal of Operational Research, 2000, 125(3): 602-621.

Kiminori, Genba, Haruhisa Ogawa & Fumio Kodama. Quantitative analysis of modularization in the automobile and PC industries [J]. Technology Analysis & Strategic Management, 2005, 17(2): 231-245.

Kiminori, Genba, Haruhisa Ogawa, Fumio Kodama. Quantitative analysis of modularization in the automobile and PC industries [J]. Technology Analysis & Strategic Management, 2005, 17(2): 231-245.

Kimura, F, S Kato & T Hata, et al. Product Modularization for Parts Reuse in Inverse Manufacturing [J]. CIRP Annals— Manufacturing Technology, 2001, 50(1): 89-92.

Kiritsis, D, KP Neuendorf & P Xirouchakis. Petri net techniques for process planning cost estimation [J]. Advances in Software Engineering, 1999, 30(6): 375-387.

Kleyner, A & P Sandborn. Minimizing life cycle cost by managing product reliability via validation plan and warranty return cost [J]. International Journal of Production Economics, 2008, 112(2): 796-807.

Kleyner, A, P Sandborn & J Boyle. Minimization of life cycle costs through optimization of the validation program—A test sample size and warranty cost approach [J]. Annual Reliability and Maintainability Symposium, 2004 Proceedings, 2004, 553-558.

Knowles, J & D Corne. The Pareto archived evolution strategy: A new baseline algorithm for Pareto multiobjective optimisation [C]. Proceedings of the 1999 Congress on Evolutionary Computation, 1999.

Kumar, A. Mass Customization: Metrics and Modularity [J]. International Journal of Flexible Manufacturing Systems, 2004, 16(4): 287-311.

Kumar, CS & MP Chandrasekharan. Grouping efficacy: a quantitative criterion for goodness of block diagonal forms of binary matrices in group technology [J]. International Journal of Production Research, 2007, 28(2): 233-243.

Kurata, H & S-H Nam. After-sales service competition in a supply chain: Optimization of customer satisfaction level or profit or both? [J]. International Journal of Production Economics, 2010, 127(1): 136-146.

Kusiak, A & CC Huang. Development of modular products [J]. IEEE Transactions on Components Packaging & Manufacturing Technology, Part A, 1996, 19(4): 523-538.

Kusiak, A. Integrated product and process design: A modularity perspective [J]. Journal of Engineering Design, 2002, 13(3): 223-231.

Lam, Y & YL Zhang. Analysis of a two-component series system with a geometric process model [J]. Naval Research Logistics (NRL), 1996, 43(4): 491-502.

Lau Antonio, KW, RCM Yam & E Tang. The impacts of product modularity on competitive capabilities and performance: An empirical study [J]. International Journal of Production Economics, 2007, 105(1): 1-20.

Lawless, JF. Statistical analysis of product warranty data [J]. International Statistical Review, 1998, 66(1): 41-60.

Leake, DB. Case-Based Reasoning: Experiences, Lessons, and Future Directions. Proceedings of the International Information Science Foundation (IISF) in Japan, 1996 [C].

Lee, TP & VB Kreng. Modular product design with grouping genetic algorithm case study [J]. Computers & Industrial Engineering, 2004, 46(3): 443-460.

Lee, YH, JW Jung & YS Jeon. An effective lateral transshipment policy to improve service level in the supply chain [J]. International

Journal of Production Economics, 2007, 106(1): 115-126.

Levin, Y & A Ben-Israel. A heuristic method for large-scale multi-facility location problems [J]. Computers and Operations Research, 2004, 31: 257-272.

Li, B, Chen, L & Z Huang, et al. Product configuration optimization using a multiobjective genetic algorithm [J]. International Journal of Advanced Manufacturing Technology, 2006, 30(1-2): 20-29.

Lie, CH & YH Chun. Optimum Single-Sample Inspection Plans for Products Sold under Free and Rebate Warranty [J]. IEEE Transactions on Reliability, 1987, 36(5): 634-637.

Lin, PC & LY Shue. Application of optimal control theory to product pricing and warranty with free replacement under the influence of basic lifetime distributions [J]. Computers & Industrial Engineering, 2005, 48(1): 69-82.

Lin, Y. Geometric processes and replacement problem [J]. Acta Mathematicae Applicatae Sinica (English Series), 1988, 4(4): 366-377.

Liu, B. Theory and Practice of Uncertain Programming [M]. Heidelberg: Physica-Verlag, 2008.

Liu, Y & Z Liu. An integration method for reliability analyses and product configuration [J]. The International Journal of Advanced Manufacturing Technology, 2010, 50(5): 831-841.

Liu, Y, Z Zhang & Z Liu. Customized configuration for hierarchical products-component clustering and optimization with PSO [J]. The International Journal of Advanced Manufacturing Technology, 2011, 10(5): 1-11.

Liu, YL, YS Ma & SSG Lee, et al. Product module partition and optimization for customization [J]. Int J Adv Manuf Sys, 2007,

Liu, ZJ, W Chen & HZ Huang, et al. A diagnostics design decision model for products under warranty [J]. International Journal of

Production Economics, 2007, 109(1-2): 230-240.

Liu, ZX, YL Liu & H Zhen. Study on solving warranty cost of fault tree with simulated annealing [J]. Concurrent Engineering: The Worldwide Engineering Grid, 2004 Proceedings, 2004, 711-715.

Lonardo, P, D Anghinolfi & M Paolucci, et al. A stochastic linear programming approach for service parts optimization [J]. CIRP Annals—Manufacturing Technology, 2008, 57(1): 441-444.

Luce, S. Choice criteria in conditional preventive maintenance [J]. Mechanical Systems and Signal Processing, 1999, 13(1): 163-168.

Lutz, NA, V Padmanabhan. Warranties, extended warranties, and product quality [J]. International Journal of Industrial Organization, 1998, 16(4): 463-493.

Mabini, MC, LM Pintelon & LF Gelders. EOQ type formulations for controlling repairable inventories [J]. International Journal of Production Economics, 1992, 28(1): 21-33.

MaCarmen, C. An evaluation system of the setting up of predictive maintenance programmes [J]. Reliability Engineering & System Safety, 2006, 91(8): 945-963.

Majeske, KD, T Lynch-Caris & G Herrin. Evaluating product and process design changes with warranty data [J]. International Journal of Production Economics, 1997, 50(2-3): 79-89.

Majeske, KD. A mixture model for automobile warranty data [J]. Reliability Engineering & System Safety, 2003, 81(1): 71-77.

Marianov, V & D Serra. Location-Allocation of Multiple-Server Service Centers with Constrained Queues or Waiting Times [J]. Annals of Operations Research, 2002, 111(1-4): 35-50(16).

Marsan, MA, G Balbo & G Conte. A class of generalised stochastic petri nets for the performance evaluation of multiprocessor systems [M]. Proceedings of the 1983 ACM SIGMETRICS conference on Measurement and modeling of computer systems.

Minneapolis, Minnesota, United States; ACM. 1983: 198-199.

Martinez-Lorente, AR, FW Dewhurst & A Gallego-Rodriguez. Relating TQM, marketing and business performance: An exploratory study [J]. International Journal of Production Research, 2000, 38(14): 3227-3246.

Mason AES. Cost Estimation Predictive Modeling: Regression versus Neural Network [J]. Engineering Economist A Journal Devoted to the Problems of Capital Investment, 2010, 42(2): 137-161.

Matousek, R. Engineering Design: A Systematic Approach [M]. Blackie & Son Ltd, 1972.

Megiddoa, N. On The Complexity of Some Geometric Problems in Unbounded Dimension [J]. Journal of Symbolic Computation, 1990, 10(3-4): 327-334.

Melkote, S & MS Daskin. Capacitated facility location/network design problems [J]. European Journal of Operational Research, 2001, 129(3): 481-495.

Messih, A & ST Enns. Planning and control for a warranty service facility [J]. Proceedings of the 2005 Winter Simulation Conference, 2005, 1-4: 2102-2106.

Miehle, W. Link-Length Minimization in Networks [J]. Operations Research, 1958, 6(2): 232-243.

Mikkola, JH. Managing Modularity of Product Architectures: Toward an Integrated Theory [J]. IEEE Transactions on Engineering Management, 2003, 50(2): 204-218.

Mikkola, JH. Modularity and interface management of product architectures [C]. Proceedings of the Management of Engineering and Technology, Cooper International Conference on, F, 2001.

Mirchandani, PB, R Rebello & A Agnetis. The inspection station location problem in hazardous material transportation: Some heuristics and bounds [J]. Infor Information Systems &

Operational Research, 1995,

Mirchandani, PB. Locational Decisions on Stochastic Networks [J]. Geographical Analysis, 1980, 12(2): 172-183.

Mitra, A & JG Patankar. Warranty Cost Estimation—a Goal Programming Approach [J]. Decision Sciences, 1988, 19(2): 409-423.

Mittal, SF. Towards a generic model of configuration tasks [C]. Proceedings of the IJCAI, 1989.

Moghaddam, KS & JS Usher. Sensitivity analysis and comparison of algorithms in preventive maintenance and replacement scheduling optimization models [J]. Computers & Industrial Engineering, 2011, 61(1): 64-75.

Moore, GC & C Revelle. The Hierarchical Service Location Problem [J]. Management Science, 1982, 28(7): 775-780.

Moskowitz, H & YH Chun. A poisson regression model for two- attribute warranty policies [J]. Naval Research Logistics (NRL), 1994, 41(3): 355-376.

Mukundan, S & MS Daskin. Joint location/sizing maximum profit covering models [J]. Infor Information Systems & Operational Research, 1991,

Murthy, DNP & E Asgharizadeh. Optimal decision making in a maintenance service operation [J]. European Journal of Operational Research, 1999, 116(2): 259-273.

Murthy, DNP & Blischke, WR. Product warranty management-II: An integrated framework for study [J]. European Journal of Operational Research, 1992, 62(3): 261-281.

Murthy, DNP & WR Blischke. Product warranty management-III: A review of mathematical models [J]. European Journal of Operational Research, 1992, 63(1): 1-34.

Murthy, DNP & WR Blischke. Strategic warranty management: A

life-cycle approach [J]. Ieee Transactions on Engineering Management, 2000, 47(1): 40-54.

Murthy, DNP & WR Blischke. Warranty management and product manufacture [M]. Berlin: Springer, 2006.

Murthy, DNP & DG Nguyen. An optimal repair cost limit policy for servicing warranty [J]. Mathematical and Computer Modelling, 1988, 11: 595-599.

Murthy, DNP & EY Rodin. A new warranty costing model [J]. Mathematical & Computer Modelling, 1990, 13(9): 59–69.

Murthy, DNP & I Djamaludin. New product warranty: A literature review [J]. International Journal of Production Economics, 2002, 79(3): 231-260.

Murthy, DNP & Ravi K Kumar. Total product quality [J]. International Journal of Production Economics, 2000, 67(3): 253-267.

Murthy, DNP, O Solem & T Roren. Product warranty logistics: Issues and challenges [J]. European Journal of Operational Research, 2004, 156(1): 110-126.

Murthy, DNP. Product warranty and reliability [J]. Annals of Operations Research, 2006, 143(1): 133-146.

Nakanishi, M & LG Cooper. Parameter estimation for a multiplicative competitive interaction model [J]. Journal of Consumer Research, 1974,

Needham, PM & PT Evers. The influence of individual cost factors on the use of emergency transshipments [J]. Transportation Research, Part E: Logistics and Transportation Review, 1998, 34(2): 149-160.

Neuts, MF, R Pérez-Ocón & I Torres-Castro. Repairable Models with Operating and Repair Times Governed by Phase Type Distributions [J]. Advances in Applied Probability, 2000, 32(2): 468-479.

Nguyen, DG & DNP Murthy. An Optimal Policy for Servicing Warranty

[J]. Journal of the Operational Research Society, 1986, 37(11): 1081-1088.

Nguyen, DG & DNP Murthy. Optimal Replace Repair Strategy for Servicing Products Sold with Warranty [J]. European Journal of Operational Research, 1989, 39(2): 206-212.

Nils, Kohlhase & Herbert Birkhofer. Development of Modular Structures: The Prerequisite for Successful Modular Products [J]. Journal of Engineering Design, 2007, 7(3): 279-291.

O'Kelly, ME. The Location of Interacting Hub Facilities [J]. Transportation Science, 1986, 20(2): 92-106.

O'Leary-Kelly, SW & RJ Vokurka. The empirical assessment of construct validity [J]. Journal of Operations Management, 1998, 16(4): 387-405.

Özdamar, L, E Ekinci & B Küçükyazici. Emergency Logistics Planning in Natural Disasters [J]. Ann Oper Res, 2004, 129(1): 217-245.

Ozelkan, EC & L Duckstein. Multi-objective fuzzy regression: a general framework [J]. Computers and Operations Research, 2000, 27(7): 635-652.

Papadimitriou, C. Pareto optimal sensor locations for structural identification [J]. Computer Methods in Applied Mechanics & Engineering, 2005, 194: 1655-1673.

Park, DH, GM Jung & JK Yum. Cost minimization for periodic maintenance policy of a system subject to slow degradation [J]. Reliability Engineering & System Safety, 2000, 68(2): 105-112.

Park, KS. Optimal Number of Minimal Repairs before Replacement [J]. Reliability, IEEE Transactions, 1979, R-28(2): 137-140.

Patrik, A. Optimization of multi-echelon repairable item inventory systems with simultaneous location of repair facilities [J]. European Journal of Operational Research, 1997, 99(3): 584-595.

Pecht, MG. Establishing a relationship between warranty and reliability

[J]. Ieee Transactions on Electronics Packaging Manufacturing, 2006, 29(3): 184-190.

Petri, CA. Kommunikation mit Automaten [D]. Bonn, 1962.

Phelps, RI. Replacement Policies under Minimal Repair [J]. The Journal of the Operational Research Society, 1981, 32(7): 549-554.

Plane, DR & TE Hendrick. Mathematical Programming and the Location of Fire Companies for the Denver Fire Department [J]. Operations Research, 1977, 25(4): 563-578.

Polatoglu, H & I Sahin. Probability distributions of cost, revenue and profit over a warranty cycle [J]. European Journal of Operational Research, 1998, 108(1): 170-183.

Pongpech, J & DNP Murthy. Optimal periodic preventive maintenance policy for leased equipment [J]. Reliability Engineering & System Safety, 2006, 91(7): 772-777.

Price, LJ & N Dawar. The joint effects of brands and warranties in signaling new product quality [J]. Journal of Economic Psychology, 2002, 23(2): 165-190.

Priest, GL. A Theory of the Consumer Product Warranty [J]. Yale Law Journal, 1981, 90(6): 1297-1352.

Rai, B & N Singh. Forecasting warranty performance in the presence of the 'maturing data' phenomenon [J]. International Journal of Systems Science, 2005, 36(7): 381-394.

Rao, BM. Algorithms for the free replacement warranty with phase-type lifetime distributions [J]. IIE Transactions, 1995, 27(3): 348-357.

Rausand, M & A Hoyland. System reliability theory: models, statistical methods, and applications [M]. Wiley-Interscience, 2004.

Revelle, C & K Hogan. The maximum reliability location problem and α-reliablep-center problem: Derivatives of the probabilistic location set covering problem [J]. Annals of Operations Research, 1989, 18(1): 155-173.

Ritchken, PH. Warranty Policies For Non-Repairable Items Under Risk Aversion [J]. IEEE Transactions on Reliability, 1985, R-34(2): 147-150.

Roth, R. Computer solutions to minimum cover problems [J]. Operations Research, 1969, 17: 455-465.

S. Masuyama, T. Ibaraki & T. Hasegawa. The computational complexity of the m-center problems on the plane [J]. The Transactions of the institute of Electronics and Communication Engineers of Japan on Computing, 1981, 64(E): 57-64.

Sabin, D & R Weigel. Product Configuration Frameworks—A Survey [J]. IEEE Intelligent Systems, 1998, 13(4): 42-49.

Sahyouni, K, RC Savaskan & MS Daskin. The effect of lifetime buys on warranty repair operations [J]. Journal of the Operational Research Society, 2010, 61(5): 790-803.

Sanchez, R & RP Collins. Competing—and Learning—in Modular Markets [J]. Long Range Planning, 2001, 34(6): 645-667.

Sánchez-Rodríguez, C, FW Dewhurst & AR Martínez-Lorente. IT use in supporting TQM initiatives: An empirical investigation [J]. International Journal of Operations & Production Management, 2006, 26(5): 486-504.

Schrady, DA. A deterministic inventory model for reparable items [J]. Naval Research Logistics Quarterly, 1967, 14(3): 391-398.

Seo, JH & DS Bai. An optimal maintenance policy for a system under periodic overhaul [J]. Mathematical and Computer Modelling, 2004, 39(4-5): 373-380.

Seo, Park KK, JH & DS Jang, et al. Approximate Estimation of the Product Life Cycle Cost Using Artificial Neural Networks in Conceptual Design [J]. International Journal of Advanced Manufacturing Technology, 2002, 19(6): 461-471.

Serra, D & V Marianov. The P-Median Problem in a Changing

Network: The Case of Barcelona [J]. Economics Working Papers, 1998, 6(98): 383-394.

Serra, D, S Ratick & C Revelle. The maximum capture problem with uncertainty [J]. Environment & Planning B Planning & Design, 1996, 23(1): 49-59.

Serra, D, C Revelle & V Marianov. Location of hubs in a competitive environment [J]. European Journal of Operational Research, 1998, 114: 363-371.

Shao, XY, ZH Wang & PG Li, et al. Integrating data mining and rough set for customer group-based discovery of product configuration rules [J]. International Journal of Production Research, 2006, 44(14): 2789-2811.

Sharma, NK, D Drain & EA Cudney, et al. Customer expectation and warranty cost—Nominal-the-best case [J]. Concurrent Engineering—Research and Applications, 2008, 16(3): 177-186.

Shehab, E & H Abdalla. An intelligent knowledge-based system for product cost modeling [J]. Intjadvanced Manufacturing Technology, 2002, 19(1): 49-65.

Sherbrooke, CC. Metric: A Multi-Echelon Technique for Recoverable Item Control [J]. Operations Research, 1968, 16(1): 122-141

Sheu, J-B. Special issue on emergency logistics management transportation research [J]. Transportation Research, Part E: Logistics and Transportation Review, 2005, 41(5): 459-460.

Simpson, TW, CC Seepersad & F Mistree. Balancing Commonality and Performance within the Concurrent Design of Multiple Products in a Product Family [J]. Concurrent Engineering, 2001, 9(3): 177-190.

Smith, WL & MR Leadbetter. On the Renewal Function for the Weibull Distribution [J]. Technometrics, 1963, 5(3): 393-396.

Starr, MK. Modular production—a new concept [J]. Harvard Business

Review, 1965, 43(6): 131-142

Suh, ES, OD Weck & IY Kim, et al. Flexible platform component design under uncertainty [J]. Journal of Intelligent Manufacturing, 2007, 18(1): 115-126(112).

Swain, RW. A Parametric Decomposition Approach for the Solution of Uncapacitated Location Problems [J]. Management Science, 1974, 21(2): 189-198.

Swanson, L. Linking maintenance strategies to performance [J]. International Journal of Production Economics, 2001, 70(3): 237-244.

Sweeny, D & R Tatham. An Improved Long-Run Model for Multiple Warehouse Location [J]. General Information, 1976, 22(7): 748-758.

Tan, SJ & WY Leong. Warranty strategy: a solution to hybrid product woes? [J]. International Marketing Review, 1999, 16(1): 40-64.

Tapiero, CS. Transportation-Location-Allcation Problems Over Time [J]. Journal of Regional Science, 2006, 11(3): 377-384.

Thevenot, HJ & TW Simpson. Commonality indices for product family design: a detailed comparison [J]. Journal of Engineering Design, 2006, 17(2): 99-119.

Thomas, MU & SS Rao. Warranty economic decision models: A summary and some suggested directions for future research [J]. Operations Research, 1999, 47(6): 807.

Thomas, UM. Optimum Warranty Policies for Nonreparable Items [J]. IEEE Transactions on Reliability, 1983, 32(3): 282-288.

Toregas, C, R Swain & C Revelle, et al. The location of emergency service facilities [J]. Operations Research, 1971, 19: 122-126.

Tseng, H & C Chen. Coordinating product configuration in the order fulfilment processing: an approach based on the binary tree algorithm [J]. International Journal of Computer Integrated

Manufacturing, 2006, 19(7): 716-726.

Tseng, HE & CJ Cheng. Disassembly-oriented assessment methodology for product modularity [J]. International Journal of Production Research, 2010, 48(14): 4297-4320.

Udell, JG & EE Anderson. The Product Warranty as an Element of Competitive Strategy [J]. The Journal of Marketing, 1968, 32(4): 1-8.

Ulrich, K. The role of product architecture in the manufacturing firm [J]. Research Policy, 1995, 24(3): 419-440.

Ulrich, K & K Tung. Fundamentals of Product Modularity [J]. Management of Design, 1994, 219-231.

Uribe, AM, JK Cochran & DL Shunk. Two-stage simulation optimization for agile manufacturing capacity planning [J]. Int J Prod Res, 2003, 41(6): 1181-1197.

Vahdani, H, S Chukova & H Mahlooji. On optimal replacement-repair policy for multi-state deteriorating products under renewing free replacement warranty [J]. Computers & Mathematics with Applications, 2011, 61(4): 840-850.

van Bree, B, GPJ Verbong. & GJ Kramer. A multi-level perspective on the introduction of hydrogen and battery-electric vehicles [J]. Technological Forecasting and Social Change, 2010, 77(4): 529-540.

Van Roy, TJ & D Erlenkotter. A Dual-Based Procedure for Dynamic Facility Location [J]. Core Discussion Papers Rp, 1982, 28(10): 1091-1105.

Vanston, JH, WP Frisbie & SC Lopreato, et al. Alternate scenario planning [J]. Technological Forecasting & Social Change, 1977, 10(2): 159-180.

Vintr, Z & M Vintr. FMEA used in assessing warranty costs [J]. Annual Reliability and Maintainability Symposium, 2005 Proceedings,

2005, 331-336.

Viswanathan, S & V Allada. Product configuration optimization for disassembly planning: A differential approach [J]. Omega, 2006, 34(6): 599-616.

Wallace, SW. Decision Making under Uncertainty: Is Sensitivity Analysis of any use? [J]. Operations Research, 2000, 48(1): 2000.

Wang, GJ & YL Zhang. An optimal replacement policy for a two-component series system assuming geometric process repair [J]. Computers & Mathematics with Applications, 2007, 54(2): 192-202.

Warranty Week. Top 100 warranty providers of 2009 [EB/OL]. 2010. http://www.warrantyweek.com/archive/ww20100401.html.

Wasserman, GS. An application of dynamic linear models for predicting warranty claims [J]. Computers & Industrial Engineering, 1992, 22(1): 37-47.

Weaver, J & R Church. Computational procedure for location problems on stochastic networks [J]. Transportation Science, 1983, 17(2): 168-180.

Weber, A. Theory of the Location of Industries, Chicago: University of Chicago Press [J]. Turing Space, 1909

Wenbin, W. A model for maintenance service contract design, negotiation and optimization [J]. European Journal of Operational Research, 2010, 201(1): 239-246.

Wesolowsky, GO & Truscott, WG. The Multiperiod Location-Allocation Problem with Relocation of Facilities [J]. Management Science, 1975, 22(1): 57-65.

Wilhelm, B. Platform and modular concepts at Volkswagen—their effects on the assembly process [C]. Transforming Automobile Assembly—Experience in Automation and Work Organization. Berlin: Springer, 1997:146-156.

Wong, H, D Cattrysse & D van Oudheusden. Inventory pooling of repairable spare parts with non-zero lateral transshipment time and delayed lateral transshipments [J]. European Journal of Operational Research, 2005, 165(1): 207-218.

Wong, H, GJ van Houtum & D Cattrysse, et al. Multi-item spare parts systems with lateral transshipments and waiting time constraints [J]. European Journal of Operational Research, 2006, 171(3): 1071-1093.

Wu, C-C, C-Y Chou & C Huang. Optimal price, warranty length and production rate for free replacement policy in the static demand market [J]. Omega-International Journal of Management Science, 2009, 37(1): 29-39.

Wu, C-C, P-C Lin & C-Y Chou. Determination of price and warranty length for a normal lifetime distributed product [J]. International Journal of Production Economics, 2006, 102(1): 95-107.

Wu, S. Warranty claim analysis considering human factors [J]. Reliability Engineering & System Safety, 2011, 96(1): 131-138.

Wu, SM & M Xie. Warranty cost analysis for nonrepairable services products [J]. International Journal of Systems Science, 2008, 39(3): 279-288.

Xia, Y & SM Gilbert. Strategic interactions between channel structure and demand enhancing services [J]. European Journal of Operational Research, 2007, 181(1): 252-265.

Xie, H & M Kernahan. Modelling and solving engineering product configuration problems by constraint satisfaction [J]. International Journal of Production Research, 2005, 43(20): 4455-4469.

Xu, N, SD Guikema & RA Davidson, et al. Optimizing scheduling of post-earthquake electric power restoration tasks [J]. Earthquake Engineering & Structural Dynamics, 2007, 36(2): 265-284.

Xu, Z & M Liang. Concurrent Optimization Of Product Module

Selection And Assembly Line Configuration: A Multi-Objective Approach [J]. Journal of Manufacturing Science & Engineering, 2005, 127(4): 875-884.

Yang, GB & Z Zaghati. Reliability and robustness assessment of diagnostic systems from warranty data [J]. Annual Reliability and Maintainability Symposium, 2004 Proceedings, 2004, 146-150.

Yang, H, C Yang & L Gan. Models and algorithms for the screen line-based traffic-counting location problems [J]. Computers and Operations Research, 2006, 33: 836-858.

Yeh, JY & TH Wu. Solutions for product configuration management: anempirical study [J]. Artificial Intelligence for Engineering Design, Analysis and Manufacturing, 2005, 19: 39-47.

Yeh, L. A note on the optimal replacement problem [J]. Advances in Applied Probability, 1988, 20(2): 479-482.

Yeh, RH & WL Chang. Optimal threshold value of failure-rate for leased products with preventive maintenance actions [J]. Mathematical and Computer Modelling, 2007, 46(5-6): 730-737.

Yeh, RH & H-C Lo. Optimal preventive-maintenance warranty policy for repairable products [J]. European Journal of Operational Research, 2001, 134(1): 59-69.

Yeh, RH, M-Y Chen & C-Y Lin. Optimal periodic replacement policy for repairable products under free-repair warranty [J]. European Journal of Operational Research, 2007, 176(3): 1678-1686.

Yeh, RH, C Gaung-Cheng & C Ming-Yuh. Optimal age-replacement policy for nonrepairable products under renewing free-replacement warranty [J]. IEEE Transactions on Reliability, 2005, 54(1): 92-97.

Yeh, RH, WT Ho & ST Tseng. Optimal production run length for products sold with warranty [J]. European Journal of Operational Research, 2000, 120(3): 575-582.

Yelland, PM. Mountain View, CA, USA Sun Microsystems, 2004.

Yi, W & L Özdamar. A dynamic logistics coordination model for evacuation and support in disaster response activities [J]. European Journal of Operational Research, 2007, 179(3): 1177-1193.

Yigit, AS, AG Ulsoy & A Allahverdi. Optimizing modular product design for reconfigurable manufacturing [J]. Journal of Intelligent Manufacturing, 2002, 13(4): 309-316.

Yu, SL & SH Sheu. Warranty strategy accounts for products with bathtub failure rate [J]. Advanced Reliability Modeling, 2004, 585-592.

Zhao, YX. On preventive maintenance policy of a critical reliability level for system subject to degradation [J]. Reliability Engineering & System Safety, 2003, 79(3): 301-308.

Zeng-zhi M, W Long-shan & G Hong. Process Modeling and Performance Analysis of Flexible Manufacture System using GSPN Approach [J]. Journal of System Simulation, 2008, 20(19): 5258-5261.

Zhang J, Q Wang & L Wan, et al. Configuration-oriented product modelling and knowledge management for made-to-order manufacturing enterprises [J]. International Journal of Advanced Manufacturing Technology, 2005, 25(1-2): 41-52.

Zhang, YL & GJ Wang. A bivariate optimal repair-replacement model using geometric processes for a cold standby repairable system [J]. Engineering Optimization, 2006, 38(5): 609-619.

Zhang, YL & SM Wu. The reliability analysis of a two-unit series repairable system without being repaired 'as good as new' [C]. proceedings of the The Fourth Symposium on Reliability Mathematics, Guilin, China, 1992.

Zhang, YL. A bivariate optimal replacement policy for a repairable system [J]. European Journal of Operational Research, 179(1): 275-276.

Zhao, G & Z Sheen. Supply Chain Platform as a Service: a Cloud

Perspective on Business Collaboration [J]. International Journal of Information Technology & Decision Making, 2010, 16(3): 1-7.

Zitzler, E, K Deb & L Thiele. Comparison of Multiobjective Evolutionary Algorithms: Empirical Results [J]. Evolutionary Computation 2000, 8(2): 173-195.

Ziv-Av, A & Y Reich. SOS—subjective objective system for generating optimal product concepts [J]. Design Studies, 2005, 26(5): 509-533.

Zuo, MJ, Liu, B & DNP Murthy. Replacement-repair policy for multi-state deteriorating products under warranty [J]. European Journal of Operational Research, 2000, 123(3): 519-530.

陈翔. 基于广义随机 Petri 网的工作流性能分析 [J]. 计算机集成制造系统, 2003, 9(5): 399-402, 406.,

代颖, 马祖军, 郑斌. 突发公共事件应急系统中的模糊多目标定位——路径问题研究[J]. 管理评论, 2010, 1: 121-128.

杜红, 李从东. 多主体知识转移研究[J]. 西安电子科技大学学报（社会科学版）, 2004, 14(4): 98-102.

费胜巍, 孙宇, 师会超. 基于故障分析模型的贝叶斯网络构建及应用[J]. 计算机集成制造系统, 2007, 13(9): 1768-1773.

费胜巍, 孙宇. 基于"结构 FMEA"的故障树自动构建方法研究[J]. 润滑与密封, 2006, 12: 197-199.

郭艳红, 邓贵仕. 基于事例的推理（CBR）研究综述[J]. 计算机工程与应用, 2004, 40(21): 1-5.

郝增亮, 刘子先. 我国制造业产品保证提升策略[J]. 企业管理, 2010, 9: 92-94.

何桢, 施亮星, 生静. 6σ质量计划与连续质量改进[J]. 工业工程, 2001, 4(4): 13-17.

侯亮, 唐任仲, 徐燕申. 产品模块化设计理论、技术与应用研究进展[J]. 机械工程学报, 2004, 40(1): 56-61.

黄春跃, 周德俭, 吴兆华. 基于正交试验设计的塑封球栅阵列器件焊点工艺参数与可靠性关系研究[J]. 电子学报，2005, 33(5)788-792.

江勤, 葛燕. 基于 CBR 专家系统案例知识的检索、匹配及其扩散[J]. 山东科技大学学报: 自然科学版, 2002, 2: 35-37.

江志斌. Petri 网及其在制造系统建模与控制中的应用[M]. 机械工业出版社, 2004.

李伯虎, 张霖, 王时龙等. 云制造——面向服务的网络化制造新模式[J]. 计算机集成制造系统, 2010, 16(1): 1-7, 16.

李从东, 谢天, 刘艺. 云应急——智慧型应急管理新模式[J]. 中国应急管理, 2011, 5: 27-32.

李伟平, 林慧苹, 莫同等. 云制造中的关键技术分析[J]. 制造业自动化, 2011, 33(1): 7-10.

李院生, 叶飞帆, 方志梅等. 基于模块化和延迟生产的供应链建模与优化[J]. 中国机械工程, 2004, 15(11): 968-972.

刘宝碇, 赵瑞清. 随机规划与模糊规划[M]. 北京: 清华大学出版社, 1998.

刘日晖, 郑联语. 工艺 FMEA 知识库系统及其在工艺改进中的应用[J]. 新技术新工艺, 2006, 4: 43-46.

刘胜, 王诚, 刘飞等. 一种面向现代集成制造的网络化售后服务模式研究[J]. 中国机械工程, 2005, 16(11): 960-964.

刘子先, 何桢, 施亮星. 产品责任预防方法与体系研究[J]. 管理工程学报, 2004, 18(1): 31-34.

刘子先, 姬升启, 郑永强. 基于特征映射的产品制造成本与保证成本的优化方法[J]. 计算机集成制造系统, 2007, 13(4): 822-827.

刘子先, 余瑜, 刘旭. 对我国企业产品保证管理的几点思考[J]. 科学与科学技术管理, 2004, 25(5): 115-117.

卢岚, 乔利. 广义随机 Petri 网在 BPR 中的应用研究[J]. 软科学, 2006, 20(1): 16-19.

门峰, 刘子先. 产品保证成本集成管理模式与方法[J]. 计算机集成制造系统, 2009, 15(9): 1854-1859, 1866.

门峰, 刘子先. 基于 CBR 和 FMEA 知识模型的产品保证成本预测方法研究[J]. 组合机床与自动化加工技术, 2009, 2: 8-11.

门峰. 集成化保证成本管理模式与方法研究[D]. 天津: 天津大学, 2009.

祁明亮, 池宏, 赵红等. 突发公共事件应急管理研究现状与展望[J]. 管理评论, 2006, 18(4): 35-45.

芮明杰, 陈娟. 模块化原理对知识创新的作用及相关管理策略分析——以电脑设计为例[J]. 管理学报, 2004, 1(1): 25-27.

盛坚. FMEA 与质量缺陷的预防[J]. 标准科学, 2000, 2: 17-19.

陶飞, 张霖, 郭华等. 云制造特征及云服务组合关键问题研究[J]. 计算机集成制造系统, 2011, 17(3): 477-486.

王诚, 刘胜, 黄巧莉等. 客户驱动的网络化售后服务系统研究[J]. 工业工程, 2006, 9(2): 67-71.

王辉, 田晓东, 周雄辉等. 基于事例推理的注塑模成本评估系统[J]. 上海交通大学学报, 2002, 36(7): 925-928.

王文宾, 达庆利. 基于广义随机 Petri 网的再制造供应链建模与性能分析[J]. 系统工程理论与实践, 2007, 27(12): 56-61.

谢楠, 李爱平, 徐立云. 基于广义随机 Petri 网的可重组制造单元建模与分析方法[J]. 计算机集成制造系统, 2006, 12(6): 828-834.

徐燕申, 徐千理, 侯亮. 基于 CBR 的机械产品模块化设计方法的研究[J]. 机械科学与技术, 2002, 21(5): 833-835.

杨宁, 王玉, 周雄辉. 基于事例推理的注塑模加工时间定额的确定方法[J]. 计算机集成制造系统, 2005, 11(2): 275-279.

杨若黎, 顾基发. 一种高效的模拟退火全局优化算法[J]. 系统工程理论与实践, 1997, 5: 29-35.

尹超, 黄必清, 刘飞等. 中小企业云制造服务平台共性关键技术体系[J]. 计算机集成制造系统, 2011, 17(3): 495-503.

于俭, 韩伟, 李莹莹. 中小企业对产品保证认识的调查分析[J]. 集团经济研究, 2007, 119-120.

张波, 张景肖. 应用随机过程[M]. 北京: 清华大学出版社, 2004.

张晓峰, 王茂芝, 胥泽银等. 利用模拟退火算法优化计算通讯网络
　　极小生成树[J]. 成都理工学院学报, 2002, 29(1): 90-92.

赵登福, 吴娟, 刘昱等. 基于事例推理的短期负荷预测[J]. 西安交
　　通大学学报, 2003, 37(6): 608-611.

赵秀栩, 白晓丽. 基于本体的 FMEA 知识库的构建方法研究[J]. 武
　　汉理工大学学报: 信息与管理工程版, 2009, 31(1): 87-90.

宗鸣镝, 刘旭东, 李湘媛. 产品模块化设计中模块划分的多角度、分
　　级特性讨论[J]. CAD/CAM 与制造业信息化, 2003, 1: 50-52.